Schirner Verlag

Der Autor

Korai Peter Stemmann, geboren 1948 in Hamburg, arbeitet seit über 20 Jahren als Coach für Unternehmer, Manager und Teams. Hierfür hat er eine Verbindung westlicher und östlicher Modelle zu einer ganzheitlichen Methode entwickelt, der sogenannten East-meets-West-Geisteshaltung.
Er ist Autor zahlreicher Bücher und CDs zu östlichen Lehren und Coaching-Methoden.
Weitere Informationen unter: www.korai.eu

Das Buch

Seit Jahrtausenden werden in den östlichen Religionen die sogenannten Malas, Gebetsketten mit 108 Perlen, zur Meditation verwendet. Dabei steht jede Perle für eine Erkenntnis auf dem Stufenweg zur Erleuchtung. In diesem Buch wird erstmals die Bedeutung jeder einzelnen Perle dargestellt und erläutert, sodass es als Wegweiser auf dem Weg zur Weisheit dienen kann.
Die einzelnen Lektionen werden nicht nur theoretisch durchleuchtet, sondern auch anhand unterhaltsamer Erzählungen und Gleichnisse fassbar gemacht.

Korai Peter Stemmann

Die 108 Perlen der Mala

Die Weisheiten der buddhistischen Gebetskette

Schirner Verlag

ISBN 978-3-89767-868-2

Korai Peter Stemmann:
Die 108 Perlen der Mala
Die Weisheiten der
buddhistischen Gebetskette

Umschlag: Murat Karaçay, Schirner,
unter Verwendung des Bildes 148555,
www.fotolia.de
Redaktion & Satz: Bastian Rittinghaus,
Schirner
Printed by: OURDASdruckt!, Celle,
Germany

www.schirner.com

2. Auflage 2011

Inhalt

Widmung

Nach einer Definition des legendären ersten Patriarchen des Zen in China ist Zen eine ganz besondere Überlieferung außerhalb der Schriften und unabhängig von Worten ... was aber glücklicherweise nicht dazu geführt hat, dass es über Zen weniger Bücher gäbe als über jede andere geistig-spirituelle Richtung.

Nun ist das vorliegende Werk sicherlich kein spezielles Buch zum Thema Zen, doch sind die hier behandelten Tugenden wie auch Leidenschaften und deren Transformation das Feld der Bewährung für jede Zen-Praktikerin und jeden Zen-Praktiker. Mit den weiteren beiden Praxisfeldern der Meditation und der Weisheit haben wir hier das gesamte Schulungsprogramm eines vollständigen Erkenntnisweges vorliegen.

Wie Korai dankenswerterweise ausführt, können die Worte und das begriffliche Denken uns wohl im Idealfall auf den Weg des direkten Erkennens bringen, beschreiten jedoch muss diesen Weg jeder von uns selber in der Stille der Meditation, wenn die Worte verstummen. Nur auf diesem Wege ist es schließlich möglich, die Grenze zur direkten Einsicht in das wahre Wesen der Dinge und der eigenen Person zu erreichen.
Jenseits dieser Grenze beginnt die unendliche Weite unserer wahren innersten Natur, unserer Buddhanatur, die am beredtesten verkündet wird durch ein »donnerndes Schweigen«.
Für die Nachfolger dieses großartigen Weges der Erkenntnis oder, wie Korai es ausdrückt, des Dienstes zum Besten des Ganzen, ist es die vornehmste Aufgabe, diesen Weg all denjenigen zugänglich zu machen, die auf der Suche danach sind.
Von jeher war der Gebrauch der »Mala«, des asiatischen »Rosenkranzes« ein wesentlicher Bestandteil der spirituellen Praxis in den Klöstern und Einsiedeleien des Orients und ist als solcher fast schon zum Symbol des Erleuchtungsweges überhaupt geworden.
Daher kann dieses Buch den vielen »Jüngern des Weges« und denen, die es werden wollen, sowie auch allen Interessierten eine Quelle der Inspiration sein. Tatsächlich kann die Be-

schäftigung mit den 108 Perlen der Weisheit uns zu einem tiefen Verständnis des eigenen SELBST begleiten, sodass liebevolles Mitgefühl mit allen fühlenden Wesen und gelebte Weisheit zur Grundlage unseres Lebens werden.

Kiel, den 15.12. 2009

Harry Mi Sho Teske

Zen-Meister im Zen-Kreis Kiel
www.zen-kreis-kiel.de

Danksagung

an **Roshi Rei Shin Bigan** (Wolf-Dietrich Nolting), der mich während meines dreijährigen Retreats (1990–1993) im Teufelsmoor bei Bremen als Zen-Lehrer begleitete. Danach blieb ich sein Zen-Schüler und fand in Sesshins und Koan-Meditation Einsicht in die Bedeutung der hundertacht Perlen der buddhistischen Mala.

In Andenken und Würdigung

für **Geshe Thubten Ngawang** (1932–2003), buddhistischer Meister aus Tibet, der 1979 nach Hamburg kam, um das Tibetische Zentrum aufzubauen. Unterstützt wurde er dabei von seinen engsten Schülern, die teilweise als Mönche und Nonnen leben und ihr Leben in den Dienst des Buddhismus gestellt haben. Dort verfasste er auch das »Systematische Studium des Buddhismus«, einen Lehrgang, der neben dem Beruf absolviert wird.

Nachdem ich Geshe Thubten Ngawang als »Spiritual Director« im Meditationshaus »Semkye Ling« in der Lüneburger Heide kennenlernte und ihm von der Empfehlung aus Swa Yam Bunath in Nepal erzählte, lud er mich zum Studium ein. Diesem Studium in regelmäßigen Intervallen über einen Zeitraum von siebeneinhalb Jahren verdanke ich wesentliche Einsichten in die Bedeutung der hundertacht Perlen der buddhistischen Mala.

Das »Systematische Studium des Buddhismus« ist untergliedert in:

- Vaibhasika – Lehrmeinung (darin: Entstehen und Vergehen)
- Sautrantika – Lehrmeinung (darin: Das Wesen der geistigen Pfade)
- Cittamatra – Lehrmeinung (darin: Die Geistesfaktoren der Nur-Geist-Schule)
- Lamrim – Lehrmeinung (darin: Der Stufenweg zur Erleuchtung)
- Prasangika-Madhyamika – Lehrmeinung (darin: Der Pfad des Bodhisattva)
- Svatantrika-Madhyamika – Lehrmeinung (darin: Der Erleuchtungsgeist)

Besonderen Dank an Dr. Peter Zürn für Juwelen aus Belehrung in Gestalt des Schriftstellers und Zen-Bruders.

Danke für die gute Lektorentätigkeit an Frau Wietelmann und Herrn Rittinghaus im Schirner Verlag.

Zen-Meditation am Meer

Blauer Mond.
Vierfach leuchtende Weisheit
Lotossitz am Strand
Spüren, wo die Seele wohnt
und mit der Brandung atmend in die Gleichheit
geboren jetzt im reinen Land.

Unsichtbare Welt.
Erste Weisheit: Alles Spiegel der Natur
möge dieser Sitz gelingen
handeln wie es Gott gefällt
im Sommerwind weht Tao pur
Erleuchtungsgeist ins Leben bringen.

Weiter Horizont.
Zweite Weisheit: Alles bedingt ein jedes
dein Mantra hebt dich weit
Herzgeist trägt dich an die Front
was ist schon ein Mercedes
sei für dein Kairoswerk bereit.

Tropfen funkeln hell im Licht.
Dritte Weisheit: Kein Ding ist von sich allein
wie könnten tausend Tropfen Welle werden
wären sie vom Meere nicht
die Möwen würden nicht im Winde schrei'n
kein Leben hier auf Erden.

Tiefes Blau der See.
Vierte Weisheit: Alles »Mu«
Lautlos durch Unendlichkeit
tot sein tut nicht weh
mache halb die Augen zu
und sei zu jeder Zeit bereit.

Strahlend voller Mond
verbirgt die dunkle Seite
Nur wer hell und dunkel sieht, kann voll umfassen
was zu verstehen wirklich lohnt
nichts von heilig, große Weite
voller Liebe, Weisheit und gelassen.

Korai im Juni 2008

Die Entdeckung der Mala

Durch die Wolken

Langsam ging ich auf die vier Männer zu, die in der Flughafenhalle München standen und lachten. Nur einen davon kannte ich, unseren Reiseleiter Josh. Die anderen würde ich also gleich, kurz vor dem Boarding auch noch kennenlernen. Ich stellte meinen Rucksack und meine Tasche auf eine Designerbank zum Gepäck der anderen, um alle zu begrüßen. Der Erste gab mir die Hand und sagte: »Ich bin Wolf.« »Hallo Wolf«, sagte ich, und wir lachten ohne Grund, einfach so. Der Nächste streckte mir seine Hand entgegen und stellte sich mir als Manu vor. Er lachte dabei nicht so auffällig, woraus ich schloss, dass er wohl wirklich so hieß.

Dann begrüßte mich der Nächste aus der Gruppe: »Ich bin Texas. Eigentlich heiße ich Wolfgang, aber Freunde haben mich immer Texas genannt.« Spontan sagte ich zu ihm: »Als zukünftiger Freund sollte ich auch noch wissen, was du beruflich so machst.« Er grinste und meinte: »Ich war mal Zahnarsch.« In diesem Moment kannte ich seine Enneagramm-Zahl, so redet nur eine Acht. Und mir fiel noch etwas am Zahnarsch Texas auf, er hatte links im Haar eine Schneise, als ob er sich dort eine kleine Landebahn einrasiert hätte. Also fragte ich auch gleich danach. Er sprühte vor Kraft in seiner Rede, als er mir erklärte: »Ach, hör uff, da bin ich heute morgen mit dem Rasierer reingerutscht!« Mich irritierte in diesem Moment nur, dass er an der anderen Seite auch so eine kahle Landebahn im Haar hatte, was er aber gleich erklärte: »Na ja, da war ich so genervt, dass ich den Rasierer in die andere Hand genommen habe und gar nicht mehr dran gedacht hatte, dass der noch lief, da ist es halt noch mal passiert. Aber ist jetzt auch egal, wächst ja wieder nach.«

Ich dachte, eine Reise, die so anfängt, kann bestimmt sehr lustig werden, ohne zu ahnen, dass ich dabei eine der tiefsten Erfahrungen meiner Weltreisen machen sollte. Zu diesem fröhlichen Start gehörte auch, dass ich auf der Gepäckbank vier etwa gleich große, prall gepackte Rucksäcke sah und einen riesigen Seesack, der so groß war, dass ich selbst hineingepasst hätte. Der große Gepäcksack war das Reisegepäck von Josh, der schon öfters im Himalaya auf Trekking-Tour gewesen war. Als ich ihn fragte, warum er so ein großes Gepäck habe, meinte er nur: »Ach was, da sind nur ein paar Klamotten drin und Geschenke. Ich hatte gar nicht mehr genug Zeit zum Packen, da hab ich einfach was reingeschmissen. Lass man, dein Rucksack ist schon genau richtig.«

Da kam die Durchsage: »Achtung Herr Dr. Texas bitte, Herr Dr. Texas, bitte kommen sie zur Information Gate 32.« Ohne Zögern ging Texas zum Informationsschalter und kam kurz

darauf mit seiner Brieftasche in der Hand zurück. »Da hab ich aber Glück gehabt«, lachte er, »die hab ich wohl auf dem Klo liegen gelassen.«
Ach, wie schön, dachte ich, unsere Reise steht unter einem glücklichen Stern.

Kami Dorje Sherpa

Gelandet in Kathmandu, der Hauptstadt von Nepal, und bepackt mit Rucksack, Taschen und Stock, wurden wir gleich nach den ersten Schritten auf nepalesischem Boden persönlich empfangen. Mit zusammengelegten Händen und einer leichten Verneigung begrüßten uns Kami und seine tibetische Frau mit einem herzlichen »Namaste«.
Obwohl ich das Wort zum ersten Mal hörte, wusste ich, dass es gut war, und mit gleicher Geste sagte ich auch »Namaste«. Nachdem wir alle fünf den Gruß so erwidert hatten, machte unser Reiseleiter Josh uns mit dem Himalaya-Bergführer Sherpa Kami Dorje und seiner Frau bekannt.
Er verstaute das Gepäck sehr routiniert und zügig, und wir saßen bald in einem alten Toyota Hyace, der bei uns niemals durch irgendeinen TÜV gekommen wäre. Ich saß zweite Bank rechts am Fenster, und los ging's.
Der Flughafen-Allee folgend, fuhren wir an einem edlen Golfplatz vorbei. Einige Golfer, britisch-kariert gekleidet, spielten dort das Spiel der High Society auf gepflegtestem Rasen, begleitet von Caddys, die um die Rasensprenger-Fontänen herum die Golfbags zum nächsten Green trugen. Edel, dachte ich, echt edel hier im Königreich Nepal.
Weiter ging die Fahrt aus der Allee hinaus in Richtung Stadt, wobei der Fahrer rechts abbog und gleich auf die Bremse trat, weil ein Elefant von links vorbeiging. Ein ziemlich ungepflegter Elefant, grau, mit eingerissenen Ohren und nur einem Stoßzahn, ohne Führer. Gott, dachte ich, das ist ja noch mal gut gegangen.
Dann konnten wir unsere Fahrt fortsetzen, der Wagen beschleunigte auf mindestens 40 km/h, und wir fuhren eingezwängt zwischen bunten Lastwagen, Rickshas und Mopeds die Hauptstraße entlang, auf holprigem Lehmboden immer geradeaus. Dann waren wir mitten in Kathmandu, das Tempo verlangsamte sich deutlich, und wir fuhren, vorbei an Werkstätten, in denen Handwerker in Hockstellung am Boden schweißten und hämmerten, in den Geschäftsbereich der Stadt.
Gerade hatte unser Fahrer sich hupend quer durch den Verkehrsstrom hindurch nach links eingeordnet, da krachte es! Ein Lieferwagen war uns hinten rechts in die Karosse gefahren. Blinker, Leuchte, Blech, alles kaputt. Okay, dachte ich, jetzt muss die Polizei kommen – anders konnte ich aus meiner Gewohnheit wohl gar nicht denken. Und während ich auf die Polizei wartete, stand unser Fahrer draußen im dicksten Verkehr neben meinem

Fenster mit dem Unfall-Gegner und ... es passierte nichts. Kein Streit, keine Diskussion, noch nicht einmal ein Gespräch, die standen nur da.
Auch Kami stand etwa eine halbe Stunde dabei, um dann fröhlich zu uns in den Wagen zu steigen und zu verkünden: »Soon it goes on.« Später erzählte Kami, dass der Unfallverursacher unserem Fahrer zur Wiedergutmachung zwei Hühner versprochen hatte, die er morgen vorbeibringen wollte. Damit war der Fall erledigt.
Während wir weiterfuhren, fragte einer aus unserer Gruppe, wie weit es denn noch sei bis zum Hotel. Kami winkte lachend ab und erklärte, dass wir doch nicht zum Hotel fahren, sondern zur Sonderpassstelle für das Foto und die Genehmigung. Ach so, natürlich, klar, wir brauchten für unsere Trekkingtour auf jeden Fall eine Sondergenehmigung, weil wir ja zu einigen Bergklöstern wollten. Dafür gibt es eine behördlich zugelassene Stelle mit einem ausgebildeten Fotografen, der die Bilder machen und den Pass ausstellen würde. Die Passstelle entpuppte sich als kleines Geschäft, in dem dann von jedem von uns ein Polaroid-Foto gemacht und mit Stempel und Unterschrift in ein Dokument getackert wurde. Mit unseren Sonderpässen ging es dann endlich weiter zum Hotel.

In Swa Yam Bunath

Wir verließen die Stadt am frühen Morgen über die Hauptstraße von Kathmandu. Ich saß rechts hinter dem Fahrer und hatte öfters das Gefühl, er fahre frontal auf den entgegenkommenden Lastwagen zu. Aber beide wussten offensichtlich, was sie taten, und kamen gut aneinander vorbei. Dann kam es zur gleichen Situation mit einem Elefanten wie am Vortag, der blieb mit gesenktem Kopf ruhig vor unserem Wagen stehen, und unser Fahrer wartete ein wenig, bis sich dieser nette Elefant mit den klugen Augen bequemte und rechts an uns vorbeiging.
Gegen zehn Uhr morgens kamen wir in der Stadt Swa Yam Bunath an, ohne zu ahnen, welchen besonderen Reiz dieser Ort auf uns ausüben würde. Ohne diese Stadt wäre ich nie in die Themen eingedrungen, um die es hier gehen soll.
Gemeinsam gingen wir fünf den Hauptweg zur Stadt entlang, als uns mehrere Jungen entgegenkamen, alle etwa zehn Jahre alt. »Pass auf!«, sagte Josh, »sonst wirst du die nicht mehr los.«
Im selben Moment stand einer der Jungen bei mir und sagte fröhlich lächelnd: »Where are you from?« Gleich dachte ich an die Warnung von Josh und antwortete ganz schlau: »I am from Austria.« Der Junge strahlte noch mehr und sagte: »Oh, Austria, nice country, capital city Wien. Very nice city, very nice people.« Ich war beeindruckt, aber ich war ja gerade dabei, schlau zu antworten, um dem Kleinen nicht auf den Leim zu gehen. Deshalb

sagte ich gleich: »But I live in Germany.« Der Junge strahlte mich an. »Oh, Germany, very nice country, capital city Berlin. Very nice city, very friendly people.« Nein, dachte ich, darauf falle ich nicht rein, und sagte: »But I work in America.« Das freute den Jungen sehr, denn er erwiderte: »Oh, America, very nice country, capital city Washington. Nice city, very good people.«

Okay, er hatte gewonnen, dieser kleine aufgeweckte Junge, der sicherlich damit sein Geld verdiente, wahrscheinlich für seine ganze Familie, seine Geschwister, und nebenbei auch noch zur Schule ging, wie sollte er sonst so fit sein in Geografie? Während ich noch solcher Gehirnakrobatik nachging, verneigte er sich mit aneinander gelegten Händen und sagte: »My name is Pako, I will be your city guide, please.« Jetzt musste ich aber aufpassen und erwiderte: »No, no, Pako, we don't need a guide, we are only tourists and look for a restaurant to eat.«

«Oh, it's an honour for me to show you the best restaurant. You live in Germany and your King Helmut Kohl has financed our city Swa Yam Bunath. So it's also your city, because with your money from King Helmut Kohl we created this city so wonderful, and I can show you.«

Ich stellte Pako meinen anderen Reisegefährten vor und versicherte ihnen, dass Pako von edelster Sorte sei. Also war Pako bei uns, und wir folgten ihm zu einem großen Marktplatz. Was für ein Platz! Holzgebäude mit feinster Schnitzerei an Säulen und Giebeln, kleine, sehr gepflegte Tempel mit buddhistischen Statuen und Tausend brennenden Räucherstäbchen und wunderbaren Stoffrollbildern mit filigranen Szenen aus Buddhas Leben und Lehren, Tankas genannt, in den Räumen, die wir betreten konnten.

Pako erzählte, dass sein Onkel Tankamaler sei und er uns zu ihm bringen würde. Dann erinnerte ich Pako aber daran, dass wir etwas essen und trinken wollten. Und ohne Zögern führte er uns zu einem dreistöckigen Gebäude mit achteckiger Grundfläche, welches das beste Restaurant in der Stadt sein musste. Wir gingen hinein, gepflegte und verzierte Holztreppen hinauf, den wunderbaren Duft von Räucherwerk und Gemüsepfanne in den Nasen, um manche Ecke und Säule herum und nahmen schließlich an einem blitzblanken Holztisch Platz, mit Ausblick über den gesamten Marktplatz – wundervoll.

Pako saß gleich links neben mir am Tischende und bestellte eine große Cola und eine Pfanne Reis mit gegartem Gemüse. Der Ober behandelte uns genau so, wie er Pako bediente, würdevoll, bescheiden und stilvoll. Wir aßen und tranken, und es schmeckte einfach göttlich.

Am Ende bezahlten wir für alles zusammen so viel wie in Berlin für einen Döner. Bevor wir wieder auf den Marktplatz gingen, gaben wir dem Kellner ein Trinkgeld. Unauffällig steckte der Kellner unserem Pako davon eine Münze zu, die der gleich in seiner Hosentasche verschwinden ließ.

Auf der Straße wollten wir uns von Pako verabschieden, aber der sagte: »First I show you holy water for your luck.« Ich und Josh folgten ihm also noch einmal, während meine Freunde Texas, Manu und Wolf sich die Marktstände ansehen wollten. Wir kamen nach einigen Minuten an einen großen gemauerten Brunnen, der mich im ersten Moment an einen Swimmingpool erinnerte. Pako erklärte, dass er selbst das Wasser nicht berühren dürfe, weil er die nötigen Sutren noch nicht alle auswendig rezitieren könne. Also fragte er uns: »Do you know the Diamond Sutra, or the Heart Sutra, or the Long Life Sutra? If so, you can take a bath in this holy water and you will be protected.« Ich schaute zu Josh, der schaute zu mir, lachte und nickte mit dem Kopf, dann hob er beide Hände wie ein Dirigent und fing an: »Emmei Jikku Kannon Gyo.« Und beide rezitierten wir mit tiefer Stimme und ziemlich schnell das Sutra des langen Lebens:

»KAN ZE ON
NA MU BUTSU
YO BUTSU U IN
YO BUTSU U EN
BUP PO SO EN
JO RAKU GA JO
CHO NEN KAN ZE ON
BO NEN KAN ZE ON
NEN NEN JU SHIN KI
NEN NEN FU RI SHIN«[1]

1 Das zehnzeilige Sutra des langen Lebens (EMMEI JIKKU KANNON GYO)

Kanzeon
Ehre sei Kannon!
Ehre sei Buddha!
Buddha und wir sind wie Ursache und Wirkung.
Im Vertrauen auf Buddha, seine Lehre und seine Nachfolger können wir Nirwana erreichen,
denn es ist gegenwärtig, bedingungslos, frei und rein.
Jeden Morgen denken wir an Kannon.
Jeden Abend denken wir an Kannon.
Jeder Gedanke entspringt unserer Buddha-Natur,
denn ohne sie gibt es keinen Gedanken.

Kannon oder Kanzeon ist japanisch für Avalokiteshvara, das Sanskritwort für einen bedeutenden Bodhisattva im Mahayana. In China wird dieser unter dem Namen Kuan-yin verehrt und in beiden Ländern vorwiegend als weiblich angesehen. Er ist die als Bodhisattva wirkende Kraft des Buddha und tritt als einer seiner Helfer hervor.

Dann lachten wir und gingen mit hochgekrempelten Hosen barfuß die Treppen zum Wasser hinunter. Als wir beide im Wasser standen, wusste ich, warum das Wort Brunnen im Englischen »well« heißt, denn wir fühlten uns echt well. Gut gelaunt nahmen wir Pako nach dem Bad in unsere Mitte und gingen mit ihm zum Markt. Dort kauften wir mit seinen Insidertipps kleine Stoffbeutel mit reicher Verzierung, kleine gravierte Kieselsteine mit dem Mantra OM MANI PADME HUM und kleine Metallbuddhas.
Dann erwähnte Pako, dass er für die Schule ein Wörterbuch Nepali – Englisch brauche, er es sich aber leider bisher nicht leisten könne. Zufällig kamen wir kurz darauf an einem Buchtisch vorbei. Ich sah gleich ein Wörterbuch und kaufte es für Pako. Ich dachte dabei an die Bettler von Kathmandu und hatte die Idee, sicherzugehen, dass dieses Buch nicht weiterverkauft wird. Deshalb war ich nochmals ganz schlau und schrieb ihm eine persönliche Widmung auf die erste Vakatseite des Buches: »Für meinen Freund Pako mit herzlichem Dank. Dein German friend«.
Erst Tage später wurde mir bewusst, dass aus diesem Wörterbuch schon mehrere Seiten herausgerissen waren. Na ja, aber mein Pako würde ja niemals ... Josh lachte, vermutlich über meine Täuschung, gepaart mit meiner guten Absicht. Dann klopfte er Pako auf die Schulter und verabschiedete sich zu einem ausgiebigeren Marktbummel, denn er wollte das große Angebot an Tonkassetten mit nepalesischer Musik studieren. Er erinnerte mich daran, dass ich ja noch zu Pakos Onkel wollte, um dessen Tankas zu besichtigen. Wir verabredeten uns für den Nachmittag am Ausgangspunkt beim Auto.

Wise man

Alleine ging ich mit Pako weiter durch diese pittoreske Stadt. Ich weiß nicht, wie viele Gassen und Kurven wir durchliefen, jedoch fiel mir auf, dass ich schon seit längerem keine Touristen mehr gesehen hatte. Wir waren in einem Stadtteil, in den sich wohl so leicht keine Langnasen verirrten. Und es fiel mir auch auf, dass es schon lange keine Rikshas mehr gab, vielleicht, weil die Wege teilweise auch zu eng waren für Fahrzeuge irgendwelcher Art. Aber zu Fuß ging es immer gut weiter. Ich folgte Pako voller Vertrauen vorbei an privaten Hauseingängen und Tempeln, ich hatte allerdings teilweise das Gefühl, die Privatsphäre der Bewohner zu verletzen, wenn ich in sie hineinschaute. Pako schien die meisten Leute zu kennen, denn überall wurde er freundlich begrüßt und angesprochen.
Dann endlich kamen wir an, wir gingen nach links durch eine kleine Holztür und standen in einem ziemlich dunklen Raum. Ich brauchte eine Weile, bis ich mich an das Dämmerlicht gewöhnt hatte, aber dann sah ich viele abgedeckte Rollbilder um mich

herum an den Wänden und auf Holzständern. Manche waren mit gelben Seidentüchern verhängt, andere waren offen. Ich betrachtete einige Bilder etwas genauer und sah, dass es handgemalte Szenen aus der buddhistischen Welt waren. Es gab Motive, die ich aus Büchern kannte, wie das Rad des Lebens mit den zwölf Bildern des bedingten Entstehens und Vergehens oder ein blauer Medizinbuddha. Andere Motive sah ich hier zum ersten Mal wie vollkommen geometrische Mandalas oder ein Pferd, das in Flammen zu fliegen schien. Noch bevor ich alle Tankabilder betrachtet hatte, zupfte mich jemand am Ärmel, es war Pako.

»Look, this is my uncle Lobsang!«, sagte er leise und zeigte auf den Mann, der sich vor mir verbeugte und mich anlächelte. Lobsang schaltete dann gleich das Licht an, eine elektrische Glühbirne, die an zwei Drähten von der Decke hing. Dann rollte er verschiedene Vorhänge auf und knotete sie mit geschickten Bewegungen mit roten Seidenbändern am oberen Rand fest, sodass ich nun alle Tankabilder betrachten konnte. Er zeigte auf gewisse Details und erklärte mir:

»This two weeks painting!« Dann blieb er vor einem Rollbild stehen und sagte: »This for you, Medicine Buddha, good for your health, good for your back.«

Komisch, dachte ich, wie kann er das wissen, dass ich Rückenschmerzen habe? Lobsang redete freundlich weiter: »Special price for you, Pako said you friend.« Ich hätte kaum gewagt, den Preis zu erfragen – für zwei Wochen Handarbeit. Dann sagte er mir den Preis: »You only pay 90 Dollar.« Ich dachte nach, war verwirrt, hatte Chaos im Kopf, da sagte Lobsang: »Please look painting, come please.«

Er führte mich in einen Nebenraum, wo eins, zwei, drei, fünf Maler ganz nah an Bildern in unterschiedlichen Entstehungsphasen saßen. Junge Leute mit, wie mir schien, guten Augen und allerfeinsten Pinseln in ihren Händen. Einige Motive hatten nur dünne Bleistiftumrisse, andere waren schon weitgehend mit bunten Farben ausgefüllt. Eine unglaubliche Szenerie, bei der zudem über ein ausgeleiertes Kassettenradio nepalesische Musik lief.

An einer Wand sah ich noch eine Art Altar mit Messingkelchen, in denen Blüten schwammen, und eine goldene Buddhastatue, vor der einige Räucherstäbchen brannten. Das alles wirkte so authentisch und stimmig auf mich, dass ich mehrere Tankas kaufte. Einen Medizinbuddha, ein Reines-Land-Mandala und ein großes Lebensrad.

Mit diesen drei Tankas aufgerollt unterm Arm bat ich Pako, mir den Weg zurück zu zeigen. Pako sagte: »Wait, I give you a Tanka from me for you«, und er lief wieder weg, um kurz darauf mit einer handgemalten Postkarte zurückzukommen. Die überreichte er mir mit den Worten: »This is for you, for writing to a friend who needs luck.« Ich sah sofort, dass Pako diese Karte selbst gemalt hatte, und fühlte mich reich beschenkt. Ich beschloss sofort, diese Karte später einmal jemandem zu schicken, der Pakos »Glück des Himalaya« wirklich brauchen könnte. Und ich wusste, der Tag würde kommen!

Pako führte mich weiter durch die Gassen auf einer mir völlig unbekannten Route in Richtung Ausgangspunkt, dachte ich jedenfalls. Wir kamen zu einem kleinen Tempel mit einer weißen Stupa im Hintergrund. Pako sagte: »Please, I wait here, you go to the wise man.« Wie schon den ganzen Tag begriff ich gar nichts und hörte auf Pako. Schon war ich in dem dunklen Eingang verschwunden. Ich kam zu einer übergroßen Gebetsmühle und drehte sie einmal für zehntausend Gebete. Dann kam ich in einen dämmerigen Raum, in dem jemand auf einem Kerosinkocher ein Essen zubereitete. Er zeigte völlig unbeteiligt zur Seite und murmelte: »Geshe there, please!« Dann erst sah ich einen alten Mann in komplett verschlissener, roter Mönchsrobe, der in einer Ecke auf einem kleinen Teppich saß und eine Perlenkette durch seine Hände gleiten ließ. Der alte Mönch saß da am Rande der Kochdunstschwaden und hatte in der einen Hand eine kleine Glocke und in der anderen eine Perlenkette.

Das musste wohl der weise Mann sein. Ich bückte mich und setzte mich zu ihm, irgendwie parallel zu dessen einladendem Lächeln, und so saß ich einfach vor ihm. Er bimmelte mit der einen Hand die kleine Glocke, und mit der anderen zählte er die Perlen. Dann schaute er mich an. »My friend, your question, please.«

Überwältigt von den vielen Eindrücken auf alle meine Sinne, war ich es kaum selbst, der da sprach, als ich spontan fragte: »Purpose of my life, please?« Er bimmelte, er rasselte mit

der Perlenkette, er sagte: »Attention!«, dann berührte er mit seiner Hand und der Perlenkette meine Haare und flüsterte: »This!«
Im nächsten Moment saß er wieder wie ein Buddha vor mir und fragte freundlich: »Who wants to know purpose?« Ich dachte, ich hätte seine Frage verstanden, und antwortete: »I want to know.« Er hielt Glocke und Perlenkette in seinem Schoß auf den gekreuzten Beinen und fragte nochmals: »Who is asking?« Jetzt hatte ich verstanden und sagte: »Oh, sorry, my name is Korai.« Er verneigte sich und hielt mir dabei seine Perlenkette auf seinen beiden Händen hin, dabei sagte er: »Namaste, Korai, I give you this Mala and you can find answer for question in 108 pearls.«
Mir kam es vor, als würde er mir seinen ganzen Besitz geben wollen, und ich fühlte mich etwas beschämt. Deshalb fragte ich: »Thank you, what's the price?« Er verneigte sich wieder mit seiner Glocke in den Händen und gab mir zur Antwort: »Big worth, no price, you friend of Pako.« Dabei lächelte er so ehrlich, so nett, so als wäre er mein engster Vertrauter. Dann sagte er: »Korai, meet Geshe Thubten Ngawang in Hamburg and you can study the Mala.« Etwas verwirrt verneigte ich mich zum Abschied mit »Namaste« und ging zurück vor das Haus.

Im Tageslicht der Gasse schaute ich mir die Mala an, die ich gerade von dem alten Weisen Geshe geschenkt bekommen hatte. Ich zählte die Perlen, es waren 108 braune Perlen, sechs rote, drei grüne und am Verschluss sah ich nochmals zwei kleine rote. Ich legte die Mala wie eine Halskette um und hielt Ausschau nach Pako.
Der winkte aus einem Fenster im ersten Stock und deutete an, dass er gleich zu mir herunter kommen würde. Ich schaute die Mala genauer an. Die dunkelbraunen Perlen sahen aus wie Samenkörner mit unterschiedlicher Maserung. Plötzlich stand Pako wieder vor mir und sagte: »Oh, you got the Mala. You got a lesson. Please don't wear it 'round your neck until the lesson is finished. Wear it 'round your arm like monks do.« Sofort nahm ich die Mala zurück von meinen Schultern und wickelte sie viermal um mein linkes Handgelenk. Pako war zufrieden und erklärte mir: »This Mala from Geshe is from the Bodhi tree in Bodh-Gaya, where the Buddha was enlighted after 49 days of meditation. You can find answers to all your questions with this Mala.«
Wow, dieser Pako, dachte ich, vielleicht kann ich auch einmal etwas Förderliches für ihn tun. Wir brauchten etwa zehn Minuten, bis wir den Parkplatz erreicht hatten, wo unser Kleinbus stand. Zur Verabschiedung gab ich Pako noch einige Münzen und fragte ihn: »Pako, do you know Geshe Thubten Ngawang, I should meet him?« Pako lachte: «Yes, he is head of Buddhist Tibet Center in Hamburg, Germany, enlighted good man.«

Sechs Monate später begegnete ich dem tibetisch-buddhistischen Meister Geshe Thubten Ngawang im Tibetischen Zentrum in Hamburg. Das geschah durch eine besondere Fügung.

Einer meiner Klienten erlebte während seiner schweren Krankheit, die nach ärztlicher Prognose austherapiert war, eine unerklärliche Heilung und wurde vollkommen symptomfrei und gesund. Auch die Uniklinik konnte es nicht nachvollziehen und sprach von einer »Remission«. Der Klient namens Bernd-Michael hatte eine gewisse Ahnung, was ihm geholfen haben könnte, hielt das aber für so exotisch, dass er es den Ärzten nicht sagte. Er hatte sich auf gewisse Rituale eingelassen, in dessen Folge er wesentliche Entscheidungen traf, die sein Leben einschneidend veränderten. Kurz darauf waren alle Symptome verschwunden. Als er nach einigen Monaten immer noch gesund war, beschloss er, zum Dank für seine Heilung ein besonders geliebtes Schmuckstück aus seinem Privatbesitz für einen guten Zweck zu verschenken. Es handelte sich um einen klaren Saphir von 470 Karat. Dieses wertvolle Juwel wollte er dem tibetischen Volk schenken, um seinen Beitrag zur Befreiung von Unterdrückung und Leid zu leisten.

Er bat mich, mit ihm gemeinsam eine Reise zum tibetischen Zentrum nach Hamburg zu machen, um dort den großen Saphirstein an den »Spiritual Director« Geshe Thubten Ngawang zu überreichen.

So kam es, dass wir gemeinsam den Stein in den Privatgemächern des Geshela überreichten. Eine Nonne übersetzte unsere Unterhaltung, und so konnte ich den Geshela von Pako grüßen und ihm die Geschichte erzählen. Der Geshe freute sich sehr und würdigte uns mit drei freundlichen Gesten:

Er wollte den Stein an Seine Heiligkeit, den Dalai-Lama übergeben, der ihn als Symbol des Dritten Auges in die große, im Bau befindliche Buddha-Statue einbauen lassen könnte. Zweitens lud er uns zum Systematischen Studium des Buddhismus ein, und drittens legte er uns mit einer ehrwürdigen Verneigung einen weißen Seidenschal um.

So erlangte Bernd-Michael neue Heilung, so kam der Saphir zum Buddha, so kam ich zum 7½-jährigen Studium der Philosophie unter der Ägide von Geshe Thubten Ngawang. Dabei wurde mir auch meine Frage, die ich dem Lama im Himalaya stellte, »Purpose of my life?«, beantwortet, wie der es angedeutet hatte.

Danke, Pako.

Wesentliche Erkenntnisse erlangte ich dank dieser Fügungen durch Geshe Thubten Ngawang vom Tibetischen Zentrum Hamburg. Das war nach meinem Dreijahres-Retreat genügend Motivation, die Perlen an der buddhistischen Mala zu beschreiben, was ich mit diesem Buch getan habe.

Perlenketten in verschiedenen Traditionen

Der katholische Rosenkranz

Die heute gebräuchlichste Form des Rosenkranzes entstand im 16. Jahrhundert unter der Bezeichnung »paternoster«. Andere lateinische Namen waren »numeralis«, »computum« oder »calculi«, was einen Hinweis darauf gibt, dass die Perlenketten Zählhilfen für Gebete sind. Ein normaler katholischer Rosenkranz besteht aus 150 Ave-Maria-Perlen, 15 Vaterunser-Perlen und 5 Lobpreisungs-Perlen. Der Name hat damit zu tun, dass für die Herstellung Rosenblütenblätter verwendet werden, die wegen ihres hohen Ölgehaltes zu Kugeln gerollt und getrocknet werden können. Aufgereiht zu einem Gebetskranz behalten die Rosenblütenperlen bis zu drei Jahre ihren Duft.

Die hinduistische Mala

Um die Mala-Perlen herzustellen, ist im Hinduismus jedes Material geheiligt, seien es Samen, Steine oder kunstvoll geschnitzte Sandelholz-Perlen. Eine Mala besteht aus 108 Perlen, plus einer Meru-Perle und einer Quaste. Die Meru-Perle symbolisiert den mythischen heiligen Berg Meru, das Zentrum des hinduistischen Universums und der himmlische Thron Vishnus. Die Quaste kennzeichnet den Anfang des Zyklus. Die Mala hilft bei der Trancevertiefung mit überlieferten Mantren und bei der Rezitation der alten Upanischad-Verse. Dadurch wird die Mala ein wertvoller Talisman, der respektvoll und mit Würde behandelt wird.

Die buddhistische Mala

Die buddhistische Mala hat 108 Perlen, plus eine Guru-Perle und eine Quaste. In der japanischen Tradition kennt man die Perlenkette als »jyuzu«, in China als »su-zhu« und im Mahayana-Zen als »fozhu« oder »ojuzu«. Die Perlenreihe kann durch Perlen anderer Materialien unterbrochen werden, z. B. zur Einteilung in 4 mal 27 Perlen. Die Perlen symbolisieren unterschiedliche Meditationsobjekte wie die Anzahl der irdischen Wünsche oder die 108 Bücher der buddhistischen Lehre oder mantrische Texte oder Rezitationen. In der buddhistischen Philosophie symbolisieren die Perlen auch viermal 27 Leidenschaften, Tugenden, Herzenstrübungen und Erleuchtungseigenschaften. Malas repräsentieren den Buddha und sollten auch so behandelt werden wie ein Buddha.

Der muslimische Tasbih

Über die fünf Niederwerfungen pro Tag hinaus, vertiefen viele Muslime ihre Kontemplation mit dem Tasbih, einer Gebetsschnur mit 99 Perlen. Diese stehen für die 99 Namen Gottes, die als Hingabe an das höchste absolute Sein mit den einzelnen Perlen rezitiert werden. Auch zu Lobpreisungen wie »Allahu akhbar« (Gott ist groß) gleiten die Perlen durch die Hände der Gläubigen. Der hundertste, geheime Name Gottes kann erst im Paradies gefunden werden. Der Tasbih ist durch Farbperlen oder Quasten in drei gleiche Teile gegliedert. Mit dem Abzählen der Perlen werden die Namen Gottes und seine 99 Tugenden rezitiert.

Das griechisch-orthodoxe Komboloi

Hier handelt es sich um Perlenketten zur Abwehr von Gefahren oder Sorgen, die zwischen 16 und 20 Perlen haben. Manche Kombologia haben auch 33 Perlen wie die kurze Tasbih. Das Komboloi wird nicht mehr in erster Linie als religiöser, sondern als kultureller Gegenstand gesehen. Auch in anderen Traditionen wurden einst religiöse Gebetsketten säkularisiert und zur Entspannung oder Konzentration im Alltag benutzt. Dazu zählen auch Perlenketten mit Harz-Perlen, die man Babys zum Schutz um den Hals hängt. Ein alter Brauch ist es auch, Ketten aus blau-weißen Glasperlen in Augenform zu tragen, um den bösen Blick abzuwenden.

Die eklektischen Perlenketten

Immer mehr kommen Perlenketten in eklektischen Glaubensformen in Gebrauch, die als Kraftarmbänder, Symbolketten oder Talismane mit Engeln, Kreuzen, Runen oder esoterischen Symbolen verziert sind. Diese sind auch für Atemübungen einsetzbar. Auch als Orakel werden Perlenketten teilweise genutzt, um bei persönlichen Fragen Ja und Nein abzuzählen.

Eine kenogrammatikalische Betrachtung der Zahl Einhundertacht

$$1^1 \cdot 2^2 \cdot 3^3 = 108$$

1^1, ist das denn nicht dasselbe wie 1?

Eins mit sich selbst malgenommen, ist ein Rechenprozess, dessen Ergebnis mit dem Zähler und dem Multiplikator übereinstimmt. Dass sie übereinstimmen, ist eine symbolische Gleichheit, sie sind aber nicht dasselbe. Die Rechnung gleicht einem spagyrischen Prozess, besteht aus einer Trennung, einer Reinigung und einem Wieder-Zusammenfügen. Die Eins wird getrennt in die Zahl, den Potenzierungsprozess und das Multiplizieren. Es sind drei Schritte, die aus dieser Eins eine höhere Eins auf einer neuen Ebene machen.
Das ist eine symbolische Handlung (griech. symbaleien: zusammenwerfen). Das Gegenteil davon wäre diabolisch (griech. diabaleien: auseinanderwerfen).
Wenn ein König ein Amulett zerbrach und die eine Hälfte davon seinem Sohn gab, war erwiesen, dass er als Prinz zum Königshaus gehörte. Wenn man diese historische Sippenbindung gewaltsam zerriss, war dies Teufelswerk, diabolisch.

In der Kenogrammatik (griech. kenos: Leere; grammatike: Einschreibung) bringen wir ganze Zahlen, aus spiegelgleichen Fraktalen bestehend, zum Ganzen zusammen. Das geschieht in der Symbolik der Zahl 108 mit der numerischen Summe der potenzierten Fraktale. Dabei erhöht sich jedes Fraktal um seine eigene Potenz in die gereinigte, neue Bewusstseinsebene.

1^1 steht für die Nichtzweiheit (advaita), die auch in der höchstmöglichen Potenz mit sich selbst immer 1 bleibt.
2^2 steht für die vier Heilswahrheiten vom Leiden (dukkha), welche 1^1 als völlige Befreiung zum Ziel haben (samadhi).
3^3 steht für die siebenundzwanzig Verwirklichungen in den 2^2 zu überwindenden und zu erreichenden Geistesqualitäten.

Die Zahl Hundertacht

1^1 = Mala = 108 Perlen für Nichtzweiheit (advaita)

2^2 = 4 Heilswahrheiten = 2 Bereiche zur Leidbefreiung + 2 Bereiche zur Vollendung

3^3 = 27 Bewusstseinsqualitäten zur Überwindung und Verwirklichung

Etikette im Umgang mit der Mala

Bevor du eine Perle zur Meditation auswählst, stelle sicher, dass du zum Besten des Ganzen die folgenden Punkte beachtest.

Neun wichtige Hinweise zum rituellen Umgang mit der Mala

1. Trage die Mala niemals unter der Gürtellinie. Lege sie deshalb ab, bevor du ins Bad gehst.
2. Trage die Mala bis zur Erleuchtungsbestätigung durch deine/n Meister/in am Handgelenk und nicht um den Hals.
3. Schütze die Mala vor Verunreinigungen.
4. Die Mala kann jederzeit von dir selber neu energetisiert werden. Lege sie dazu kurz in Safranwasser und rezitiere ein Mantra.
5. Trage die Mala nur wenn du wach bist.
6. Bei Beschädigungen kannst du die Mala jederzeit selber reparieren. Egal, ob neuen Faden, neue Perle oder neuen Quast – aber mache es unbedingt selber.
7. Du kannst die Mala jederzeit großzügig verschenken. Dann hole oder mache dir eine neue Mala. Weihe sie mit Safranwasser und lege sie 24 Stunden auf dieses Malabuch.
8. Solltest du die Mala verlieren, suche nicht, sie kommt ohne dein Zutun zurück oder findet einen geeigneten Träger. Hole oder mache dir in diesem Fall eine neue Mala.
9. Wenn du die Mala nicht am Körper tragen möchtest, gib ihr einen ehrenvollen Platz, am besten in einem Schmuckkästchen, Seidenbeutel oder Samttuch in einer persönlichen Ablage.

Um die Etikette im Umgang mit der Mala wissend, kannst du eine aus hundertacht Perlen auswählen.

Korai mit der Mala aus Swa Yam Bunath in der Hand und einer Totenkopf-Mala um den Hals

Auswahlsysteme zur Perlenfindung an der Mala

Hier findest du neun Auswahlsysteme (in alphabetischer Reihenfolge) zur Findung einer Perle aus der gesamten Mala. Du kannst es auch auf deine ganz eigene Art machen, wie es geschieht, ist es gut.

Fingerstick

Lege die Mala vor dich hin mit dem Verschluss nach links oder rechts. Dann fühle mit einem Finger langsam und leicht über die Perlen, bis der Finger auf einer Perle »hängen bleibt«, das ist der Stick, das ist die Perle. Wenn der Verschluss nach links lag, nach links abzählen, lag er rechts, nach rechts abzählen und diese Perle meditieren.

Jahresthema

Zähle die Zahlen deines Geburtstages plus Geburtsmonat plus die jetzige Jahreszahl numerologisch zusammen. Das ist deine Aufgabe für dieses Jahr.
Beispiel: 18.04.2009 = 1 + 8 + 4 + 2 + 9 = 24. Diese Zahl ziehst du von 108 ab und erfährst so deine Jahresaufgabe auf dem Weg zur Erleuchtung. Meditiere die Perle.

Kompass

Lege die Mala zu einem exakten Kreis aus und lasse einen kleinen Gegenstand (Fläschchen, Kuli, Edelstein o. ä.) darin kreisen, bis er auf eine Perle zeigt. Die Perle meditieren.

Mantra

Rezitiere mit der Mala in der Hand ein Mantra und zähle dabei die Silben mit Perlen aus. Verwende dafür ein Mantra oder Gebet deiner Wahl. Das Ende der Rezitation ist die Perle, die du meditierst.

Meditation

Lasse die Malaperlen während einer Meditation durch die Hand laufen. Am Ende der Meditation halte die Perle fest, die du gerade zwischen den Fingern hältst. Die Perle meditieren.

Name

Zähle mit der Mala in der Hand deinen bürgerlichen Namen oder Ordensnamen silbenweise ab. Nach spontaner Laune kannst du auch weitere persönliche Daten abzählen wie Geburtstag, Ort, Uhrzeit. Die Perle, bei der du landest, meditieren.

Symbolon

Lege die Mala vor dir auf den Tisch und überschlage, verdrehe und richte sie mehrmals vollkommen symmetrisch aus. Wichtig: Das Muster soll spiegelgleiche Seiten haben wie ein Schmetterling. Wähle dann zwei Perlen aus, die sich auf zwei Seiten des Bildes genau gegenüberliegen. Die beiden, egal ob nach rechts oder links gezählt, sind das Meditationsobjekt.

Palmieren

Umschließe die Mala mit beiden Händen leicht und drehe sie wie einen Schneeball. Halte irgendwann die Mala in einer Hand verdeckt und zupfe mit der anderen Hand eine Perle heraus. Dann entscheide, ob du nach rechts oder links abzählst. Deine erste Entscheidung gilt. Diese Perle meditieren.

Zentrifuge

Hänge die Mala auf einen ausgestreckten Finger der linken oder rechten Hand. Dann versetze die Mala im Kreis schwingend in Rotation. Lasse irgendwann die Mala ausdrehen, bis sie auf dem Finger hängt. Die oberste Perle, die auf dem Finger liegt, abzählen (bei Drehung auf linker Hand nach links abzählen, bei rechter Hand nach rechts abzählen). Diese Perle meditieren.
Die gleiche Übung funktioniert auch über dem rechten oder linken Handgelenk.

Die 108 Perlen der Mala

27 zu überwindende Leidenschaften wandeln sich zu 27 zu erreichenden Geistesqualitäten

Die 27 zu überwindenden Leidenschaften		Die 27 zu erreichenden Geistesqualitäten	
1	1 Verblendung	28	1 Erkenntnis der Wirklichkeit
2	2 Hass	29	2 Mitempfinden
3	3 Gier	30	3 Erfüllung
4	4 Neid	31	4 Mitfreude
5	5 Übelwollen	32	5 Wohlwollen
6	6 Töten	33	6 Sanftmut
7	7 Stehlen	34	7 Großzügigkeit
8	8 Nutzlose Rede	35	8 Gehaltvolle Rede
9	9 Lüge	36	9 Wahrhaftigkeit
10	10 Schmeichelei	37	10 Aufrichtigkeit
11	11 Schwermut	38	11 Freude
12	12 Geiz	39	12 Gebefreudigkeit
13	13 Völlerei	40	13 Nüchternheit
14	14 Wollust	41	14 Frieden
15	15 Angst vor dem Tod	42	15 Präsenz
16	16 Furcht vor dem Unbekannten	43	16 Forschergeist
17	17 Illusion	44	17 Klarsicht
18	18 Trägheit	45	18 Energie
19	19 Zerstreutheit	46	19 Zentriertheit
20	20 Desinteresse am Mystischen	47	20 Wahrheitssuche im Mystischen
21	21 Verleugnung der Zusammenhänge	48	21 Einsicht in die Zusammenhänge
22	22 Ausblendung des Glaubens	49	22 Vertrauen
23	23 Ziellosigkeit des Willens	50	23 Energische Zielverwirklichung
24	24 Ziellosigkeit des Denkens	51	24 Ausrichtung des Geistes
25	25 Ziellosigkeit des Handelns	52	25 Eindeutigkeit des Verhaltens
26	26 Ziellosigkeit des Forschens	53	26 Bewusste Themenausrichtung
27	27 Missachtung der Gesetze	54	27 Getragensein durch die Gesetze

27 zu überwindende Herzenstrübungen wandeln sich zu 27 zu erreichenden Eigenschaften

Die 27 zu überwindenden Herzenstrübungen			Die 27 zu erreichenden Eigenschaften		
55	1	Nächstenblindheit	82	1	Rechte Erkenntnis im Denken
56	2	Dünkel	83	2	Rechte Gesinnung im Herzen
57	3	Rausch	84	3	Rechte Tugend im Reden
58	4	Starrsinn	85	4	Rechte Tugend im Handeln
59	5	Zorn	86	5	Rechte Tugend im Leben
60	6	Egoismus	87	6	Rechtes Streben
61	7	Dummheit	88	7	Rechte Achtsamkeit
62	8	Zweifel	89	8	Rechtes Sichversenken
63	9	Falsche Sichtweise	90	9	Machtvolle Ausdruckskraft von geistigen Kräften
64	10	Rechthaberei	91	10	Große Heilungskraft zur Leidauflösung
65	11	Lässigkeit	92	11	Reinheit des Körpers
66	12	Stolz	93	12	Reinheit der Empfindungen
67	13	Emotionale Kälte	94	13	Reinheit der Wahrnehmungen
68	14	Angst	95	14	Reinheit der Geistesregungen
69	15	Sprache aus reinem Verstand	96	15	Reinheit des Bewusstseins
70	16	Grobheit	97	16	Spiegelgleiche Weisheit im Sinnes-Bewusstsein
71	17	Aggression	98	17	Wesensgleiche Weisheit im Denk-Bewusstsein
72	18	Anerkennungsbedürfnis	99	18	Unterscheidende Weisheit im Ich-Bewusstsein
73	19	Feigheit	100	19	Alles vollendende Weisheit im Unter-Bewusstsein
74	20	Verführbarkeit	101	20	Transzendente allumfassende Weisheit in ursprünglicher Leerheit
75	21	Herrschsucht	102	21	Wertschätzung der Rituale
76	22	Ungeduld	103	22	Erkenntnis der Kette von Tod und Wiedergeburt aller Wesen
77	23	Sarkasmus	104	23	Sprache aus Klarsicht und Befreiung

78 24 Habsucht	105 24 Beherrschung der eigenen Fähigkeiten, der Kräfte und des Wissens
79 25 Respektlosigkeit	106 25 Respekt und Achtung gegenüber Älteren
80 26 Geistige Unbeweglichkeit	107 26 Beweglichkeit des Geistes
81 27 Groll	108 27 Erkennen der Bedeutung aller Erscheinungen

27 Perlen zur Überwindung der Ursachen des Leidens

1 Die erste Perle erinnert an »Verblendung«

Das Prinzip

Hinter den Erscheinungen der Welt wirken kosmische Gesetze. Diese müssen wir erkennen und ihnen entsprechend denken und handeln. Zu allen Zeiten und in allen Kulturen haben die Menschen bestimmte Annahmen über die Welt und die Wirklichkeit gehabt, diese nennen wir Paradigmen. Und zu allen Zeiten und in allen Kulturen haben die Menschen nach diesen jeweils gültigen kollektiven Annahmen gehandelt.

Wenn aber die Mehrzahl der Menschheit etwas Falsches für richtig hält, oder etwas Richtiges für falsch, dann tragen alle die Folgen. Manchmal profitieren gewisse Gruppen davon, dass andere etwas Falsches denken. Nachhaltig betrachtet, schaden falsche Annahmen über die Wirklichkeit jedoch der Gesamtheit. Solange wir uns von gewissen Aspekten des Lichtes der Wirklichkeit blenden lassen, sind wir verblendet. Das ist schon vom Wort her das Gegenteil von Erleuchtung. Es wäre demnach erstrebenswert, dass wir die Welt verstehen lernen, wie sie wirklich ist, ohne Täuschung, ohne Traum und stattdessen ganz erwacht erkennen, »was die Welt im Innersten zusammenhält«. Darin liegt ein großer Appell an uns alle: Wache auf, erkenne, was wirkt, erkenne die Wirklichkeit und handle dementsprechend! Entlarve falsche Paradigmen, lass Dir kein X für ein U vormachen. Sei weise, sei mutig und demütig.

Die Wirkung

Wer die Erde für eine Scheibe hält, wird denken, dass die Sonne im Abendland in den Ozean eintaucht und nur mit Glück die stundenlange Reise ihrer Nachtmeerfahrt ungelöscht

übersteht, um dann im Morgenland strahlend wieder aufzutauchen. Genau so dachte die Menschheit jahrhundertelang. Und heute?
Welche Nachtmeerfahrt halten wir für wahr und bauen ganze Wissenschaften darauf auf? Oh, gäbe es doch eine Möglichkeit, jetzt gleich aus dem großen Irrtum aufzuwachen und gereinigten Geistes der Welt angemessen und mit allen Sinnen zu begegnen.

Die positive Seite

Auf Basis solcher Verblendung lassen sich gute Geschäfte machen. Der Intelligente kann sich dumm stellen und unter Dummen als Ihresgleichen erscheinen, umgekehrt funktioniert das niemals. Deswegen brauchen die Schafe auch einen Hirten.

Wie »Verblendung« Probleme schafft

Die Welt ist voller Pannen, die uns herzhaft lachen lassen, bis wir merken, dass wir selbst auch von ihnen betroffen sind. Es ist genauso wenig egal, ob in Nepal ein Muli umfällt wie ob bei mir zu Hause eine Dummheit geschieht. Die Folgen dehnen sich in die Welt hinaus aus. Warum also in die Ferne schweifen, wenn die Erkenntnis liegt so nah?

Eine Fantasie

Wie täuschte sich die Taube, denn sie flog uber ein reifes Ährenfeld und hielt das Rauschen und die Wellen im Getreide für den Ozean. So berichtete sie es den anderen Tauben, und noch heute sind die Tauben taub für die Wirklichkeit. Darüber lachen die erkenntnisreichen Vögel der Meere, die Lachmöwen.

Eine Geschichte

Einmal, lass es vor langer Zeit gewesen sein, wanderte ein deutscher Gärtner nach Übersee aus. Er kam nach langer Reise um das Kap Horn nach Patagonien und wurde dort in einem Dorf sesshaft, wo er eine kleine Landwirtschaft übernahm. Im ersten Frühjahr bearbeitete er das brachliegende Feld und säte mitgebrachten Kürbissamen aus. Schon im Sommer merkte er, dass die Patagonier seinen Laden kaum besuchten und sich äußerst zurückhaltend benahmen. Bis zum Herbst fand er keine Erntehelfer, obwohl die Menschen dort Landarbeit gewohnt waren. Als er eines Tages selbst auf das Feld ging, beobachteten ihn schüchtern einige Augen aus der Ferne des Dorfes. Man tuschelte schon länger über die Ungeheuer, die zunehmend das Dorf bedrohten, seit der fremde Gärtner da war.

Aber an diesem Tag geschah das Unglaubliche, der Fremde ging, bewaffnet mit einem Messer, mutig auf das Feld, um mit den Ungeheuern zu kämpfen, und brachte sie zur Strecke, indem er ihnen den Hals durchschnitt und ihnen mit seinen bloßen Händen die Eingeweide herausriss. Mit diesem Tag wurde der Europäer ein angesehener Mann in Patagonien. Und seit dieser Erntezeit kennt man auch in Patagonien den Kürbis und pflanzt ihn an. Noch heute gibt es auf dem Dorffriedhof einen Gedenkstein mit der Aufschrift: »Hier ruht ein mutiger Wohltäter aus dem Abendlande.«

2 Die zweite Perle erinnert an »Hass«

Das Prinzip

Der Dualität, zu welcher der Hass gehört, entspringen zwei Kräfte, eine, die mehr will, die Gier, und eine, die weniger will, der Hass. Das Mehr oder Weniger bezieht sich dabei letztlich auf das Leben. Diese Kräfte kommen aus dem Geiste und sind somit Gedanken, die sich gegen ein Zuviel oder ein Zuwenig richten. Der Hass will das Weniger, weil irgendetwas zu viel geworden ist. Das sicherste Mittel, dieses Zuviel abzuwenden, scheint, es zu vernichten. Im Unterbewusstsein eskaliert die geistige Hochrüstung so sehr, dass sie sich sichtbaren Ausdruck verschafft. Dabei richtet sich die zerstörerische Energie zuerst gegen den Hasser selbst und dann erst nach außen auf den zu vernichtenden Feind. Aus solchen Geisteskräften kommen Vergeltung, Rache und Genugtuung, die nicht mehr unterscheiden zwischen dem Täter und der Tat.

Die Wirkung

Niemand wird mit vergiftetem Geist geboren, er wird allmählich von außen vergiftet. Dieses Hass-Gift setzt sich im Geiste fest und ist kalt, im Gegensatz zur Wut, die heiß ist. Die geistige Kälte wirkt hochtoxisch auf den eigenen Geist und macht auch das Antlitz zur Fratze. Die Mischung aus Kontrollverlust und Zerstörungsenergie macht die Folgen so gefährlich für das Ganze.

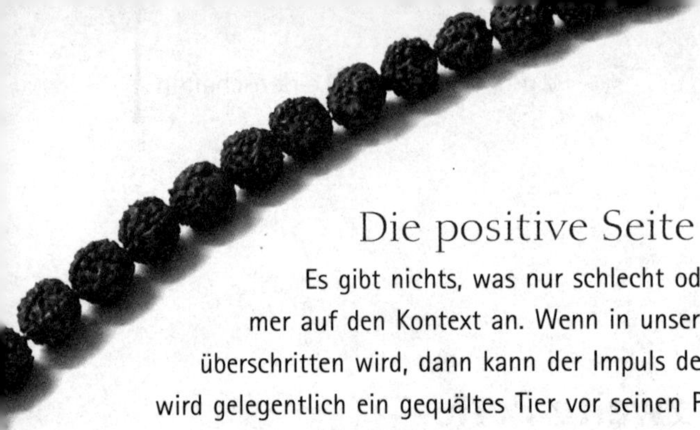

Die positive Seite

Es gibt nichts, was nur schlecht oder nur gut wäre. Es kommt auch immer auf den Kontext an. Wenn in unserem Umfeld das Maß des Erträglichen überschritten wird, dann kann der Impuls des Hasses zur Zivilcourage werden. So wird gelegentlich ein gequältes Tier vor seinen Peinigern gerettet oder geschundenen Menschen Gerechtigkeit zuteil.

Wie »Hass« Probleme schafft

Hass macht blöde, weil er die Menschen dazu führt, ihre Intelligenz auf falsche Ziele zu richten. Und wer würde schon von einem Blöden nützliche Strategien erwarten? Leider ist diese Geistesunzulänglichkeit in ihren Ausmaßen schier unbegrenzt und auch noch ansteckend. So wird aus dem Baum der Blödheit leicht ein Wald der Idiotie.

Eine Fantasie

Wie täuschte sich der Räuber, als er im Wald einem furchtlosen Mönch begegnete. Mit Gezeter und Drohgebärde stellte er sich dem Pilgerer in den Weg und schrie: »Stehen bleiben oder du bist erledigt!« Der Mönch aber lächelte und sagte: »Ich bin schon lange stehen geblieben, du bist es, der noch rennt.« Der Räuber vergaß darüber seinen Hass und wurde Schüler des Mönchs.

Eine Geschichte

Einmal, lass es vor langer Zeit gewesen sein, gab es einen japanischen Krieger, der wegen seiner hassvollen Tiraden berüchtigt war. Sein Name war Miamoto Musashi, und niemand war vergleichbar böse und mutig zugleich. Ebendieser hasserfüllte Kämpfer entdeckte später ganz andere meisterliche Talente in sich. Er wurde zu einem berühmten Schriftsteller, er wurde ein begnadeter Kalligraf und Maler, und er hinterließ der edlen Kaste der Samurai ein Ethik-Leitbild, das auch heute noch die Etikette und Kultur der Edelleute bestimmt.

Die neun Regeln des Miamoto Musashi lauten:

1. Habe nie arglistige Gedanken.
2. Achte auch das Geringe.
3. Erkenne auch das Unsichtbare.

4. Lerne, Dinge auf den ersten Blick zu durchschauen.
5. Lerne, Gewinn und Verlust unterscheiden.
6. Studiere viele Berufe.
7. Erlerne viele Tätigkeiten.
8. Halte dich nicht mit nutzlosen Beschäftigungen auf.
9. Folge unablässig deinem Weg.

3 Die dritte Perle erinnert an »Gier«

Das Prinzip

Auch angenehme Erlebnisse haben einen Makel, sie sind leider endlich. Viele Rauscherlebnisse enden mit einem Völlegefühl oder einem Kater. Dann will unser Geist nur noch eins: raus aus dem Leiden. Daraus entwickelt sich wie automatisch die nächste Strategie, um eine neue Zufriedenheit zu erreichen. Dieses stetig vorhandene Streben nach Wohlbefinden treibt uns manchmal zu erstaunlichen Kompensationen. Es ist, als käme die Begierde nie zur Ruhe und wir suchten immer neue Kicks, Thrills und Hypes oder Chillouts. Dazu eignen sich besonders geistlähmende Tätigkeiten wie idiotisches Zeitunglesen oder sinnloses Fernsehgucken, aber auch zweckfreies Kreuzworträtseln oder übertriebene Schönheitspflege. All dies und mehr entspringt der Gier nach vermeintlichem Glück. Leider hat diese Art Glück einen Makel: seine Endlichkeit. Wie wunderbar wäre es, wenn es ein wirkliches Glück gäbe, ein Glück, das nachhaltig wirkt und bleibt. Nun, wenn du eine Mala mit einhundertacht Perlen hast, dann kann es das geben!

Die Wirkung

Da ist kein Weg zum Glück – Glück ist der Weg! Dieser Weg ist erprobt, andere sind ihn vor uns gegangen und haben das bestätigt. Glück ist möglich, über diesen Körper hinaus, in anderen Zeiten, in neuen Welten, in großer Liebe zum Ursprung allen Seins. Dass es so etwas wirklich gibt, kann man sehen! Es steht den Glücklichen ins Gesicht geschrieben, man hört es daran, wie sie reden, besonders, wie sie über sich selbst lachen.

Die positive Seite

Es gibt eine Grundbegierde nach unendlichem Glück, gepaart mit der Bereitschaft, den Weg dahin auch einzuschlagen. Diese Anlage hat nicht jeder, aber wer sie hat, ist mit altruistischem Erleuchtungsgeist gesegnet und vielleicht bereit, ihn zu kultivieren. Zugegeben, es ist kein einfacher Weg, aber er lohnt sich, der Weg allein ist schon von besonderer Art. Was man dazu braucht? Dankbares Bewusstsein für das Leben, fröhliche Klarheit über sich und die Welt, ein liebevolles Menschenbild und eine gute Portion Humor für die eigenen Fehlschläge bei dem Versuch, das Glück immer wieder neu zu verwirklichen.

Wie »Gier« Probleme schafft

Es gibt zwei große Katastrophen im Leben eines Menschen: die unerfüllten Wünsche und die erfüllten Wünsche. Beide sind gleichermaßen schlimm, denn sie führen nur zu leicht zu Verdruss. Die Lösung scheint einfach: Sei begierdefrei und du kannst wahrhaft glücklich sein. Aber genau das ist das Problem, das können offenbar nur die Profis, die Mönche. Die aber können es!

Eine Fantasie

Wie täuschte sich der junge Bauer, der sich drei Ernten im Jahr wünschte und dem das vom Himmel erfüllt wurde! So nahm die Katastrophe ihren Lauf. Erst verlor er über die Arbeit den Bezug zu seiner Familie, dann kamen die Jahre der ausgelaugten Böden und schließlich wünschte er sich nur noch eine Ernte. Aber darüber war er alt geworden und konnte den Wandel nicht mehr umsetzen.

Eine Geschichte

Einmal, lass es vor langer Zeit gewesen sein, gab es einen indischen König, der wollte seinen einzigen Sohn vor allen leidvollen Erfahrungen schützen und ließ ihn am Hofe von schönen Mätressen bedienen und von den besten Lehrern ausbilden.
Der Sohn war von außergewöhnlicher Begabung und zeigte in Kunst und Wissenschaft meisterliche Talente. Die Weisen des Landes hatten diesem königlichen Sohn zwei Bestimmungen vorausgesagt, entweder ein Leben als weiser König Indiens oder ein Leben als spiritueller Führer der Welt.

Im Alter von 29 Jahren erkannte Prinz Siddartha Gautama die Leidhaftigkeit des Daseins und machte sich auf die Suche nach einem Weg zu Erkenntnis und Leidfreiheit. Er entsagte allen Begierden und legte tiefgreifende Gelübde ab, die zur Vervollkommnung nötig waren, und wurde so zum edelsten Vorbild für alle Glücks-Verwirklicher, die ihm als Erwachtem, »Buddha«, folgen. Bis heute ist die Linie ununterbrochen und wird von seinen Nachfolgern in aller Welt durch Erkenntnis und Übung verwirklicht.

4 Die vierte Perle erinnert an »Neid«

Das Prinzip

Dieser Berg ist höher, jener Fluss ist länger, dieser Baum ist gerade, jener ist krumm. Das eine Tier ist Jäger, ein anderes Tier ist Opfer, die eine Blume duftet, eine andere stinkt. In den Bereichen Flora, Fauna und Mineralien gibt es alle Facetten der Schönheit, Kraft und Intelligenz, nur eines gibt es dort nirgendwo, den Neid des einen auf das andere.
Das gibt es nur im Menschenreich. Neid ist den Menschen typisch und drückt sich in Missgunst, übler Nachrede oder Verleumdung aus.
Ach, gäbe es doch einen menschlichen Ort ohne Neid, sei es auch nur unter den Gelehrten oder spirituellen Führern. Leider aber ist so ein Ort nirgends zu finden, weder in Kirchen noch in Ämtern.
Neid ist oft der Antrieb für Fleiß, ebenso oft ist er aber auch die Motivation für genau das Gegenteil. Neid lenkt ab von den wahren Begabungen, von den individuellen Möglichkeiten, doch geschieht das unbemerkt, und so wächst der Neid unter uns Menschen.

Die Wirkung

Würde ein Rabe neidisch auf den Pfau schauen und auch so erhaben stolzieren wollen, wie peinlich wäre das, nur bemerkte er es nicht. Selbst wenn er den galanten Schritt des Pfaus kopieren wollte, er würde es doch nur zur peinlichen Kopie bringen. Und übrig bliebe, für alle sichtbar, nur sein rabenschwarzes Hüpfen. Wie wunderbar ist es stattdessen, dass der Rabe seine wahre Bestimmung erkennt und der Welt das gibt, was seinen Talenten entspricht. Seiner Einzigartigkeit gemäß, ist der Rabe den Menschen ein Sendbote ins Reich des Mystischen, dies ist dem Pfau völlig verwehrt.

Die positive Seite

Oft ist, weil der eine etwas hat, die Motivation im anderen kraftvoll genug, jenes auch zu erreichen. Uns Menschen ist eine selbstbewusste Konsequenz ein so erstaunliches Schauspiel, dass wir zur Nachfolge bereit sind, ohne um die Wirkung zu wissen. So haben alle etwas davon, die Geführten und die Führer, wenn es dem Besten des Ganzen dient – aber nur dann, und das ist eher selten.

Wie »Neid« Probleme schafft

Neid macht klein. Es fehlt dem Neidischen etwas, das wiederum ersetzt er unbewusst durch eine Kompensation. Oftmals führt das schließlich zu Übergewicht oder zu Selbstschädigungen durch Rauchen, Trinken, Fressen oder Horten.

Eine Fantasie

Wie täuschte sich der alte Baum mit seinen knorrigen Ästen und dem krummen Stamm. Schon seit hundert Jahren wollte er so schön sein wie die geraden Bäume um ihn herum. Doch dann wurden alle makellosen Bäume gefällt und zu Brettern verarbeitet. Nur ihn, den krummen alten Baum, gibt es noch immer.

Eine Geschichte

Einmal, lass es vor langer Zeit gewesen sein, gab es einen Schrein in einem Tempel der Erkenntnis. In diese kunstvoll verzierte Holztruhe konnte man einen Zettel mit seinen eigenen Lebensdaten hineinwerfen. Und dann das Großartige: Man konnte dafür einen Zettel mit anderen Lebensdaten herausnehmen und dieses Leben dann weiterleben. Bislang beobachtete man immer, dass die Zweifler aller Länder dort ihren Zettel ausfüllten mit Bildung, Beruf, Beziehungen, Krankheiten, Wünschen, Hobbys, Enttäuschungen, Siegen, Niederlagen und Ansichten über die Welt, ihn dann hineinwarfen, um andere Zettel zu studieren.
Und dann, nach einigen Studien und Überlegungen ... legte doch jeder alle fremden Zettel zurück in die Truhe und nahm seinen alten Lebenszettel heraus, um lieber bei der eigenen Lebensart zu bleiben.

5 Die fünfte Perle erinnert an »Übelwollen«

Das Prinzip

Ist es denkbar, dass ein Mensch, obwohl in geistiger Unschuld geboren, zu einem Geisteskonzept kommt, das auf Übelwollen ausgerichtet ist? Wir wissen, dass es nicht nur denkbar ist, sondern geschieht. Wie sonst sollten Menschen so respektlos miteinander umgehen, wie es allerorts zu beobachten ist? Wie aber kommt der Samen des Übelwollens in ein ehemals reines Gemüt? Wieso quälen schon Kinder unschuldige Tiere? Wieso verletzen Schüler einander mit Wort und Tat? Wieso gehen Jugendliche brutal gegen sich und andere vor? Und wieso eskaliert das Übelwollen im erwachsenen Geist zu Terror, Gewalt und Krieg? Ist das einfach nur der Polarität geschuldet? Muss es das geben, damit es Liebe und Fürsorge gibt? Selbst wenn es so wäre, ist es einzelnen Menschen möglich, ganz bewusst jedes Übelwollen in sich selbst zu überwinden? Auch das wissen wir, dass es diese Menschen gibt. Die sind im Besitz der wunderbaren Macht, mit sich selbst und der Welt in altruistischem Einklang zu leben. Dies ist die erste Voraussetzung für die Entwicklung des Erleuchtungsgeistes, mit der der Weg zur Vervollkommnung beginnt. Aber geht das auch, wenn jemand selbst gelitten hat, enttäuscht wurde, missachtet wurde? Eigentlich geht das dann nicht, jedenfalls nicht für den Normalbewussten, aber für den löwenherzigen Feindbesieger geht es doch! Der nimmt den Kampf um die hundertacht Prüfungen auf und glaubt unbeirrt an den Sieg über sich selbst. Glückwunsch dem Schicksal, dass es solche Geisteskräfte gibt!

Die Wirkung

Drei Qualitäten des Übelwollens zeigen die Schwere seiner Folgen: das subtile, das gewöhnliche und das brutale Übelwollen. Das subtile Übelwollen beginnt in der Sprache mit Ironie oder versteckten Botschaften. Das gewöhnliche Übelwollen drückt sich in den alltäglichen Gemeinheiten, Beschimpfungen oder Vorteilsstrategien, an die wir uns längst gewöhnt haben, aus. Das brutale Übelwollen übertritt Gesetz und Ethik.

Die positive Seite

Wenn der Vater aller Dinge der Krieg ist, dann wird das wohl auch etwas Gutes sein. Wenn einer das Böse gewollt hat und damit das Gute schuf, dann bleibt nur noch die Frage, ob dahinter Bewusstsein steckt oder doch nur Zufall. Bewusst angewandtes Übelwollen ist in Wirklichkeit sein Gegenteil, nämlich Therapie oder Befreiung oder Talentförderung. Manche Medizin muss bitter schmecken, damit sie auch wirkt.

Wie »Übelwollen« Probleme schafft

Es gibt immer einen Grund, der gut aussieht, und einen wahren Grund für bestimmte Verhaltensweisen. Dieser wahre Grund ist die Quelle des Übelwollens. Er entspringt dem Geiste und sucht sich einen Weg ins Affektive. Oft ist der Betroffene nur Teil eines verborgenen Systems, das stellvertretend durch diesen Menschen wirkt.

Eine Fantasie

Wie täuschte sich der Krieger, der für seinen Lehnsherrn in den Kampf zog. Er hielt des Generals Befehle für eine gerechte Sache und zog niemals in Betracht, was den Gegner bewegen könnte, gegen ihn in den Krieg zu ziehen. Im Namen Gottes zog er in die Schlacht, gegen eine Armee im Namen Gottes. Was würde der Gott, an den er glaubt, wenn es ihn denn gibt, wohl davon halten? Und was würde der Gott der Gegenarmee, wenn es ihn denn gibt, wohl davon halten?

Eine Geschichte

Einmal, lass es vor langer Zeit gewesen sein, lag einer als Soldat im Schützengraben an der Front von Verdun. Es wurde zum ersten Male in der Kriegsgeschichte das Nervengift »Clark« von seiner Armee eingesetzt. Ganz übel war, dass die feindliche Abwehr mit Splitterbomben antwortete. Einer dieser Metallnägel bohrte sich in seinen Körper. Das war sein Glück, denn es brachte ihn weg von der Schlacht in Verdun ins Lazarett. Als dieser erste Weltkrieg zu Ende ging, hatte er, oh Wunder, überlebt!

Seinen Enkeln erklärte er die Unsinnigkeit des Krieges und predigte ihnen Pazifismus. Er tat im Alter, was er tun konnte, um etwas wiedergutzumachen. Er engagierte sich in der Gewerkschaft für bessere Arbeitszeiten und für die Gesellschaft zur Rettung Schiffbrüchiger.

Alle seine Enkel könnten schwören, dass ihr Großvater völlig frei war von jeder Art des Übelwollens. In einem Videofilm beantwortete er im Alter von 92 Jahren, kurz vor seinem Tode, Fragen zu Politik, Krieg und Philosophie. Das Video existiert und ist im Besitz des Autors.

6 Die sechste Perle erinnert an »Töten«

Das Prinzip

Nimm einen Knüppel, schau dem kleinen Kaninchen in die Kulleraugen und schlag zu! Das ist Töten. Oder bitte einen gröberen Menschen als dich selbst, es für dich zu tun, bezahle ihn dafür. Das ist Töten-Lassen! Oder wende dich von der direkten Konfrontation ab und gehe in ein hübsch und sauber dekoriertes Geschäft, in dessen Auslagen viereckige rote Fleischstücke liegen, deute auf eines und lass es dir schön einpacken. Das ist Verdrängung. Wenn du etwas zu dir nimmst, bedenke die Quelle.

Wo aber sollen wir die Grenze ziehen, um nicht zu verhungern? Sind nicht auch Pflanzen Lebewesen? Hier sind wir in einem hybriden Kreislauf der Natur. Wenn wir nichts töten, essen wir nichts mehr, dann töten wir uns selbst – und das ist Hybris.

Die Grenze ziehen wir bei allen fühlenden Wesen. Wir rücken in unser Bewusstsein, dass alle fühlenden Wesen auf ihre Art genauso gerne leben wie wir selber. Also werden wir nichts unternehmen, was fühlenden Wesen nach dem Leben trachtet. So halten wir uns frei vom Töten und allem, was peripher dazugehört.

Hier einige Schlagworte, die einem Glücksucher das Grauen vor Augen führen: Gänsestopfleber, Tiertransport, Haifischflossensuppe, Legebatterie, Masthähnchen, Lammkotelett, Froschschenkel, Kaviar, Robbenfell, Bärengalle, Rumpsteak, Mett.

Nun noch dies, Menschen töten Menschen. Was tun, um den Kindermörder zu bestrafen? Wenn es den Kreislauf des Karmas gibt, dann können wir es dem Karma überlassen, den Mörder in eine niedere Bewusstseinsstufe zu führen. Was aber, wenn ich ein Kapitalverbrechen an meinem eigenen Kind verhindern kann? Dann bitte, tue was du tun musst und trage die Konsequenzen. Hinter dem Thema Töten steht eine Geisteshaltung, und um die geht es.

Die Wirkung

Töten als Ritual, um die Götter gnädig zu stimmen. Töten als Strafe, um zu vergelten. Töten zur Errettung, um Angreifer zu eliminieren. Töten zur Ernährung, um Körper und Geist zu erhalten. Töten als Verbrechen, um Vorteile zu erhalten. Töten als Therapie, um Viren oder Bakterien zu vernichten. Töten aus ideologischen Gründen. Töten, freiwillig an sich selbst vollstreckt. Töten aus krankhaftem Geist.

Die positive Seite

Therapie heißt etymologisch betrachtet »den Dienst der Götter tun«. Das ist die erlaubte Seite des Tötens. In der Therapie geht es oft darum, den Viren und Bakterien den Garaus zu machen. So auch in der Psychotherapie, die den guten Zuständen der Seele Raum schaffen will, auf Kosten der krank machenden Gedanken und Gefühle.

Wie »Töten« Probleme schafft

Nicht auszudenken, welche genialen Geister im Laufe der Menschheitsgeschichte umgebracht worden sind. Den Tribut dafür zollen alle. Denn deswegen wird es noch Kalpas von Jahren dauern, bis wir den Rückschritt aufgeholt haben. Deshalb verbrennen unsere Verkehrsmittel noch Öl, deshalb sterben Kinder noch an Infektionen, deshalb hungert ein Großteil der Welt, deshalb bekämpfen sich Religionsanhänger.

Eine Fantasie

Wie täuschte sich der Feinschmecker, als er dachte, auf höchster kultureller Ebene und mit feinster Etikette zu speisen. Er bemerkte nicht die Dekadenz der Gespräche unter Gleichgesinnten, er ahnte nichts vom karmischen Gesetz des Ausgleichs. So wurde er Opfer seiner eigenen Wertevorstellungen und wird demnächst zur karmischen Kasse gebeten werden.

Eine Geschichte

Einmal, lass es vor langer Zeit gewesen sein, tötete ein Seemann im Streit einen fremden Matrosen vor einer Hafenkneipe mit einem Messer. Er kam unbemerkt davon und behielt dieses Geheimnis viele Jahre für sich. Später heiratete er und bezog seine Frau in

dieses Geheimnis mit ein. Nun hielten sie es zusammen fünfundzwanzig Jahre verborgen in ihrer Seele. Beide führten eine sehr erfolgreiche Heilpraxis im Ausland und konnten sich einiges leisten. Doch eines Tages erzählte er sein Geheimnis unter Tränen einer Gruppe von Therapeuten während einer Weiterbildung. Kurz danach starb er plötzlich und unerwartet.
Niemand weiß irgendeinen Zusammenhang mit seinem Karma, aber so war es.

7 Die siebte Perle erinnert an »Stehlen«

Das Prinzip

Es gibt viele und großartige Dinge, die wir nehmen können. Zuerst nehmen wir die Geburt an, in dieses Leben hinein, unter diesen Umständen. Das Glück der Geburt kann gewisse Makel haben, sei es Krankheit, Armut oder Chancenlosigkeit. Und doch ist das Glück trotz aller Gefahren manchmal ganz komplett.

Nehmen können wir auch alles, was die Eltern uns geben. Da es ohnehin keine Möglichkeit des Ausgleichs gibt, geht die Lebensdynamik weiter zu den eigenen Kindern, Freunden, Kunden, Klienten. Niemand muss ein schlechtes Gewissen haben, weil er viel von den Eltern angenommen hat, das ist der natürliche Lauf. Völlig natürlich ist es aber auch, dass es keinerlei moralischen Anspruch an die Eltern gibt. Was sie geben, ist allein ihre Entscheidung. Was sie nicht geben wollten, ihnen aber genommen wurde, das ist gestohlen. Wer dies erkennt, der nimmt auch nur, was ihm gegeben wird. Nichtgegebenes zu nehmen, verstößt gegen die Ethik. Wer es trotzdem tut, muss es geheimhalten oder tarnen, um nicht als Dieb geächtet zu werden. Aber selbst unentdecktes Stehlen belastet, weil der Stehler es in seiner Erinnerung mit sich trägt und nicht mehr frei ist.

Die Wirkung

Was behalten wir Menschen wohl länger in Erinnerung: was uns freiwillig gegeben wird oder was wir uns heimlich nehmen? Das uns Gegebene vergessen wir oft noch am selben Tag, was wir gestohlen haben, das bleibt als Objekt, als Ort und als Tat dreifach in der Erinnerung. Deshalb bleibt selbst Kriegsbeute über Jahrzehnte im Gedächtnis einer ganzen

Nation. Oft bleibt unbemerkt, wie Schicksalsfügungen dafür einen Ausgleich schaffen. So manches Pech oder Leid, das als ungerecht empfunden wird, ist als Gegenbewegung für unrechtes Stehlen gekommen.

Die positive Seite

Wenn in einem buddhistischen Kloster ein Mönch in der Nacht heimlich die allgemeinen Toiletten reinigt, Schmutz und Abfall wegnimmt, dann erzeugt das als edle Tat gutes Karma. Sobald er es jedoch bekannt macht, ist die gute Wirkung aufgehoben. Der Weise weiß um diese Folgen und nimmt, zum Nutzen der anderen, heimlich und unerkannt.

Wie »Stehlen« Probleme schafft

In der Bibel steht »macht euch die Erde untertan«, es steht da nicht »versaut die Erde«. Stehlen hinterlässt Spuren, wenn Wälder profitgierig geschlagen werden. Stehlen hinterlässt Leiden, wenn Bodenschätze ohne Rücksicht abgebaut werden. Stehlen hinterlässt Ungleichgewicht, wenn Tiere ausgerottet werden. Stehlen hinterlässt Krieg, wenn einer ungebeten nimmt.

Eine Fantasie

Wie täuschte sich der Nachtwächter, der sich vor den Beduinen-Zelten unterm Sternenhimmel schlafen legte. Am anderen Morgen waren drei Kamele von Dieben gestohlen. Er rechtfertigte sich mit den Worten: »Ich vertraute auf Gott, dass er die Herde bewachen möge.« Sie verurteilten ihn mit dem Argument: »Gott hat dir Hirn und Hand gegeben, da du dies missachtest, trägst du jetzt die Folgen selbst.«

Eine Geschichte

Einmal, lass es vor langer Zeit gewesen sein, lebte ein Eremit in einer kleinen Felsenhöhle im Gebirge. Er besaß nur das Nötigste, ein Essgeschirr, ein Buch, zwei Gewänder und ein Nachtlager. Eines Tages kam ein Wanderer vorbei und blieb zum Gespräch am Lagerfeuer bei einer Tasse Kräutertee. Der Eremit bot dem Gast an zu übernachten, um am nächsten Morgen sicher seinen Weg fortzusetzen. In dieser Nacht hörte er Geräusche, die auf einen Aufbruch seines Gastes hindeuteten. Um nachzusehen oder sich zu verabschieden,

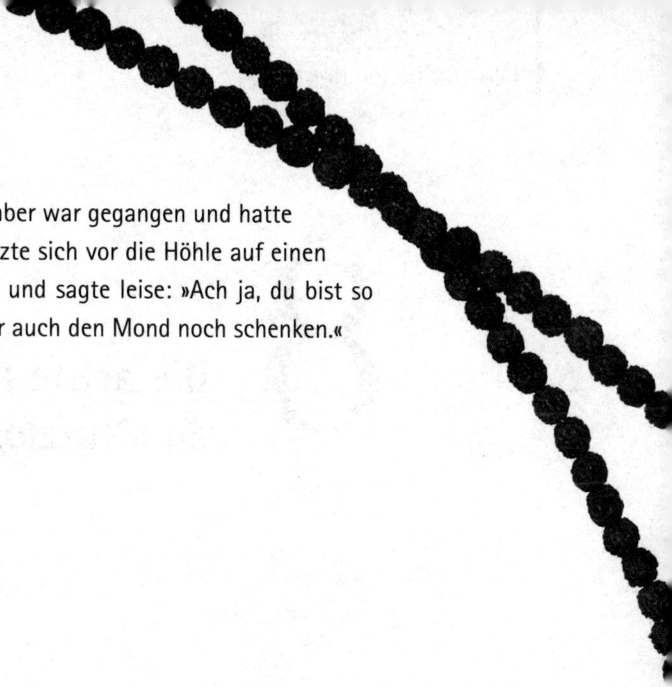

schaute er nach dem Fremden, der aber war gegangen und hatte sein einziges Buch gestohlen. Er setzte sich vor die Höhle auf einen Stein, schaute den hellen Mond an und sagte leise: »Ach ja, du bist so arm. Wenn ich könnte, würde ich dir auch den Mond noch schenken.«

8 Die achte Perle erinnert an »Nutzlose Rede«

Das Prinzip

Wörter sind wie kleine Hämmerchen, die Saiten in uns zum Schwingen bringen. Je nach Gemütsverfassung sind solche Schwingungen förderlich oder schädlich für den Hörer. Ein und dasselbe Wort kann sehr unterschiedliche Wirkungen auf uns haben. Während ein Wort wie »Gott« in dem einen Menschen ein wohliges Gefühl der Geborgenheit auslöst, reagiert ein anderer auf dasselbe Wort mit kompletter Ablehnung. Deshalb sind Wörter, Sätze und die Rede genauso sensibel zu handhaben wie die gefährlichsten Waffen der Welt. Die Sprache eines Menschen birgt sämtliches Potenzial der Kultivierung in sich. Die Rede wurde zu allen Zeiten, in allen Kulturen, von allen Völkern zur Kunst erhoben. Gerade der Sprachsinn erhebt uns Menschen in die globale Verbundenheit zu allen Völkern dieses Planeten.

Die Wirkung

Nichts verrät uns mehr als die Rede. Die Rede hat derart viele verräterische Aspekte, dass es einigen Mut braucht, zu reden. Oder man ist völlig unbedarft und redet halt einfach. Wenn die Rede besser sein soll, als es das Schweigen gewesen wäre, dann geht es dabei um Rhetorik, Dialektik, Semantik, Modulation, Artikulation, Atmung, Stimme, Argumentation, Debattierkunst, Einwandbehandlung, Appell, Beziehungsebene oder Selbstoffenbarung, um nur einige zu nennen. Eine Rede hat immer, ausnahmslos immer, eine Wirkung, das ist das Gefährliche daran.

Die positive Seite

Rede ist Balsam für die Seele in der Poesie. Rede ist intellektuelle Erkenntnis in der Philosophie. Rede ist Brücke zum Höheren in den Religionen. Rede ist Liebe in Herzensangelegenheiten. Rede ist Fundament mancher guter Berufe und das Band der Freundschaft. Rede kann so viel Gutes sein.

Wie »Nutzlose Rede« Probleme schafft

Wenn du heute nicht gesprochen hättest, was wäre dann anders in deinem Leben? Nichts? Warum redest du dann? Statt uns das zu fragen, hören wir allerorts Small Talk. Das sind die abertausenden Gespräche dieser Welt, von denen am Ende niemand weiß, worum es eigentlich ging. Wir vergeuden nicht die Zeit, wir vergeuden unser Leben. Denn so mancher könnte seine Rede einsetzen, um die Welt zum Besseren zu gestalten.

Eine Fantasie

Wie täuschte sich der Redner, als er erzählte, heute Nachmittag ein sehr gutes Gespräch gehabt zu haben. Die erste halbe Stunde sprach er über sich, dann über seine Heldentaten, dann über seine Kritik an der Welt, dann über sein Lieblingsthema. Was er nicht ahnte, war, dass sein Gesprächspartner sich anschließend mit Kopfschmerzen beladen schwor, nie wieder mit ihm zu reden.

Eine Geschichte

Einmal, lass es vor langer Zeit gewesen sein, besuchte der reiche Seiden- und Gewürzhändler Rhin Shan den Zen-Lehrer Bankai. Sie unterhielten sich gut, das heißt Rhin Shan, der Händler, sprach viel und engagiert und laut. Einmal sagte Bankai »Oh!«, und Rhin Shan sprach hochmotiviert von seinen Ansichten über die Dinge.

An geeigneter Stelle stand Bankai auf, verbeugte sich zu Rhin Shan und machte Anstalten zu gehen. Da fragte der Händler abschließend: »Bankai, nach allem, was wir besprochen haben, welchen Rat kannst du mir in der Sache mit auf den Weg geben?« Bankai hielt die Hände aneinandergelegt an seinen Mund und sagte in der Verbeugung: »Rhin Shan, achte auf deine Rede«, lächelte und ging.

9 Die neunte Perle erinnert an »Lüge«

Das Prinzip

Wer nicht lügen möchte, sollte schweigen. Wer schweigt, wohlwissend, dass die kollektive Meinung auf Lüge basiert, schweigt feige. Manchmal ist es gut, Zivilcourage zu üben. Ein besonders sensibler Bereich ist der Umgang mit der Lüge bei sich selbst. Vier Blickrichtungen tun sich dazu auf. Die Fassade: Es sollte nicht jedem alles über uns gesagt werden, dafür ist es förderlich, Fassade zu bewahren, denn ich weiß es und andere müssen es nicht wissen. Der blinde Fleck: Wir wissen nicht alles über uns selbst, auch wenn andere gewisse Muster bemerken. Dieser blinde Fleck ist ein lohnendes Forschungsfeld, und es gäbe viel zu entdecken, denn andere wissen es und ich weiß es nicht. Das Unbewusste: Es gibt ein verborgenes Land, in dem wir auch zu Hause sind, ohne je Bewusstsein dafür entwickelt zu haben. Für Einblicke in diesen unbewussten Bereich in uns selbst tun sich nur manchmal Chancen auf, denn ich selbst weiß davon nichts und andere wissen darüber auch nichts. Die Arena: unser tägliches Spielfeld auf der Bühne des Lebens. Alle sehen, was gespielt wird, und ich selbst bin mir dessen auch bewusst. Dieser Bereich ist voller Lügen auf allen Seiten, denn ich weiß es und andere wissen es auch. Wo beginnen? Empfehlung: Die Arena bewusst entlarven, dann werden der blinde Fleck und die Fassade automatisch ein wenig entzaubert, zum Besten des Ganzen.

Die Wirkung

Lügen können sehr wirksam sein, wenn einer damit Geschäfte machen will. Lügen können sehr beruhigend wirken, wenn einer damit angemessen umgeht. Lügen können sehr förderlich sein, wenn einer damit Entwicklungen aktiviert. Lügen können zur Gewohnheit werden, und einer macht sich selbst etwas vor. Lügen sind ein wunderbares Mittel der Inszenierung, solange man die Kulisse aufrechterhalten kann. Lügen können ein ganzes Volk glücklich machen. Lügen scheinen sehr viele Vorteile zu haben, wenn das nur keine Lüge wäre.

Die positive Seite

Lüge als pädagogisches Mittel ist bewährte Tradition. Lüge als Metapher ist poetisches Stilmittel. Lüge als therapeutische Maßnahme ist heilsamer Placebo-Effekt. Lüge als Motivation ist Antrieb für beeindruckende Höchstleistungen. Lüge als Etikette ist salonfähiges Verhalten unter Erwachsenen.

Wie »Lüge« Probleme schafft

Egotrip oder Alterozentriertheit machen die Wirkung entweder schädlich oder edel. Wer intelligent genug lügt, kann sich Vorteile auf Kosten anderer verschaffen, sollte aber ein nachhaltiges Erinnerungsvermögen besitzen. Wer dummdreist lügt, dem glaubt man gerne, denn so etwas kann ja sonst nicht sein. Dazu muss man einen befleckten Charakter haben, dann aber funktioniert es.

Eine Fantasie

Wie täuschten sich die Blinden, die vom Zen-Meister unter einen Elefanten geführt wurden. Der eine stand am Bein und meinte, es sei wie ein Baum. Ein Anderer stand am Rüssel und meinte, es sei wie eine Schlange. Einer stand am Ohr und sprach von einem Segel. Und einer stand am Elfenbeinzahn und hielt es für einen Ast. Einer stand genau mittig darunter und redete von einer Hütte. Der Meister lächelte und meinte: »So wie ihr den Elefanten erklärt, so erklären die meisten Leute die Welt.«

Eine Geschichte

Einmal, lass es vor langer Zeit gewesen sein, wurde ein siebzehnjähriges Waisenmädchen schwanger und wollte den Namen des Vaters nicht nennen. Da nahmen einige Leute ihr das Kind ab und brachten es zu Bankai, dem Zen-Meister.

»Hier«, sagten sie zu ihm, »nimm dieses Kind auf und erziehe es, denn du bist der Vater.« Bankai lächelte, nahm das Kind und sagte: »So so.« Er pflegte das Kind so gut er konnte und erzählte ihm bald kleine Geschichten. Die junge Mutter bekam schließlich ein schlechtes Gewissen und nannte den leiblichen Vater, es war der Sohn eines angesehenen Fischers im Ort. Also gingen die Leute wieder zu Bankai, klärten ihn auf und verlangten nach dem Kind. Bankai lächelte und sagte: »So so.« Mit beiden Händen und einer kleinen Verneigung gab er das Kind zurück. Nur er wusste, vor wem er sich dabei verneigte.

10 Die zehnte Perle erinnert an »Schmeichelei«

Das Prinzip

Nur zu gerne hören wir Menschen, dass wir so seien, wie wir gerne wären. Und wie wären wir am liebsten? Ach, am besten wären wir edle, ritterlich treue, selbstständig denkende, charismatische Charaktere, die von anderen bewundert werden können. Um so zu wirken, tun manche Menschen jede Dummheit unter dieser Sonne, bis hin zu Schmeicheleien, um vermeintlich geliebt zu werden. Manch ein Umschmeichelter fällt darauf herein und glaubt, sein freundliches Gegenüber sei an einer echten Beziehung zu ihm interessiert. Das Wesen einer Schmeichelei ist aber anders, es ist purer Egoismus, der sie antreibt. In der Motivation ist Schmeichelei kaschierte Selbstbelohnung, hoher Gewinn für geringen Einsatz. Was aussieht wie emotionale Zuwendung ist zweckorientierter Egoismus. In belanglosen Begegnungen sind Schmeicheleien mit geringem Risiko behaftet und daher leicht anwendbar. Besonders gut funktioniert das, wenn des anderen Eitelkeit getroffen wird. Das ist, wie Öl ins Feuer zu gießen mit der Absicht, von der spontanen Wärme zu profitieren. Wegen ihres manipulativen Charakters sind Schmeicheleien jedoch mit Makeln behaftet.

Die Wirkung

Der warme Sommerwind umschmeichelte mein Herz, das tat gut, aber er wehte nur an mir vorbei. Oder die Worte waren ehrlich und freundlich und gut, aber sie dienten nur der Situation, nicht mir. Oder Streicheleinheiten für die Seele, »du hast völlig recht«, »ja genau«, »mein Reden«, »endlich versteht mich mal jemand«, »jemanden wie dich müsste man zum Freund haben«. Es tut gut, es überbrückt die Inhaltslosigkeit, es ist ein Stück Kultur, nur: Es war nie so gemeint.

Die positive Seite

Wie könnte es falsch sein, wenn ich ein Kind auf dem Nostalgiekarussell bewundere, wie toll es die rote Feuerwehr lenkt und bimmelt und am Lenkrad dreht und um die Kurve fährt, bravo! Bravo? Zugegeben, es ist schön, aber es ist ein Symbol für etwas anderes, für heile Welt, für Geborgenheit, Freude, für eine Sehnsucht, die wir Erwachsene haben.

Wie »Schmeichelei« Probleme schafft

Wer es glaubt, wird selig. Aber was bewirkt Schmeichelei im besten Falle? Koketterie und Fehleinschätzung. Sie ist Mittel zum Zweck, sie ist fernab von Sympathie, sie ist unecht und ohne Liebe. Keiner weiß, woran er ist, alles ist offen, die einander heute schmeicheln, klagen einander morgen an.

Eine Fantasie

Wie täuschte sich der Kunde, als er hörte, wie toll er ist, wie wichtig, wie ritterlich und innovativ seine Entscheidung war. Später merkte er, dass Tausende andere auch darauf hereingefallen waren. Und als er es reparieren lassen wollte, merkte er, dass es dieses Produkt schon lange nicht mehr gab.

Eine Geschichte

Einmal, lass es vor langer Zeit gewesen sein, ließ ein Kaiser sich neue Kleider machen. Die waren so grell und bunt und unvorteilhaft geschnitten, dass jedermann darin zum Gespött der Leute geworden wäre. Aber als Kaiser ging er darin wiegenden Schrittes durch die Menge, und man bejubelte ihn.
Eine Frau verneigte sich und sprach: »Hoheit, keiner setzt deutlichere Zeichen für unsere Zukunft als gerade Sie!« Und ein Soldat engagierte sich: »Mein Kaiser, in mir sehen Sie bitte die Verehrung Ihrer Regierung und Ihrer Erscheinung!«
Und eine Mutter hatte ein Kind auf dem Arm, und das Kind fragte: »Mama, warum sieht der Mann so komisch aus?«

11 Die elfte Perle erinnert an »Schwermut«

Das Prinzip

Wenn ein Wildschwein und ein Mönch an einem See stehen, sieht das Schwein den Schlamm und der Mönch die Lotosblüte auf dem Wasser. Im übertragenen Sinne gibt es zwei Weisen, das Leben zu betrachten. Einer sieht es als schwer an, ein anderer als leicht. Wenn einer nur noch das Schwere sieht, dann schwebt die schwarze Wolke der Schwermut über allem und wird mit der Zeit immer gewaltiger. Schwermut wirft einen permanenten Schatten auf alle Empfindungen und Wahrnehmungen. Der Schwermütige wird unter dieser Last stetig schwächer, und es gibt irgendwann nur noch einen Ausweg, den freiwilligen Tod. Selbst wenn dieser ein Weg aus der Schwere in die Freiheit wäre, entzieht der Schwermutbeladene sich damit seinem Beitrag zum Besten des Ganzen. Oft sind es hochsensible Menschen, die eine Bestimmung im Leben zu verwirklichen hätten, die für viele Menschen gut gewesen wäre. So aber spielten sie traurig in ihrer Sandkiste, ohne zu bemerken, dass unter dem Sand eine Goldader lag.

Die Wirkung

Man sieht es nicht, man hört es nicht, keiner ahnt es. Die Schwermut wirkt im verborgenen Innern der betroffenen Person. Es gibt subtile Anzeichen, die aber im Alltag meist niemandem auffallen. Beispiele dafür können eine Vorliebe für traurige Musik, alleine zu verreisen, wochenlange Befassung mit einer kleinen Entscheidung, experimenteller Umgang mit psychedelisch wirkenden Substanzen oder Teilnahme an alternativen Seminaren oder Therapien sein.

Die positive Seite

Die Schwermut öffnet die Sinne für außerordentliche Erkenntnisse und Erfahrungen, die in der Esoterik gefunden werden können. Es werden Verbindungen zwischen senkrechtem und waagerechtem Weltbild gesucht und verstanden. Von der Astrologie zur Astronomie oder von der Alchemie zur Chemie oder von der Quantenphysik zur Physik oder von der Komplementärmedizin zur Schulmedizin.

Wie »Schwermut« Probleme schafft

Hochbegabte Menschen, die einen sinnvollen Beitrag zur Entwicklung der Gesellschaft leisten könnten, werden durch die Schwermut davon abgehalten, ihre wahren Talente zu verwirklichen. Dadurch entgeht der Welt etwas Förderliches. Das Problem geht also weit über den Betroffenen hinaus in die Welt.

Eine Fantasie

Wie täuschte sich die Familie, als alle dachten, der Sohn hätte sich aus Verzweiflung das Leben genommen. Er tat es aus Liebe, er folgte jemandem aus der Sippe in tiefster Hinwendung. Es war ein martialischer Akt der Liebe. Wir wissen nicht, ob er da angekommen ist, wo er hinwollte. Wir wissen nur, er behält seinen Platz in allen Herzen der ganzen Familie.

Eine Geschichte

Einmal, lass es vor langer Zeit gewesen sein, ging einer in ein Zen-Kloster, weil er zu traurig war, um noch freudig am Leben teilnehmen zu können. Nach drei Jahren der Übungen in Hausarbeit, Etikette und Meditation legte er das erste Gelübde ab, die fünf Silas, die Juwelen der Lebenseinstellung. Er gelobte seinem Zen-Lehrer vor versammelter Mönchs-Sangha diese fünf Geistesjuwelen:

1. Sila: Im Bewusstsein, dass alle fühlenden Wesen genauso gerne leben wie ich selbst, gelobe ich, weder zu töten, noch mich indirekt daran zu beteiligen.
2. Sila: Im Bewusstsein, dass Worte großen Schaden anrichten können, gelobe ich, mit meiner Sprache bewusst und konstruktiv umzugehen.
3. Sila: Im Bewusstsein, dass falsch gelebte Sexualität zu großem Scha-

den für Familien und Kinder führen kann, gelobe ich, meine eigene Sexualität schadfrei für andere Menschen zu leben.

4. Sila: Im Bewusstsein, dass die Güter dieser Welt ungleich verteilt sind, gelobe ich, mit meinen eigenen Mitteln ausgleichend und großzügig umzugehen.
5. Sila: Im Bewusstsein, dass berauschende Getränke oder Substanzen den klaren Geist trüben, gelobe ich, meinen eigenen Geist wach und ungetrübt zu erhalten.

Er wurde ein fröhlicher Mönch und bekam die Aufgabe, den Novizen die Grundlagen der buddhistischen Lehre zu vermitteln. Heute, dreißig Jahre später, ist er der Abt dieses Klosters und wird hoch geschätzt.

12 Die zwölfte Perle erinnert an »Geiz«

Das Prinzip

Manche Menschen wissen sehr viel, weil sie in ihrem bisherigen Leben viele Informationen gesammelt haben. Das taten sie durch Lesen, Lernen, Studieren und Lebenserfahrung. Auf den ersten Blick ist es gut, viel zu wissen, aber im Laufe eines Lebens ändert sich die Welt, und vieles, was einmal richtig war, ist jetzt falsch. Es ist nicht schlimm, wenn wir vieles nicht wissen, schlimmer ist es, wenn wir etwas wissen, was nicht mehr stimmt. Daraus entsteht oft ein Parallelproblem, es fällt schwer, das alte Wissen loszulassen. Und da es wie im Geiste, so auch im Handeln ist, wird es auch schwer, die materiellen Dinge loszulassen. Ja, selbst die Gefühle werden gehortet und bleiben unter Verschluss. So gerät man unbemerkt in die Falle des Geizes. Auch wenn das schon längst von Mitmenschen bemerkt wird, hält derjenige sich immer noch für großzügig. Geiz im Bezug auf Wissen, Erinnerungen und Besitz wird so zum Makel in der Persönlichkeit.

Die Wirkung

Der nette Zeitgenosse von früher ist zum Eisblock geworden. Das merkt ein jeder, außer der Geizige selbst. Der lebt zufrieden in seiner kleinen Welt, angefüllt mit großem Wissen über mindestens ein Spezialgebiet. Aber er spricht kaum darüber, denn er hat sich längst eingeigelt. Dort in seinem Heim sammelt er weiter Informationen, nur für sich. Und weil er sich damit rundum selbst genügt, hat niemand etwas davon. Selbst wenn er ein Genie wäre, würde niemand je etwas davon mitbekommen.

Die positive Seite

Der von Geiz Beseelte nutzt niemanden aus, denn er bittet nicht, er fragt nicht, also braucht er auch nicht zu danken. So vermeidet er Nähe und bleibt ungefährlich. Er nervt nicht, er liebt nicht und er verlangt nichts. Klingt alles sehr gut, als sei Geiz eine Tugend. Das jedoch ist nur ein positives Detail von etwas, als ob man einen wunderbaren Backstein hält, der aus einer Ruine stammt, die einmal ein Dom war.

Wie »Geiz« Probleme schafft

Im Bewusstsein, dass die Güter dieser Welt ungleich verteilt sind, vergrößert Geiz die Polarität des Ungleichgewichts. Dies geschieht im Kleinen wie im Großen, bis zu einer kritischen Masse, dann holt sich das Ungleichgewicht mit Gewalt, was es zur kollektiven Balance braucht.

Eine Fantasie

Wie täuschte sich der Geizige, dessen Blick auf seine eigene Welt alle seine Belange groß und wichtig machte, wie mit einer Lupe. Ach, könnte er die Lupensicht nur einmal überwinden und den Blick auf größere Zusammenhänge richten. Dann würde das Eis des Wissens schmelzen und die Wärme der Gefühle könnte eine Brücke zu anderen Menschen werden.

Eine Geschichte

Einmal, lass es vor langer Zeit gewesen sein, gewannen zwei Brüder einen stattlichen Betrag in der Lotterie, von dem jeder genau die Hälfte bekam. Der eine gab das Geld voller Begeisterung aus. Er feierte mit Freunden, vergnügte sich mit leichten Frauen, kaufte sich ein Pferd und bedachte seine verarmten Eltern. Als das Geld ausgegeben war, wusste er, dass er mit und ohne Reichtum glücklich sein konnte.

Der andere steckte das Geld in ein Kissen und schlief darauf. Wohl wissend, reich zu sein, gönnte er sich eher weniger als mehr und sagte es auch keinem. Er hatte endlich gelernt und erfahren, dass Sicherheit zufrieden macht und den Charakter keineswegs verschlechtert. Als man ihn eines Tages fand, lag er vereinsamt gestorben in seiner Hütte und hatte sein Kissengeld deutlich vermehrt. Das Geld ging an den Staat, zu den Soldaten.

Der erste hatte gelernt und erfahren, dass er drei Dinge konnte: warten, fasten und denken. Er wurde ein mittelloser Mönch in einem wohltätigen Kloster. Ein Dichter schrieb später einen Roman über dessen Leben.

13 Die dreizehnte Perle erinnert an »Völlerei«

Das Prinzip

Mehr ist besser, denken manche, und reden ausgiebig nur von sich selbst. Bunt ist schöner, denken manche, und verkonsumieren eine vielfältige Medienwelt. Leicht ist angenehmer, denken manche, und bleiben lieber unverbindlich.
Mehr, bunt, leicht, das klingt einladend. Leider verdrängt diese Strategie die jeweils andere Seite der Realität, denn dieses Mehr kann ungewollte Folgen haben. Unbemerkt wird dann Reden zu sinnlosem Small Talk. Vielfalt zerfällt zu blödem Medienkonsum. Der zwanghaft Glückliche wird zum Leidverdränger. Das rechte Maß für eine gesunde Entwicklung geht verloren.

Die Wirkung

Auch die schönsten Dinge haben Makel, weil sie ein Ende haben. Oft kommt noch hinzu, dass sie, wenn man ihren Genuss verlängern möchte, ins Gegenteil umschlagen. Das vorzüglichste Essen liegt schwer im Magen. Die verliebteste Beziehung wird irgendwann ernst, mit allen Konsequenzen.
Ob Gift oder Medizin, es liegt an der Dosis. Wenig kann heilsam sein, so wie Viel auch belastend sein kann. Völlerei ist dieses Zuviel. Zuviel des Guten kann süchtig machen, obwohl es schadet.

Die positive Seite

Völlerei auf einer anderen Ebene, das wäre gut. Man hat schon viel gehört, aber noch nie musste jemand für Panzer oder Waffen sammeln gehen. Viel mehr könnte besser sein, für Kinder, für Bildung, für Naturschutz oder für Schwache. Völlerei in der Finanzierung von Forschung, Medizin oder Seelsorge, das wäre gut.

Wie »Völlerei« Probleme schafft

Am Ende der Völlerei steht Leiden. Manches dieser Leiden bringt Retter auf den Plan. Dadurch wird der Leidende zum Opfer der Retter und ist ihnen ausgeliefert. Die Rettungsmaßnahmen sind nicht immer angemessen oder wirksam. So beginnt ein hybrider Kreislauf, in dem das erste Leid noch mehr Leiden in Gang setzt. Das kostet die Gemeinschaft viel Geld und manchmal dem Patienten das Leben, das er eigentlich auskosten wollte.

Eine Fantasie

Wie täuschte sich der Lebenskünstler, als er glaubte, er könne aus jedem Elefanten eine Mücke machen. Sein günstiges Schicksal bestätigte ihm, dass es gut sei, so ununterbrochen wie möglich auf einem emotionalen Hoch zu sein. So bemerkte er nicht, dass Leben grundsätzlich auch Krankheit, Siechtum, Schwäche, Hilfsbedürftigkeit und Sterben bedeutet. Es überwältigte ihn eines Tages völlig unvorbereitet, und er musste sich auf ihm unbekannte Menschen verlassen.

Eine Geschichte

Einmal, lass es vor langer Zeit gewesen sein, lebte in einer Großstadt ein Kaufmann, der es durch Fleiß und Geschick zu größerem Wohlstand gebracht hatte. Das verschaffte ihm nicht nur Einfluss auf Politiker, sondern auch höchstes Ansehen in der Gesellschaft. Um das Luxusleben abzusichern und seine Autorität zu stärken, bezahlte er Leute dafür, ihn zu schützen. Als Lobbyist verstand er es, seine Interessen auch mit Geld durchzusetzen. Bald wohnte, nein, residierte er im alten Schloss der Stadt und gab Gesellschaftsabende für Seinesgleichen. Die Möbel waren aus aller Welt zusammengekauft und die Inneneinrichtung von Architekten komponiert. Als Kunstmäzen war sein Herrenhaus längst zu einem Museum von unschätzbarem Wert geworden. Einmal im Jahr fuhr er mit seinen engsten Freunden zur Großwildjagd in den tiefsten Osten. Als bekennender Naturbursche hatte er schon viele Geweihtrophäen mit nach Hause gebracht. Ja, sogar das Bettvorlegerfell war ein von ihm selbst geschossener Bär gewesen, den man ihm vor die Flinte getrieben hatte. In einem Sommer trugen die Zitrusbäume in seiner Orangerie zum ersten Male knallgelbe Früchte. Im Garten aß er im Vorbeigehen von den Brombeeren, und sein Schicksal war besiegelt. Nach kurzer Inkubationszeit hatte sich der Fuchsbandwurm in seinen Nerven eingenistet, und er wurde unbeweglich. Bis zu seinem Tode hielt er im Rollstuhl Vorträge über Kunst und Malerei. Kurz zuvor offenbarte er einem Freund, dass er alles hergeben würde für ein paar Jahre in Gesundheit.

14 Die vierzehnte Perle erinnert an »Wollust«

Das Prinzip

Täglich pflegen wir Menschen unseren Körper, um unser Wohlbefinden zu fördern, von Spa (lat.: salus per aqua: Gesundheit durch Wasser) über Kosmetik bis hin zu Fitness oder Wellness. Warum sollte dieser Luxus vor der geistigen Gesundheit haltmachen? Und wäre nicht auch eine emotionale Balance erstrebenswert? Doch irgendwo liegt eine Grenze zwischen diesen Bereichen, die schwer zu überwinden ist. Wenn das Sichtbare mit dem Verborgenen kämpft, gewinnt meistens das Sichtbare. Wollust beginnt da, wo wir versuchen, dem Schicksal auf jämmerliche Weise ein Schnippchen zu schlagen und geistiges oder seelisches Wohlbefinden durch Pflege unseres Körpers zu erzielen. Das ist nicht neu, das war schon vor Jahrhunderten so, das liegt als Herausforderung in uns Menschen. Muss, wer schön sein will, wirklich leiden?

Die Wirkung

Wenn Schönheit tatsächlich von innen käme, dann hätte ja jeder Lebenszyklus seine spezielle Schönheit. Das ist wohl eher reine Philosophie. Praxis war es etwa im Rokoko, dass Frauen ihre Füße verstümmelten, Männer ihren Geruch überpuderten und beide große Perücken trugen. Das hat heute neue Ausdrucksformen in Lifting, Fettabsaugung, Anti-Aging und Beautymedizin. Die Alten wie die Jungen haben zu allen Zeiten ihre Art der Wollust gelebt, die jeweils generationsübergreifend belächelt werden kann.

Die positive Seite

Ein gutes Feuer verbrennt ganz ohne Rauch. Wenn man die Wollust zur Berufung erhöbe, könnte sie sich in vielerlei Tätigkeiten ausdrücken. Mit ganzer Hingabe einen Beruf auszuüben, der anderen hilft, das wäre die hohe Kunst der Wollust. Dabei kommt es auf zwei Dinge an: dass der Beruf keinem fühlenden Wesen schadet und dass der Beruf mit Talent und Herz und Hingabe ausgeübt wird. Dann ist Wollust hilfreich.

Wie »Wollust« Probleme schafft

Am bekanntesten sind die Probleme durch Wollust auf sexuellem Gebiet. Wenn Kinder geschädigt oder Familien zerstört werden, wurden die Grenzen der Ethik überschritten. Ebenso, wenn im Namen geistig-spiritueller Traditionen wollüstige Handlungen für Opferrituale funktionalisiert werden. Das passiert auch, wenn etwa Tantra, eigentlich das höchste spirituelle Fahrzeug, von Laien zum Sex-Seminar reduziert wird.

Eine Fantasie

Wie täuschte sich der Tourist, als er für einige Tage ein Zen-Kloster besuchte. Er sah einen Mönch mit einer Harke Kieselsteine furchen und dachte, der harkt Steine. Er sah auch eine Geisha Blumen schneiden und dachte, die macht hübsche Blumengestecke. Dann sah er den Abt Tee ausschenken und dachte, der trinkt Tee mit seinen Gästen. Er erkannte nicht die vollkommene Hingabe an etwas Höheres in diesen alltäglichen Handlungen.

Eine Geschichte

Einmal, lass es vor langer Zeit gewesen sein, kaufte einer für eine symbolische Münze ein historisches Gold- und Silberbergwerk, dessen Schätze schon lange erschöpft waren. In jahrelanger Arbeit baute er das Bergwerk zu einem Museum um und schuf unter Tage einen aufwendigen Seminarbereich. Dort inszenierte er unnachahmliche Veranstaltungen für große Firmen. Um die Menschen zu beeindrucken, brachte er sich persönlich ganz ein, als kundiger Bergführer, als brillanter Redner und als geistreicher Querdenker. Es gab kaum jemanden, der dort nicht nachhaltig beeindruckt von seiner Einzigartigkeit wegging. Wenn er etwas machte, dann geradezu wollüstig, bis spät in die Nacht, mit ganzer Anstrengung, und das in einer ganzjährigen Kälte von neun Grad in vierhundert Metern Tiefe. Eines Tages fiel er von einer Leite und brach sich die Schulter, aber er arbeitete mit Verband weiter. Er bekam auch die avisierten Subventionen der Regierung nicht und arbeitete trotzdem unbeirrt an neuen Visionen. Er setzte seine Beziehungen aufs Spiel, schrieb Bücher, machte Filme und hielt Vorträge in aller Welt. Eines Nachts hatte er einen Schlaganfall in seiner einsamen Bergwerksklause. Man fand ihn erst vier Tage später und brachte ihn ins Krankenhaus. Dort kam er auf die Intensivstation, gelähmt, sprachunfähig, abhängig. Und er lachte. Wahrscheinlich über sich selbst.

15 Die fünfzehnte Perle erinnert an »Angst vor dem Tod«

Das Prinzip

Rosen blühen einen Sommer lang. Dann werfen sie ihre Blätter ab und bilden ein purpurrotes Mäntelein, so besingt es ein altes Volkslied. Aber dann, im nächsten Sommer, klettern sie höher hinaus. Es ist dieselbe Rose, die, wenn sie von Menschenhand veredelt wird, noch schöner, noch duftender, ja sogar noch farbenprächtiger zu neuer Blüte kommt.
Rosen sind der Veredelung von außen zugänglich, und die schönsten bekommen neue Namen. Der Name für die Rose der Liebe im Garten des Zen-Klosters Liebenau sei »Maryam«. Dafür muss die Rose jedes Jahr sterben. So wie die Rose von außen her veredelt werden kann, so ist es den Menschen gegeben, sich von innen her zu veredeln. Das kann die Rose nicht. Sie kann in jedem Sommer neue Blüten treiben, zur Freude der Welt.
Wir jedoch, weil wir Menschen sind, können zu jeder Jahreszeit neue Blüten treiben. Wir können jederzeit etwas Altes in uns sterben lassen, um neu aufzublühen. Wir können jederzeit bereit sein zu sterben, so können wir leben, herrlich leben!

Die Wirkung

Sicherheit ist Tod, weil sie alle Veränderung ausschließt. Eigentlich gibt es aber gar keine Sicherheit, denn alles fließt, alles entwickelt sich dynamisch. Nur Veränderung ist sicher. Wenn das stimmt, dann ist der Tod der Zustand zwischen zwei Lebensdynamiken, genannt »Bardo«. Im Weisheitssystem Tarot steht die Karte »Der Tod« für Wandel. Im Tod geht immer und immer wieder, jeden Moment etwas zu Ende, damit etwas zum Besten der höheren Entwicklung beginnt.

Die positive Seite

Aus jungen Bäumen kann man Latten machen, aus ausgewachsenen Bäumen kann man Bretter machen, aus alten Bäumen kann man Balken machen. In jedem Falle führt jeder Existenzwechsel zu neuen Möglichkeiten. In allen Religionen ist das die frohe Botschaft, dass die nächste Inkarnation des Messias in neue, bessere Lebensdimensionen führt. Das gilt natürlich auch für den eigenen Tod, der gemäß den gelebten guten Gedanken und Taten in höhere Bewusstseinsbereiche führt.

Wie »Angst vor dem Tod« Probleme schafft

Was ist die Welt? Ist die Erde die Welt?
Nein, die Welt ist viel mehr als diese Erde, auf der wir zurzeit leben. Nennen wir es Universum, das wird der Vielzahl der Welten gerechter. Wir können zu einer Zeit immer nur mit einem kosmischen Organismus verbunden sein. Jetzt ist es »Gaija«, das kosmische Lebewesen, das wir Erde nennen, auf dem wir uns begegnen. Was wir Gaija antun, tun wir uns selbst und unserer Zukunft an.

Eine Fantasie

Wie täuschte sich die Biene, als sie sich zum Ende des Sommers bei all den Blumen auf der Wiese bedanken wollte. Einen ganzen Sommer hatte sie reichlich Nektar gesammelt und die Ernte mit gelb gepolsterten Beinen in den Bienenstock gebracht. Nun flog sie über die Wiese, um Danke zu sagen. Aber es gab keine Blüten mehr, alle waren gestorben. Da, wo einst die Blüten leuchteten, waren jetzt Früchte.

Eine Geschichte

Einmal, lass es vor langer Zeit gewesen sein, sammelte eine weise Kräuterfrau einen Korb voll Rosenblütenblätter vom Boden auf. Sie knetete daraus kleine rote Kugeln und steckte sie einzeln auf lange Dornen. Als der Herbst kam, dufteten die so getrockneten Rosenkugeln immer noch wie edles Rosenwasser. Dann zog sie die Dornen aus den einzelnen Kugeln und fädelte die Rosenblütenperlen auf einen festen Zwirnsfaden. So entstand durch ihre Liebe zu den Rosen ein Rosenkranz, den sie zum Abzählen ihrer Gebete in die Hände nahm. Mit inniger Hingabe zählte sie zu ihren Gebe-

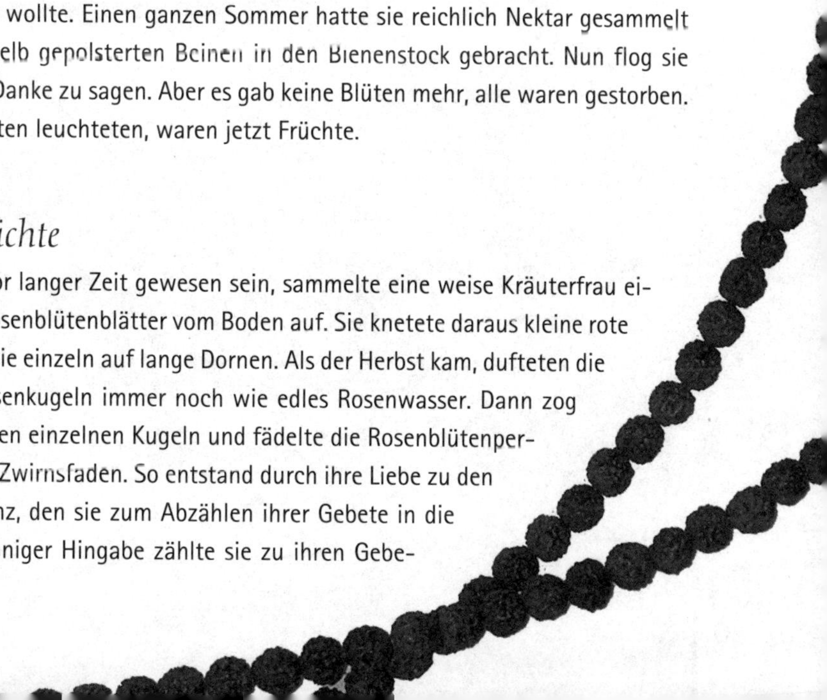

ten Perle um Perle ab und gab dem Rosenkranz dadurch eine besondere Bedeutung. Das lernten ihre Enkel von ihr, und sie lernten es gerne, denn es fühlte sich gut an, die Blätter zu rollen, und es roch zudem auch noch fantastisch. So kam der Rosenkranz schließlich auch zu den Mönchen, und sein Abzählen wurde zu einem natürlichen Ritual in der meditativen Betrachtung von Leben, Sterben, Tod und Bardo.

16 Die sechzehnte Perle erinnert an »Furcht vor dem Unbekannten«

Das Prinzip

In allen drei Welten ist uns das meiste unbekannt. Schauen wir nach oben, gehen die Gedanken weit über die erblickte Entfernung hinaus ins Universum. Schauen wir zum Horizont, ahnen wir, dass es dahinter weitergeht. Schauen wir nach unten, gehen die Gedanken tief in den Kern der Erde hinein. In allen drei sichtbaren Dimensionen haben wir es schnell mit dem Unbekannten zu tun. Immer gab es Menschen, die das Unbekannte erforschen wollten. Dazu gehört mutiger Pioniergeist und dazu gehört auch demütiges Vertrauen. Wer beides hat, dient mit seinen Taten auch der Entwicklung der Menschheit, aber es sind Auserwählte, die von solcher Machart sind. Die meisten anderen Menschen sind Nutznießer solcher Pioniertaten und oftmals wenig bewusst und noch weniger dankbar für den Pioniergeist der Furchtlosen. Wer das weiß, kann durch gute Gedanken das morphische Feld des Pioniergeistes stärken. Es muss nicht jeder in eine dunkle Höhle steigen, es kann aber jeder seinen Segen denen geben, die es für uns tun.

Die Wirkung

Das Bekannte ist uns immer der kleinere Teil. Im größeren Unbekannten liegen Gefahren, aber auch Chancen. Und genau auf der Grenze zwischen beidem verläuft unsere Schicksalsspur zwischen Kommen und Gehen. Es ist jederzeit möglich, neue Entdeckungen im Bereich des Unbekannten zu machen. Allein der Versuch lohnt sich schon, weil er uns mit etwas Größerem verbindet und weil das, was einer entdeckt, auch in den anderen gedeiht.

Die positive Seite

Der Sieg über die Furcht vor dem Unbekannten ist der Sieg über die inneren Feinde. Wer ihn erringt, ist ein Feindbesieger, ein Arhat. In diesem Kampf gibt es vierundfünfzig Feinde, denen ebenfalls vierundfünfzig Charakterkräfte in uns gegenüberstehen. Um die sollten wir uns kümmern, sie kultivieren, damit sie wachsen und gedeihen. Von diesem Kampf handeln alle Weisheitsbücher dieser Welt, und davon handeln auch die hundertacht Perlen an der buddhistischen Mala.

Wie »Furcht vor dem Unbekannten« Probleme schafft

Irgendwann lehrt die Lebenserfahrung uns, dass es keine letzten Sicherheiten gibt. Die Kräfte der Balance wirken auch gerade da, wo wir etwas zu vermeiden suchen. Das Vermeiden-Wollen, das Versichern, gerade das setzt die Dynamik in Gang, die wir abhalten wollten. Wir ernten letztlich das, wovor wir uns versteckten. Deshalb haben oft die Wagemutigen auch noch Glück dabei!

Eine Fantasie

Wie täuschte sich der Furchtsame, der sich im Wald verlaufen hatte. Er wähnte die Schatten der Bäume in der Dämmerung voller Ungeheuer und Gespenster. Da halfen ihm auch seine Selbstgespräche und auch sein Pfeifen nicht. Die Angst machte ihn so schwach, dass er unglücklich stürzte und das Bewusstsein verlor. Als er erwachte, schaute er einen Mönch an und bemerkte, dass er dessen Umhang trug. Man hatte ihn hier im Klostergarten gefunden und für ihn gebetet. Auf diese Weise kam er zum ersten Mal mit edlen Mönchen in Kontakt, und er fühlte sich so gut wie nie zuvor.

Eine Geschichte

Einmal, lass es vor langer Zeit gewesen sein, wurde ein Dieb umgebracht und als Esel wiedergeboren. Er lebte auf dem Hof eines Metzgers und wurde gut gefüttert, bis er merkte, was man dort mit ihm vorhatte. In der Nacht sprang er über den Zaun und verschwand im Wald. So kam er in die Hände von Räubern, die ihn als Lasttier missbrauchten. Er musste sich den Rücken blank schleppen und wurde geschlagen, wenn er nicht mehr konnte. Deswegen nutzte er die Gelegenheit, als er auf einem Markt abgestellt wurde, und lief davon. So kam er in eine Stadt zu einem Kaufmann. Der nahm ihn mit zu einem Bordell, das ihm gehörte. Dafür wurde er gewaschen, wohlriechend gepudert und mit bunten Tüchern behängt. Dann sollte er reiche Gäste in einem bunten Wagen ziehen. Die fanden ihn aber viel zu störrisch. So jagten sie ihn wieder aus der Stadt, und er kam auf einen Pilgerweg. Da wurde er jeden Tag von anderen Leuten ein Stück mitgenommen, die ihm Geschichten aus Märchen und Büchern erzählten. Schließlich nahm ihn ein Zirkusdirektor mit, und er kam in ein großes Zelt. Dort sollte er so tun, als ob er Golddukaten speit, und alle lachten über ihn. Also nahm er Reißaus und trottete in die Berge, bis er an einen Bach kam. So etwas kannte er gar nicht und blieb aus Furcht davor stehen, bis ihm einer eine Eselsbrücke aus einem breiten Brett baute. So kam er über diesen königlichen Diener an den Hof eines Königs, wo er den Kindern als Spielgefährte dienlich war, ohne etwas zu tun. Dort lebte er bis an sein Lebensende und wurde wiedergeboren, aber das ist eine neue Geschichte.

17 Die siebzehnte Perle erinnert an »Illusion«

Das Prinzip

Zu allen Zeiten gab es einen inneren Zirkel eingeweihter Frauen und Männer, die jenseits aller Täuschung verstehen wollten, wie diese Welt wirklich funktioniert. Sie gewannen ihr Wissen, indem sie sich an der Wirklichkeit orientierten, ohne sich durch den Filter der eigenen Vorstellungen täuschen zu lassen. Dieser Kreis der Wissenden ist naturgemäß immer der kleinere Teil der Menschheit gewesen und ist es immer noch, aber die Erkenntnisse stehen heute allen Menschen zur Verfügung. Es gibt keine Ausrede, wer etwas mehr über seine Wirklichkeit wissen will, kann hinschauen. Zugegeben, es braucht Mut, einen klaren Blick auf das eigene Leben zu werfen, aber es lohnt sich! Erst ist es interessant, dann entpuppt sich die eigene Biografie als Täuschung und dann kommt das plötzliche Erwachen! Dadurch eröffnen sich neue Wege zu kraftvollen Lösungen, wobei uns die weisen Erkenntnisse unserer Ahnen und unserer Herkunftskulturen unterstützen, wenn wir sie als Teil der Gegenwart begreifen und nutzen. Sie haben etwas Respekt Gebietendes, etwas Würdevolles, das uns zur Verfügung steht, wenn wir wollen. Und je mehr wir davon nehmen, desto mehr bekommen wir fürs Leben. Geben wir dem Leben einmal, was es wirklich verdient: unsere ganze Aufmerksamkeit, unsere ganze Liebe. Dann kann Illusion überwunden werden.

Die Wirkung

Wenn ein Mensch seine eigene Biografie erzählt, ist das, was er darüber sagt, grundsätzlich falsch! Denn es sind Erinnerungen aus Fantasien, Sehnsüchten, Wünschen und

Fakten, die er vermischt. Die Muster des eigenen Lebens können jedoch wenig durch Wünsche, Sehnsüchte und Fantasien begriffen werden, die wir an die Wirklichkeit herantragen. Deshalb sollte es möglich sein, Illusionen zu übersteigen und auf wirkliche Fakten zu blicken. Dazu gehören Mut und Demut und ein geeignetes Vehikel.

Die positive Seite

Einer kann es für viele tun. Es genügt, wenn ein Familienmitglied an der Ordnung der Liebe in der Sippe interessiert ist, der kann es dann tun. Das Vehikel dafür heißt Systemaufstellung über phänomenologische Effekte. Das Wirksame an dieser Praxis ist die positive Wirkung ins morphische Feld der Familie hinein. Wissenschaftlich kann das noch nicht begründet werden, aber es funktioniert trotzdem.

Wie »Illusion« Probleme schafft

Wenn Menschen die falschen Annahmen über sich selbst richtig verarbeiten, oder wenn sie die richtigen Annahmen falsch verarbeiten, ist die Illusion in jedem Falle vorprogrammiert. Wer den Zucker mit dem Salz verwechselt, kann keinen süßen Kuchen backen.

Eine Fantasie

Wie täuschte sich der Zuschauer, als er den Illusionisten für einen Magier hielt, der wirklich verborgene Weltgesetze für sich zu nutzen wusste. Hätte er es nicht selber aus der Nähe gesehen, er würde niemals glauben, dass man ein Kaninchen aus dem Hut zaubern kann. Aber es geht! Er hat es selbst erlebt.

Eine Geschichte

Einmal, lass es vor langer Zeit gewesen sein, wollte ein Kind wissen, warum die Häuser auf der anderen Seite des Tales goldene Fenster hatten und die eigenen Wohnungen nicht. Die Eltern sagten dazu nur: »Warte, bis du groß bist.«

Das brachte das Kind auf die Idee, etwas Verbotenes zu tun, nämlich ins Tal hinabzusteigen, über die kleine Hängebrücke zu gehen und an der anderen Uferseite zum Dorf hinaufzusteigen, um die Leute dort zu fragen. Einige Zeit später war wieder so ein Tag, an dem man die strahlend goldenen Fenster sehen konnte, das war der Tag des Abstiegs. Auf gefährlich steiler Route kam das Kind Stunden später auf der anderen Seite des Tales im Dorf an. Und noch bevor es einen Bewohner fragen konnte, sah das Kind zum eigenen Dorf hinüber und staunte über die golden strahlenden Fenster, die alle Häuser dort hatten. Ein freundlicher Bewohner brachte das Kind sicher bis über die kleine Brücke, und noch bevor die Sonne unterging, ging das Kind glücklich den Berg hinauf nach Hause.

18 Die achtzehnte Perle erinnert an »Trägheit«

Das Prinzip

Trägheit geht durch alle Ebenen des Seins. Sie betrifft den Geist und die Sinne und hat entsprechende körperliche Auswirkungen. Nach außen sichtbar ist das antriebslose Nichthandeln. Im innerlichen Hintergrund spielt ein lustloses Orchester vieler Instrumente ein leises Lied ohne Höhen und Tiefen. Was hier fehlt, ist ein Dirigent, der die Musiker motiviert und ihnen eine neue dynamische Partitur vorlegt. Aber ohne diesen Maestro bleibt das Orchester meistens stumm. Mediziner nennen das auch »Alexithymie«, Stummheit der Seele. Oft hatte ein davon Betroffener das Pech, dass man sich in seiner Jugend gut um ihn gekümmert hat. Es hat nie etwas gefehlt an Versorgung, Hygiene oder Zuwendung. Dadurch wurde dem inneren Orchester bestätigt, dass alles gut geht, auch ohne dass er selber aktiv wurde. Dann, eines Tages, war die Grenze der Jugend überschritten, und die Trägheit färbte die Sinne, die Emotionen, den Geist und in der Folge sein Handeln. Dummerweise sind diese Menschen meistens sehr nett und lieb, vollkommen ohne Angriffsenergien und deshalb auch ohne jede Verteidigungskraft. Selbst wenn man sie zum Jagen tragen würde, würden sie auf dem Hochsitz einschlafen. Im Ergebnis hat so jemand keine Vision, er will nichts, er traut sich nichts zu und gibt das überall unumwunden zu – falls er gefragt wird, sonst sagt er gar nichts.

Die Wirkung

Der Träge ist so, wie wir alle einmal waren, bevor wir kompliziert wurden. Er ist ganz ehrlich, ja, sogar schädlich ehrlich gegen sich selbst. Er ist ohne jegliche Verteidigungsabsicht, da er auch keine Angriffskräfte verspürt. Dadurch wirkt er freundlich, aber er will nur nicht gefordert werden. Dafür bringt er für alles Verständnis auf und käme nicht im Traum darauf, initiativ zu werden. Niemand wirft ihm vor, was er getan hat, sondern nur, dass er nichts tut.

Die positive Seite

Wäre die Gattung Mensch träge, gäbe es keine Kriege. Auch die Kriminalität wäre um Potenzen geringer. Vorschnelle Entscheidungen machten langfristigen Gedankenprozessen Platz. Sicher wäre die Lebensqualität höher, weil weniger Luftverschmutzung und geringere Umweltschäden aufkämen, auch wenn der Lebensstandard deutlich geringer wäre.

Wie »Trägheit« Probleme schafft

Da die Zeit nicht nur eine dahinfließende Dynamik besitzt, sondern auch einen Qualitäts-Aspekt, wird durch Trägheit immer wieder der günstige Moment verpasst. Das geschieht so häufig, dass eine Chance, die mehrfach bestanden hat, irgendwann endgültig vorbei ist. Da dies alle Aspekte des Geist-Körper-Kontinuums betrifft, ist Chance für Chance einfach verloren, auch wenn derjenige, der sie nicht ergriffen hat, sonst ein Genie gewesen wäre.

Eine Fantasie

Wie täuschte sich der entspannte Student, der zweimal auf die Uhr sah, wobei es zufällig beide Male zwölf Uhr war. Er übersah dabei, dass es sich um eine stehen gebliebene Uhr handelte. Spätestens, als sein eigener Schatten ihn im Straßencafé überholte, hätte er nachdenklich werden können.

Eine Geschichte

Einmal, lass es vor langer Zeit gewesen sein, kam ein Mönch nach Beendigung eines Drei-Jahres-Retreats zurück in sein Dorf. Er schien still geworden zu sein und wohnte bei seiner Mutter in der kleinen Wohnung, ohne etwas zu unternehmen. Eine Freundin seiner Mutter stellte ihm eine Hütte zur Verfügung, in der er weiterhin die Schriften studieren könnte. Mit Zuspruch seiner Mutter nahm er das Angebot an. Dort hatte er alles, was er als Eremit brauchte. Nach drei Monaten besuchte die Spenderin ihn und fragte, wie es ihm dort erginge. Er antwortete: »Hier wohnt ein Mönch mit stillem Herzen, ohne etwas zu wollen, ohne etwas zu tun.« Die Frau bemerkte beim Abschied, dass der Garten ungepflegt war und auch das Haus weder aufgeräumt noch instand gehalten. Sie versprach ihm, dass er sich weiterhin an die Werdewelt außerhalb des Klosters gewöhnen könne und sie ihn die nächsten drei Monate mit dem Nötigen versorgen werde, damit er seine Studien vollenden könne, um danach andere Menschen zu unterrichten. Nach drei Monaten schaute sie wieder nach dem Mönch in ihrer Gartenhütte. Dort wohnte immer noch ein Einsiedler mit stillem Herzen, ohne etwas zu wollen, ohne etwas zu tun. Beim Weggehen steckte sie die Hütte in Brand, und ohne sich umzuschauen ging sie traurig davon.

19 Die neunzehnte Perle erinnert an »Zerstreutheit«

Das Prinzip

Betrachten wir das Leben wie ein großes Puzzle, das zusammen ein harmonisches Bild ergibt, könnte das beispielsweise so aussehen:
Signifikanz, Lebenszyklus, Beruf, Beziehung, Kinder, Eltern, Geschwister, Aufgabe, Tor zur Bestimmung, Körper, Geist, Geruchssinn, Geschmackssinn, Tastsinn, Gleichgewichtssinn, Bewegungssinn, Lebenssinn, Sprachsinn, Sehsinn, Wärmesinn, Hörsinn, Ich-Du-Sinn, Gedankenwahrnehmungssinn, Seele, Chancen, Neues, Unbekanntes, Risiko, Gefahr, Täuschung, Abenteuer, Leid, Pech, Glück, Entspannung, Gericht, Weisheit, Details, Achtsamkeit, Mut, Vorsicht, Geld, Ideen, Pläne, Unterstützung, Wagnis, Happy End, Lernen, Vergessen, Studieren, Loslassen, Investieren, Schuld, Zustimmung, Sport, Hobby, Partnerschaft, Projekte, Wünsche, Geistesjuwelen, Spiritualität, Philosophie, Essen, Urlaub, Kreativität, Meditation, Weiterbildung, Entrümpeln, Bewahren, Gesunden, Metaebene, Therapie, Chaos, Lebensweg, Freundschaft, Zum Besten des Ganzen, Erleuchtung, Liebe.

Die Wirkung

Die Teile des Lebens-Puzzles liegen für den Spieler bereit. Nur muss er es selber zusammensetzen. Auch wenn ihm bei manchen Legungen geholfen wird, muss er doch für die Vollendung des Gesamtbildes selber sorgen. Dazu ist Konzentration auf das Wesentliche nötig, sonst bleibt das Leben zerstreut liegen. Hier sind es achtundsiebzig Aspekte in Anlehnung an die Philosophie des Weisheitssystems Tarot, die es aus der Zerstreuung sinnvoll zusammenzubringen gilt.

Die positive Seite

Wenn einer sich eine bessere Welt vorstellen kann, dann hat er sofort eine Aufgabe, an der es zu arbeiten lohnt. Wo am besten beginnen? Es gibt eine vorwiegende Antwort: an sich selber! Das ist in jedem Falle der effektivste Beitrag zum Besten des Ganzen. Man findet dabei immer etwas, die Themen sind vielfältig wie ein buntes Kaleidoskop. Wir haben die Wahl.

Wie »Zerstreutheit« Probleme schafft

Kirchenfenster leuchten und strahlen in ihrer ganzen Schönheit, wenn man sie vom Kircheninneren betrachtet. Von außen sind sie grau, es ist gar kein rechtes Gesamtkunstwerk zu erkennen. Darin liegt die Anforderung des Lebens, nach innen zu gehen und von dort aus zu schauen. Bleibt einer draußen, bleibt sein Leben grau.

Eine Fantasie

Wie täuschte sich der Professor mit der guten Allgemeinbildung, als er sein Wissen für ausreichend hielt. Dabei merkte er nicht, wenn man ihm falsches Wechselgeld herausgab oder wenn er in den falschen Zug einstieg. Zum Glück hatte er viele Studenten, die ihm bei der Alltagsbewältigung halfen, als Ausgleich gab er ihnen sein Fachwissen.

Eine Geschichte

Einmal, lass es vor langer Zeit gewesen sein, fragte ein Professor einen Zen-Lehrer nach dem Nutzen von Zen. Der Zen-Meister sagte: »Zen ist nichts für dich, kümmere dich lieber weiter um deine Studenten.« Der Professor aber fragte beharrlich weiter und meinte, wenn man sich schon mal treffe, könne man sich doch von Lehrer zu Lehrer austauschen. Der Meister fragte ihn: »Was kostet bei dir in der Stadt ein Brot?« Der Professor staunte, denn er wusste es nicht. Er wusste auch nicht, wie man Rosen zurückschneidet, auch nicht, wie man den gebrochenen Flügel eines Vogels schient.
Der Meister sagte: »Wenn du Zen verstehen willst, schmeiß dein gesamtes Wissen weg und danach schmeiß auch das Wegschmeißen weg.« Einige Tage später war dieser Gast wieder beim Meister und sagte: »Ein Brot kostet bei uns zwei achtzig, und ich muss zugeben, ich hätte nicht gedacht, dass es so teuer ist.« Der Meister schenkte ihm eine Tasse köstlichen Tee ein und sagte: »Das ist der Nutzen von Zen.«

20 Die zwanzigste Perle erinnert an »Desinteresse am Mystischen«

Das Prinzip

Das bestgehütete Geheimnis der Weisen aller Religionen und Kulturen braucht eine geeignete Form, ihm näherzukommen. So haben alle Lehren auch ihren mystischen Teil. Deren Geschichten und Rituale sind unterschiedlich, deren Ansinnen ist gleich: Etwas unzugängliches Größeres liegt im Dunkeln (pali: Gu) und soll ins Helle (pali: Ru). Daher die Bezeichnung »Guru« für einen Lehrer, der Methoden kennt, den interessierten Schüler vom Dunklen ins Helle einzuweihen. Mit Worten öffnen Metaphern und Geschichten Tore zum Geheimen. Mit Symbolen öffnen Ritualgegenstände gewisse Tore. Im Handeln öffnen Kontemplation oder Meditation die einzigen Tore, die das Unsagbare zugänglich machen. Bisher haben weder Philosophie noch Wissenschaft den Urgrund (lat.: re-ligio = Rückbindung zum Urgrund) erkennbar machen können. Auf keiner Universität ist das vermittelbar, dafür bleiben uns die mystischen Zugänge als Verbindung zum Verborgenen.

Die Wirkung

Dichter verdichten das Unbeschreibliche im Gedicht oder in einer Geschichte. Diesen Weg vom Dunklen ins Helle entlang führen Märchen und Sagen der Völker die Kinder zu essenziellen Erkenntnissen, ohne dass diese Angst bekämen. Nur wer als Erwachsener jene Polarität erkennt, versteht auch, warum Kinder sich vor mystischen Erzählungen nicht fürchten. Darum: Werdet wieder wie die Kinder!

Die positive Seite

Mystik hilft bei der Hingabe zum göttlichen Geheimnis. Öffnet man ein erhelltes Haus, strahlt daraus Licht in die Dunkelheit. Umgekehrt kommt das Dunkel niemals ins Licht. Auch wenn der Nachthimmel überwiegend dunkel ist, so beschirmen uns doch Tausende leuchtender Sterne und machen aus dem dunklen Nichts für uns einen geschützten Raum.

Wie »Desinteresse am Mystischen« Probleme schafft

Wer das Dunkel meidet, wird keine neuen Lichtquellen entdecken können. Das Dunkle, das Geheime gibt es trotzdem. Wer also nur in seinem beleuchteten Haus bleibt, ohne Interesse dafür, was da draußen im Dunkeln liegt, der kann nie das Ganze begreifen. Einige fürchten das Geheime da draußen so sehr, dass sie die Vorhänge schließen, um sich sicher zu fühlen in ihrem Haus, das sie kennen.

Eine Fantasie

Wie täuschte sich der Wissenschaftler, der jahrelang geforscht hatte und seine Anerkennung durch einen Nobelpreis erhielt. Als er endlich auf dem Gipfel seines Wissens angekommen war, saß da oben schon lange ein alter Mönch und lächelte milde. Er aber dachte mit der ganzen Fakultät, dass Wissenschaft der einzige Weg sei zum Verständnis der Wirklichkeit.

Eine Geschichte

Einmal, lass es vor langer Zeit gewesen sein, glaubte ein Mann, die Stimme Gottes zu hören, die ihm sagte: »Steh jetzt auf und gehe den Weg, den ich dir zeige. Gehst du nicht, gebe ich dich verloren!«
Der Mann, der mit Frau und Kind gerade beim Abendessen im eigenen Haus saß, stand auf und sagte der Familie, dass er mal eben Zigaretten holen gehe. In Hausschuhen und ohne weiteres Gepäck ging er aus dem Haus und ... wurde niemals wieder gesehen. Die Frau schaltete die Kriminalpolizei ein, jedoch ohne Erfolg. Nach einem Jahr fragte sie eine Hellseherin, die von einem See sprach. Daraufhin ließ sie mithilfe der Polizei alle Seen im Umkreis absuchen, ohne Erfolg. Nach drei Jahren konsultierte sie einen Kartenleger, der

zu Beginn der Sitzung die Karten fragte, ob er danach fragen dürfe – er bekam ein kategorisches Nein. Nach vier Jahren fragte sie einen Radioniker, der zuerst eine Einstiegsmessung machte, ob die Analyse ethisch vertretbar wäre – auch der bekam ein klares Nein. Nach fünf Jahren ließ sie ihn für tot erklären. Nach acht Jahren wollte sie einen anderen Mann heiraten, der Witwer war. Auf dem Weg zum Altar sah sie im Kirchengarten ihren ersten Mann stehen; sie schrie seinen Namen und lief in den Garten hinaus. Dabei stürzte sie und fiel unglücklich auf einen Stein. Als man ihr zu Hilfe eilte, lag sie lächelnd am Boden und sagte etwas für alle Unverständliches: »Endlich habe ich ihn wieder«, und starb.

21

Die einundzwanzigste Perle erinnert an »Verleugnung der Zusammenhänge«

Das Prinzip

Form bestimmt Funktion. Funktion bestimmt Namen. Jedes Ding ist nur das, was es tut. Wenn eine Lampe nicht leuchtet, ist sie nur Dekoration. Alles, was wir Menschen konstruieren und bauen, ist mechanistisch und funktioniert nur, wenn jedes Teil durch seine Form die gewünschte Funktion erfüllt. Als Beispiel nehmen wir einen Stuhl. Wenn von dessen vier Beinen eines abgesägt wird, ist es kein Stuhl mehr, sondern Schrott.

Alles, was die Natur hervorbringt, ist organisch. Nehmen wir als Beispiel eine Hand. Wenn ein Finger verlorengeht, ergänzen sich die anderen komplementär, und es ist immer noch eine Hand. In der organischen Natur sind die Dinge also mehr als die Summe ihrer Teile. Doch auch sie ist nicht aus sich selbst heraus.

Nehmen wir einen Baum, der braucht Wasser, Licht, Erde, Wärme und Vögel, die den Samen weitertragen. Auch alles Mechanistische ist abhängig von den Gliedern des Entstehens und Vergehens. Eine Tasse braucht Ton, Feuer, einen Töpfer, Farbe und das Design, es gibt sie nicht aus sich heraus. Eigentlich gibt es keine Glühbirne, es sind viele Teile in unterschiedlichen Formen, die zusammen das ergeben, was wir Glühbirne nennen. Zusammen erfüllen sie eine Funktion, deshalb benennen wir die Gesamtheit mit dem passenden Namen. Wenn also nichts aus sich heraus entsteht oder existiert, dann auch kein Lebewesen, nicht die Welt, nicht das Universum, nicht das Nichts. Alles hängt zusammen.

Die Wirkung

Die Wirklichkeit heißt Wirk-lichkeit, weil das damit gemeint ist, was wirkt. Das Endergebnis davon ist die Realität. Zum Beispiel ein Tisch ist die Wirkung von Baum, Holz,

Zeichnung, Werkzeug, Schreiner, Designer, Lackierer. Zusammen bewirkt dies alles einen Tisch. Nach der Existenz als Tisch zerfällt er in nutzlose Teile. Was wir sehen und nutzen, der Tisch, ist also das Ende dieser Kausalkette, die Realität. Die Wirklichkeit ist das, was ihn zusammengenommen hervorbrachte. Das ist es, was die Philosophen und die Forscher interessiert, die Wirklichkeit der Welt.

Die positive Seite

Die Form folgt dem Geist. Am Anfang steht die Idee, daraus entsteht das Wort, daraus der Prozess des Werdens. Aber auch der Geist folgt der Form. Am Anfang ist die eine Bewegung, und die wird tausendmal geübt, bis daraus ein spiritueller Weg wird, etwa eine Meisterschaft im Kampfsport oder in der Kalligrafie oder in der Teezeremonie oder irgendeiner anderen Kunst. Die Form folgt dem Geist, der Geist folgt der Form, Form und Geist sind leer, die Leere bringt die Lehre hervor, aus der Lehre wird der meisterliche Lebensweg.

Wie »Verleugnung der Zusammenhänge« Probleme schafft

Wer einen Stein aus einem Dom zu Ehren Gottes nimmt und ihn betrachtet, findet ihn meistens nicht besonders schön. Erst der Blick für das Ganze, das große Werk, die erhabenen Zusammenhänge lassen das Meisterwerk erkennen. Das gilt auch für psychosoziale Zusammenhänge. Das Problem des einzelnen findet seine Lösung oft erst im systemischen Zusammenhang. Man darf einen Spezialisten nicht nach dem Ganzen fragen, er sieht das Problem, nicht die Zusammenhänge. Erkenntnis taugt erst dann, wenn sie, am Mikroskop gewonnen, auf den Makrokosmos übertragen werden kann.

Eine Fantasie

Wie täuschte sich der Mikrologe, der das Wasser für den Fluss hielt. Wenn Wasser selbst kein Ufer hat, wie könnte dann ein Ufer oder eine Küste Wasser haben? Wasser plus Ufer plus Tektonik plus Fische, Schiffe, Angler, das ist ein Fluss. Alles andere sind nur Fraktale des Ganzen. Hat also ein Mensch eine Seele? Oder müssten wir eher fragen: Hat die Seele den Menschen? Bin ich hier, und irgendwo da ist Gott? So täuschte sich der Verleugner der Zusammenhänge, er hielt Teil und Ganzes für zwei getrennte Wirklichkeiten.

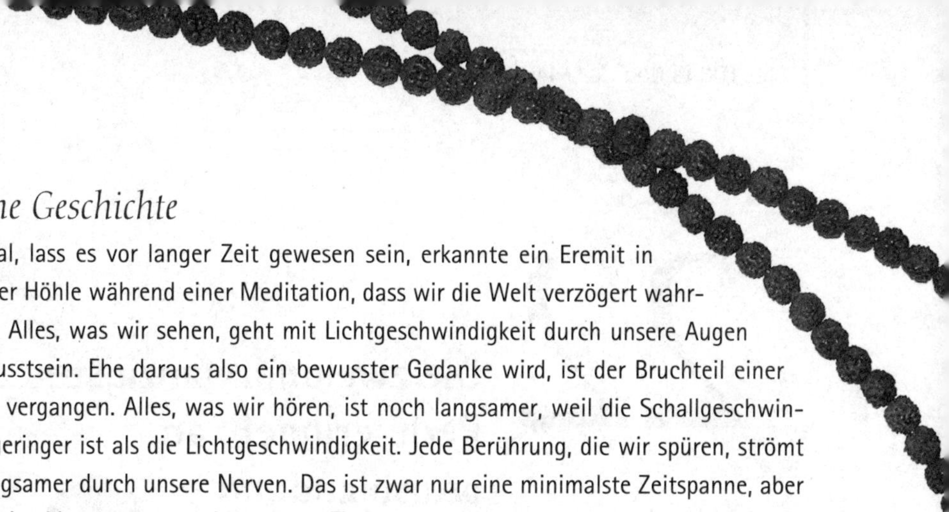

Eine Geschichte

Einmal, lass es vor langer Zeit gewesen sein, erkannte ein Eremit in seiner Höhle während einer Meditation, dass wir die Welt verzögert wahrnehmen. Alles, was wir sehen, geht mit Lichtgeschwindigkeit durch unsere Augen ins Bewusstsein. Ehe daraus also ein bewusster Gedanke wird, ist der Bruchteil einer Sekunde vergangen. Alles, was wir hören, ist noch langsamer, weil die Schallgeschwindigkeit geringer ist als die Lichtgeschwindigkeit. Jede Berührung, die wir spüren, strömt noch langsamer durch unsere Nerven. Das ist zwar nur eine minimalste Zeitspanne, aber dieser kleine Versatz erzeugt in uns den Eindruck, es gebe Subjekt und Objekt. Hier bin ich, da ist die Welt.
Und der Eremit beschloss, so lange vor der Höhlenwand zu meditieren, bis er diesen kleinen Versatz überwunden hätte und er die Welt direkt und ohne Verzögerung wahrnähme. Neun Jahre saß er vor der Wand, dann wurde er erleuchtet und wurde eins mit allen Erscheinungen der Welt. So brachte Bodhidharma den Erleuchtungsgeist zu den Menschen, die es wissen wollten.

22 Die zweiundzwanzigste Perle erinnert an »Ausblendung des Glaubens«

Das Prinzip

Die drei Säulen der Verwirklichung sind Glaube, Mut und Demut. Zuerst muss jemand daran glauben, dass er gute Mächte wie Liebe, Freude oder Gelassenheit in seine Dienste stellen kann. Was eine gute Macht ist, weiß man, wenn man sie als Gefühl aus eigenem Erleben kennt. Wer also das Gefühl der Liebe nie erlebt hat, der kann die Macht der Liebe auch nicht in seine Dienste stellen. Als Nächstes muss man den Mut haben, mit festem Glauben an diese spürbare Macht den nächsten Schritt in Richtung Ziel zu machen. Wer diesen Mut hat, dem tun sich zwei Möglichkeiten auf: entweder das Ziel wird erreicht oder es wird verfehlt. In beiden Fällen ist als Nächstes Demut die angemessene Reaktion. Wenn das Ziel verwirklicht wurde, sind wir dankbar; wenn das Ziel verfehlt wurde, sind wir auch dankbar für die Lektion, die wir aus dieser Erfahrungen gelernt haben. Wer also den Glauben ausblendet, der beraubt sich der Kraft der Verwirklichung.

Die Wirkung

Dankbarkeit, die man bei erreichten Erfolgen zeigt, ist keine Kunst, das kann jeder. Gelebte Dankbarkeit bei Misserfolgen, das macht die Meisterschaft des Lebens aus, das kann noch lange nicht jeder. Dem aber, der festen Glaubens ist, dem tun sich Wege auf, die er mit dem aus diesem Glauben geschöpften Mut gehen kann, völlig unabhängig vom Ergebnis. Darum ist Glaube an die spürbaren guten Mächte die tragende Säule der Verwirklichung.

Die positive Seite

Wer den Glauben ausblendet, fühlt sich sicher, weil er keine Schritte ins Unbekannte machen muss und damit das Risiko minimiert. Wer ohne Glauben lebt, der braucht auch nicht an Wunder zu glauben, weil er sich im Rahmen seines Wissens nur mit dem beschäftigt, was er kennt. Die Möglichkeit, sich selbst oder der Gesellschaft zu schaden, ist dadurch geringer.

Wie »Ausblendung des Glaubens« Probleme schafft

Wer wie ein Glühwürmchen nur nach hinten leuchtet, der sieht nur die Wege, die er schon gegangen ist. Wer nie wie ein Leuchtturm auch rundum in die unbekannte Welt hinausleuchtet, der wird nie die Weite entdecken. Der Glaube ist dieses Rundum-Leuchtfeuer, das entzündet werden muss, sonst bleibt das meiste unentdeckt im Dunkel.

Eine Fantasie

Wie täuschte sich der Blinde, der in der Nacht seine dunkle Laterne trug, weil er glaubte, er sehe ja durch das Laternenlicht auch nicht mehr. Dabei vergaß er, dass wenigstens die anderen Wanderer seine erleuchtete Laterne sehen und sie ihnen neue Wege weisen könnte.

Eine Geschichte

Einmal, lass es vor langer Zeit gewesen sein, glaubte ein ganzes Volk, dass man Gott durch ein großes Opfer gnädig stimmen könne. Deshalb bauten sie einen Ofen mit quadratischer Grundfläche als Altar aus Stein. Diesen Ofen nahmen sie als Götzen und verehrten darin ihren Gott. In die Glut dieses Ofens warfen sie ihre erstgeborenen Kinder hinein und sangen dabei laut, um deren Schreie nicht zu hören. Erst als Propheten in ihr Land kamen und ihnen den Weg zu den guten Mächten predigten, wurden einige nachdenklich und entwickelten ein unterscheidendes Gewissen. In den Anfängen dieser Selbsthinterfragung wurden die Zweifler aus der Gemeinschaft verstoßen, aber immer mehr Menschen kamen zu neuen Einsichten und wollten den guten Mächten nacheifern. Heute erinnert nur noch der kubische Steingötze, den man bei archäologischen Ausgrabungen fand, an diesen Opferglauben aus grauer Vorzeit.

So kultivierten sich über den Glauben an die guten Mächte die Bewegungen der Volksseele vom Zweifel über die Einsicht zum Neudenken, Z-E-N. Heute verbindet uns der Glaube an die guten Mächte in den weisen Schriften aller Völker, die wir für unsere Hinwendung zum Größeren nutzen können.

23 Die dreiundzwanzigste Perle erinnert an »Ziellosigkeit des Willens«

Das Prinzip

Im Alltag bestimmen Vorstellungen unser Verhalten. Jemand kann ruhigen Schrittes über ein breites Brett gehen, wenn er das will. Dasselbe Brett zwischen zwei Hochhausdächer über den Abgrund gelegt, kann durchaus zu solch einer Angstvorstellung führen, dass auch der stärkste Wille nicht ausreicht, um auch nur einen Fuß auf dieses Brett zu setzen. Es ist die Vorstellung von dem, was passieren könnte, die uns davon abhält, etwas zu tun. Wenn Vorstellung und Wille in uns miteinander kämpfen, verliert regelmäßig der Wille. Wenn also schon der Wille schwacher ist als die Vorstellungskraft, dann sollten wir uns umso mehr ein erstrebenswertes Ziel zur Vision nehmen, das unseren Willen stärkt. Am besten wäre ein großes Ziel, das uns beseelt wie ein Fixstern am Horizont. Auch wenn dieser Stern unerreichbar weit entfernt wäre, so zeigte er uns doch jederzeit die Richtung, um nicht in die Irre zu gehen.

Die Wirkung

Jemand, der einer hohen Verwirklichung zustrebt, wird sich hohe Ziele setzen, die er deshalb erreichen will, weil er das einfach will. Die höchste Form der Verwirklichung wäre es, die eigene Vervollkommnung gemäß den angeborenen Talenten und Fähigkeiten zum Besten des Ganzen zum Ziel zu haben. Mehr ist in diesem Leben, in diesem Körper, mit diesem Geist nicht möglich als die Verwirklichung der eigenen optimalen Bestimmung, welche wir auch die Verwirklichung des »Kairos« nennen.

Die positive Seite

Hätte Beethoven nicht komponiert oder Mutter Teresa nicht geholfen oder Goethe nicht gedichtet – wäre das nicht schade für die Menschheit? Und wäre Jesus nicht als Christus erkannt worden oder wäre Siddharta Gautama nicht als Buddha verehrt worden, es würde der Welt etwas Bedeutsames fehlen. Diese Menschen und viele andere haben ihren Kairos verwirklicht, weil sie einen unbändigen Willen auf ihr Ziel ausgerichtet haben. Und nun du, der du das gerade liest, was wäre wenn auch du ...?

Wie »Ziellosigkeit des Willens« Probleme schafft

Es sind immer wieder einzelne Menschen gewesen, die der Welt bedeutsame Entwicklungen ermöglicht haben. Nicht auszudenken, wie Menschen dadurch, dass sie einander bremsen oder hindern oder umbringen, auch Genie und Zielverwirklichung zum Besten der Menschheit vereiteln.

Eine Fantasie

Wie täuschte sich der König, der es für unmöglich hielt, dass ein einzelner Mann einen Ochsen tragen könnte. Er stimmte der Freilassung eines Gefangenen zu, wenn dieser einen ausgewachsenen Ochsen trüge. Der Häftling ließ sich ein Kalb bringen und hob es ein Jahr lang täglich in seiner Zelle hoch. Nach einem Jahr hob er das zum Ochsen herangewachsene Tier und war frei.

Eine Geschichte

Einmal, lass es vor langer Zeit gewesen sein, wollte einer der beste Bogenschütze seines Landes werden. Dafür trainierte er zehn Jahre lang täglich und wurde schließlich Landessieger. Weil er jedoch gegen einen Bogenmeister eines Nachbarlandes verlor, wollte er der beste Bogenschütze der Welt werden. Er holte sich Rat vom ehemaligen Bogenweltmeister, auf dessen Geheiß er zwei Jahre unter der Spindel des Webstuhles seiner Frau trainierte, nicht mit den Augen zu blinzeln. Weitere zwei Jahre übte er sich darin, etwas Kleines sehr Groß zu sehen, bis er eine Mücke so groß sah wie einen Hund. Nach weiteren zwei Jahren disziplinierten Übens und mit eisernem Willen wurde er Weltmeister im Bogenschießen. Bei der Gelegenheit traf er einen alten Zen-Meister, der ihm berichtete, dass in der Einsamkeit der Berge der größte Bogenmeister aller Zeiten lebe, dessen

Kunst auch ihm nicht vergleichbar wäre. Das wurmte den amtierenden Bogenweltmeister so sehr, dass er eine beschwerliche Reise auf sich nahm, um den größten Meister aller Zeiten zu besuchen. Nach zwei Monaten kam er dort an und wurde freundlich empfangen. Er zeigte seine Kunst, indem er eine Mücke von einem Baum herunterschoss. Der wahre Meister lächelte milde und unbeeindruckt. Da schoss der so Herabgesetzte einen fliegenden Adler aus hoher Bergesluft mitten im Flug zu Tode. Dann bat der Weltmeisterbogenschütze den Alten, auch seine Kunst zu zeigen, und bot ihm seinen besten Bogen an. Der große Meister aber lehnte den Bogen ab und zielte stattdessen ohne Bogen und ohne Pfeil auf einen fliegenden Vogel in der Höhe. Dann ließ er einen imaginären Pfeil los, und der Vogel landete leblos vor seinen Füßen. »Bitte sehr, das ist es«, sagte der große Meister, machte eine liebevolle Handbewegung, und der Vogel erhob sich wieder und flog davon. Der Weltmeister zerbrach seinen Bogen und hat nie wieder einen angefasst, ja, er wusste später nicht einmal mehr, was denn ein Bogen oder ein Pfeil sei.

24 Die vierundzwanzigste Perle erinnert an »Ziellosigkeit des Geistes«

Das Prinzip

Manche Taten eines Menschen sind so bedeutsam für die Welt, dass sie in das Gedächtnis der Menschheit eingehen. Hätte Madame Curie nicht zweifach geforscht und zwei Nobelpreise dafür erhalten, würden uns wesentliche Erkenntnisse fehlen. Shakespeare oder Beethoven oder Gandhi oder Mutter Teresa oder Hildegard von Bingen oder die vielen weiteren, es stecken in jedem Falle Menschen hinter den bedeutenden Leistungen, deren Bestimmungen durch ihre Talente erfüllt wurden. Zu allen Zeiten und in allen Kulturen lebten und leben solche Schöngeister. Einige feiern wir auch noch nach Tausenden von Jahren als Religionsgründer, wie Jesus von Nazareth, der zum Christus wurde, wie Siddharta Gautama, der zum Buddha wurde, oder Mohamed, der zum Propheten wurde. Was aber, wenn ein zu Höherem geborener Mensch nichts daraus macht, geht dann nicht der ganzen Welt etwas verloren?
Und wenn du, gerade du, ein gottgegebenes Potenzial zum Besten des Ganzen missachtest und verschläfst?

Die Wirkung

Die Jahre zeichnen zwar die Haut, nicht unbedingt aber den Geist. Jung zu sein ist keine Frage der gelebten Jahre, sondern eine Frage der geistigen Kreativität. Viele Meister haben ihre besten Werke im Alter geschaffen. Wehe dem, der sich ziellos der Verdummung durch Medien und Small Talk hingibt, der ist zu Staub geworden, lange bevor er starb. Es gibt nur zwei Möglichkeiten, alt zu werden: entweder man wird kindisch oder weise. Die

Entscheidung, weise zu werden, treffen wir im günstigsten Augenblick des Lebens, und der ist: jetzt!

Die positive Seite

Alles hat mindestens zwei Seiten, so auch die Zeit. Der griechische Gott der Zeit, Chronos, hat einen Bruder namens Kairos. Während Chronos uns zeigt, wie spät es ist, sagt uns Kairos, wie früh es ist. Während also der Chronos uns zu Gefangenen der Stunden macht, führt uns der Kairos in die Zeitentbundenheit. Von Kairos können wir uns jetzt fragen lassen: »Was könntest du heute beginnen, damit du, wenn es gelingt, dem Weltbewusstsein etwas Gutes hinzugefügt hast?«

Wie »Ziellosigkeit des Geistes« Probleme schafft

Dummheit ist erlernbar und wird jeden Tag gelehrt. Wer alles infrage stellt oder alles glaubt, ist in beiden Fällen frei von eigenem Denken. Wer sich selbst nie beobachtet, wird schwerlich seine besonderen Fähigkeiten entdecken. Schade für den Rest der Menschheit, wenn ein Mensch seine Potenziale einschlafen lässt, anstatt der Welt damit ein Geschenk zu sein.

Eine Fantasie

Wie täuschte sich der Ziellose, der den Staat in der Pflicht sah, ihm seinen Lebensunterhalt zu sichern. Auch die tiefste Überzeugung macht eine falsche Ansicht nicht richtig, und wenn einer noch so auf die Gesellschaft schimpft. Der Ziellose ist wie ein Schiff, das im Hafen am sichersten ist, aber dafür wurde es nicht gebaut!

Eine Geschichte

Einmal, lass es vor langer Zeit gewesen sein, lebte ein hochbegabter Philosoph an den Klippen eines Ozeans allein und in Frieden mit sich selbst. Viele Wanderer, die ihn dort im Vorübergehen trafen, waren von seiner Weisheit beeindruckt und baten ihn immer wieder, in die Stadt zu kommen, um als Professor die Studenten zu lehren.
Nachdem er dieses Ansinnen der Besucher neunundneunzig Mal abgelehnt hatte, fiel er einem riesigen Wal ins offene Maul, und der brachte ihn in den Hafen der Großstadt, wo

er ihn ausspuckte. So kam er zu den Menschen und wurde berühmt als der Weise vom Hafen. Reisende und Bürger gaben ihm gerne einen kleinen Obolus, wenn sie ihn um Antworten baten auf Fragen wie: »Bitte erzähle uns von der Arbeit«, auf die er ohne Zögern antwortete: »Ihr habt eine Pflicht zur Arbeit für eine bessere Welt, nicht aber ein Recht auf den Gewinn. Es ist besser, ihr tut eine Arbeit, auch wenn ihr sie nicht perfekt macht, als dass ihr wartet auf bessere Umstände für eine perfekte Handlung. Keine Arbeit, kein Essen!«

25 Die fünfundzwanzigste Perle erinnert an »Ziellosigkeit des Handelns«

Das Prinzip

Wenn zwei das Gleiche tun, ist es noch lange nicht dasselbe. Zwei Maurer mauern nebeneinander an der gleichen Mauer. Gefragt, was sie tun, sagt der eine: »Das siehst du doch, ich mache eine Mauer.« Der andere sagt: »Ich baue mit an einem Dom zu Ehren Gottes.« Wenn der Dom das spirituelle Zentrum der Stadt geworden ist und Pilger aus aller Welt sich daran erfreuen, könnten spätere Generationen ihn genauso unterschiedlich betrachten. Einer schaut auf einen Sandstein in der Mauer und findet den gar nicht schön. Ein anderer neben ihm schaut auf den ganzen Dom und ist begeistert. Es kommt also weniger darauf an, was wir tun, sondern vielmehr darauf, an welchem großen Werk wir mitwirken. Dabei ist jedes Gewerk gleichermaßen wichtig, sei es der Glaser oder der Steinmetz, der Brunnenbauer, der Pfarrer oder der Schreiner, zusammen bauen sie am Dom zu Ehren Gottes.

Die Wirkung

Unser Dasein besteht aus unbeeinflussbaren Faktoren und aus solchen, die wir beeinflussen können. Ohne unser Zutun wurden wir geboren, altern wir und werden wir sterben. Jedoch gehören zu den freiwilligen Geistesausrichtungen die Ziele, die wir für wichtig halten, und wie wir sie verfolgen. Erfolg ist freiwillig! Niemand muss sich an höheren spirituellen Zielen ausrichten, keiner muss sich für großartige Visionen anstrengen, alles freiwillig. Aber das Leben bietet uns jederzeit die Möglichkeit, Prioritäten zu setzen und hohe Ziele zu erstreben, dafür wurden wir mit Talenten und Stärken ausgestattet. Ob es endgültig gelingen wird, bleibt offen, aber allein der Versuch kann wunderbare Handlungen bewirken.

Die positive Seite

Fünf geistige Juwelen sind die Fixsterne einer wunderbaren Ethik, die unser Handeln an höchsten spirituellen Zielen ausrichtet: leben lassen und nicht töten, im Umgang mit Wort und Rede niemanden verletzen, mit Großzügigkeit geben und mit anderen teilen, Geistesklarheit durch Abstand von Drogen oder Alkohol erhalten sowie ein Umgang mit der eigenen Sexualität, der Kindern oder Familien nicht schadet. Das sind kraftvolle Entschlüsse, die erstrebenwerte Ziele für jedes Handeln ermöglichen.

Wie »Ziellosigkeit des Handelns« Probleme schafft

Was ist eigentlich der Zweck des Lebens? Eine mögliche Antwort: die Welt nach den eigenen Vorstellungen zum Besseren mitgestalten. Wenn das stimmig ist, dann sollte der so Denkende wissen, was er mit seinem Handeln bewirken will. Falls er das nicht weiß, darf man sich nicht wundern, was dabei herauskommt und wie viel Schaden es anrichtet, wenn wir ziellos handeln, den dann andere auszumerzen haben.

Eine Fantasie

Wie täuschte sich der Affe, der einen Fisch retten wollte und ihn in einen Baum setzte. Genauso halten manche Menschen ihr eigenes Leben für so zentral, dass sie glauben, es könnte jemand anderen genauso interessieren, weshalb sie gerne über ihre Ansichten reden. Wer weiß, wie falsch das ist, der redet weniger von sich und mehr von Zielen, die auch den anderen begeistern können – aber wer weiß das schon?

Eine Geschichte

Einmal, lass es vor langer Zeit gewesen sein, hielten zwei Soldaten eine Verteidigungsstellung im Dschungel einer Südseeinsel. Sie ernährten sich von den Früchten der Palmen und schossen ab und zu mit ihren Gewehren einen Vogel oder einen Fisch. Ihre Armeezelte waren längst verschlissen, und sie hatten sich Bambushütten gebaut. Schon mehrmals hatten sie einheimische Auslegerboote abgewehrt, die ihre Insel anfahren wollten. Das war auch der Grund, aus dem sie abwechselnd Nachtwache hielten. Das Wichtigste war ihnen der Befehl, diese Insel zu halten, bis sie von einem Schiff unter ihrer Heimatflagge zurückgeholt würden. Sie hatten für die sonnigen Tage ohne Bedrohung ein Spiel, das sie gerne spielten, welches einer von ihnen aus der Heimat mitgebracht hatte. Sie nannten es Kippel-Kappel und bauten sich die Utensilien dafür selber, ein Stück von einem Ast, an beiden Enden mit dem Kampfmesser zugespitzt, und einen langen Schlagstock. Der kurze Spitzstock, der Kippel, wurde quer über eine Bodenrille gelegt und mit dem Langstock, dem Kappel, weggeschleudert. Der andere musste es fangen und den abgelegten Kappel treffen. Sie waren darin beide recht gut geworden und wollten später einmal an der »Kippel-Kappelweltmeisterschaft« teilnehmen. Nun waren sie über den Krieg alt geworden und hatten beide lange Bärte bekommen. Eines Tages fuhr ein weißes Schiff unter ihrer Heimatflagge zu ihrer Insel. Das Schiff war sauber, edel anzusehen und nur mit etwa zehn Leuten besetzt. Das könnte das Kriegsende und ihre Rückkehr zur Kompanie bedeuten. Als die Schiffsmannschaft das Eiland betrat, machten beide Soldaten salutierend Meldung. Der Kapitän des weißen Schiffes namens »Seastar« lachte und begrüßte sie. Im Gespräch am Strand wurde klar, dass der Krieg seit über zwanzig Jahren vorbei war und die zwei es nicht gewusst haben. Seit 1965 können Touristen die Insel wieder betreten.

26 Die sechsundzwanzigste Perle erinnert an »Ziellosigkeit des Forschens«

Das Prinzip

Ingenieure gehen davon aus, dass es ein Perpetuum mobile, also eine Maschine, die von alleine ununterbrochen läuft, nicht geben kann. Deshalb werden Patente zu einem Perpetuum mobile beim Patentamt zurückgewiesen. Ungeachtet dessen, ob es so eine Maschine geben kann, bremsen wir damit alle genialen Tüftler und Erfinder, die an der Verbesserung des Wirkungsgrades bei Maschinen forschen. Dadurch nehmen wir ein großes Ziel und betreiben statt Autos oder Flugzeugen fahrende oder fliegende Öfen mit einem Wirkungsgrad, der bei dreißig Prozent liegt, bei denen also nur rund ein Drittel der in Form von Treibstoff zugeführten Energie in Bewegungsenergie umgesetzt wird. Und das, obwohl es in der Natur kinetische Systeme gibt, bei denen der Reibungsverlust beinahe bei Null liegt, wie zum Beispiel zwischen Blut und Ader. So nehmen wir uns erstrebenswerte Ziele und beschränken unseren Forschergeist auf eine Schmalspurphysik. Dabei sind es gerade die Physiker, die in den Bereichen der Quantenphysik und der Erforschung frei nutzbarer Energien großartige Forschung leisten. Dumm nur, wenn diese Selbstbeschränkungen auch für unseren spirituellen Forschergeist gelten sollen. Dabei gibt es keine andere Möglichkeit für Laien, Mönche oder Nonnen, als durch eigenes Erforschen der Wirklichkeit in Versenkung und Ritual näher an die Erkenntnis der Einheit heranzukommen. Das ist weiterhin das große Ziel, die Erforschung des »Einen Geistes« durch jeden selbst.

Die Wirkung

Durch Ziellosigkeit des Forschens befassen wir uns in Laboren und Universitäten manchmal mit Nebenerkenntnissen, die lediglich das Budget für die Forschungsgelder sichern sollen. Eigentlich sind wir schon viel weiter, aber das System bremst die komplementär-ergänzende Forschung von Wissenschaft und Spiritualität. Eigentlich könnte das Getrennte schon weiter vereint sein, aber wir wagen es noch zu selten, den Traum zu verwirklichen.

Die positive Seite

Noch können wir die Maschinen bedienen und programmieren, die wir bauen. Wer weiß, wie viele Menschen überfordert wären, wenn wir die Wissenschaftler ihre Forschungsziele frei setzen lassen würden? Und wer weiß, welchem Missbrauch wir ausgesetzt wären, wenn alle Forschungsziele ziellos zulässig wären? Auch das sind Argumente.

Wie »Ziellosigkeit des Forschens« Probleme schafft

Was haben wir als Kind nicht alles erforscht! Welch begeisternde Entdeckungen haben wir dabei machen können! Doch was geschah dann? Irgendetwas, irgendwann – wieso eigentlich? – hat uns den Forschergeist genommen. Wo sind sie geblieben, die Ziele, die zu erforschen sich lohnt? Ein Kind stellt vierhundert Fragen am Tag, ein Greis meistens nur noch eine: »Wann gibt's Essen?«

Eine Fantasie

Wie täuschte sich der Arzt, der das Herz für eine Pumpe hielt. Er wusste nicht, dass Professoren und Kollegen, lange Zeit vor ihm, die Funktion der Organe und Symptome erforscht und veröffentlicht hatten. Er hätte es lesen und studieren können, wenn er über sein universitäres Wissen hinausgegangen wäre, zum Wohle seiner Patienten und der Medizin.

Eine Geschichte

Einmal, lass es vor langer Zeit gewesen sein, erforschte einer die kleinen Sternchen und Pünktchen, die er in der Luft sehen konnte. Dabei fand er heraus, dass man diese Erscheinungen schon seit langen Zeiten kannte und mit »Mouches volantes« benannt hatte.

Bisher ging man davon aus, dass es sich dabei um Glaskörperverunreinigungen im Auge handelte. Obwohl die etablierte Augenmedizin immer noch an dieser Theorie festhielt, forschte er weiter nach der Wirklichkeit dieser Erscheinung, die jeder kennt. Dabei kam ihm eine Begegnung mit einem Schweizer Gelehrten zugute, der ihn auf die Forschungen von Wilhelm Reich, einem Meisterschüler von Sigmund Freud, aufmerksam machte. Laut diesem handelte es sich um das von Reich so benannte »Orgon«, welches eine Energieerscheinung im Kosmos sei, die wir heilend transformieren können. Reich entwickelte daraus den Orgon-Akkumulator zur Heilung von Krebs und den Orgon-Strahler zur Heilung lokaler Störungen. Dafür musste Reich nach Amerika auswandern, weil er in seinem Heimatland wegen seiner Forschungen verfolgt wurde. Der Forscher Floco Tausin – das ist sein Künstlername – machte die erneute Erforschung der Entdeckungen Reichs zu seiner Lebensaufgabe und entdeckte dabei die physikalische Wirkung der Mouches volantes zum Wohle der Menschen. Er schrieb ein umfangreiches Buch darüber und begab sich in den Disput mit den Schulmedizinern, die ihn als Spinner abstempelten. Wir wissen aus der Historie, dass eine neue Erkenntnis etwa vierzig Jahre braucht, um anerkannt zu werden – bis die ewig nörgelnden Altvorderen gestorben sind. Floco Tausin hat also noch einiges hinzunehmen.

27 Die siebenundzwanzigste Perle erinnert an »Missachtung der Gesetze«

Das Prinzip

Gesetze gibt es auf drei Ebenen, die menschlichen Gesetze, die natürlichen Gesetze und die karmischen Gesetze. Menschen aller Kulturen und Zeiten gaben sich Regeln für ihr Zusammenleben. Diese sind zu befolgen, solange sie dem deontologischen Ethos gemäß zum Besten des ganzen sozialen Gefüges wirken. Die Mensch-Gesetze unterliegen ständiger Veränderung und Anpassung. Der Weise lebt innerhalb dieser Gesetze sein autonomes Leben.

Die Natur-Gesetze sind vorgegeben, und es ist förderlich, sie zu kennen, um ihnen gemäß leben zu können. Auch wenn wir den Eindruck fester Naturgesetze haben, so fließen sie doch, wenn wir kosmische Zeitabschnitte anlegen. Der Weise achtet und beachtet die Naturgesetze, weil er um die Folgen jeder Missachtung weiß.

Die Karma-Gesetze wirken im Verborgenen und sind für den erfahrbar, der nach tieferen Zusammenhängen sucht. Wirksam jedoch sind karmische Gegebenheiten unabhängig davon, ob der Betroffene sie kennt. Der Weise sieht sich als Teil der karmischen Abläufe und erkennt deren Dualität. Der Weg ins Glück geht über die Ansammlung guten Karmas. Gute Taten in diesem Leben sind der eiserne Besen, mit dem wir den in früheren Existenzen angehäuften Befleckungen zu Leibe rücken.

Die Wirkung

Der Umgang mit sich selbst unterliegt auch psychologischen Gesetzmäßigkeiten. Niemand braucht seine eigene Entwicklung nur dem Alltag zu überlassen, denn wir haben

Zugang zu wertvollen Modellen, die bewusst genutzt werden können. Das gilt ebenso für Geist und Stil im Umgang mit der Welt, auch darin stehen uns meisterliche Wege offen.

Die positive Seite

Nichts auf der Welt ist nur gut, alles hat mindestens zwei Seiten. Leben erfordert manchmal Zivilcourage. Natur erfordert häufig aktives Handeln. Die individuelle Schicksalsspur entsteht auch durch das, was wir nicht tun. Die Kunst besteht darin, Handeln und Unterlassen unterscheiden zu können.

Wie »Missachtung der Gesetze« Probleme schafft

Verletzung der Mensch-Gesetze hat Folgen für die Gemeinschaft und wird durch Strafe oder Resozialisierung geahndet. Verletzung der Naturgesetze hat Folgen für das ganze System und wird durch die Natur geahndet. Das betrifft die Wesen auf, über und in der Erde. Verletzung der Karmagesetze hat Folgen für die Qualität im Kreislauf der Wiedergeburten und führt zu Inkarnationen in niederen oder gleichen Bewusstseinsbereichen.

Eine Fantasie

Wie täuschte sich der Chemiestudent, der seinen Büchern blind vertraute und das Periodensystem zur Wissensgrundlage machte. Er merkte nie, dass man in der Liste der dreiundachtzig natürlichen, stabilen Elemente zwei hinzugedichtet hatte, nur damit die Reihe komplett wurde. Technetium und Promethium kommen auf der gesamten Erde als natürliche, stabile Elemente nirgends vor. Dies ist keine Fantasie, es ist Fakt.

Eine Geschichte

Einmal, lass es vor langer Zeit gewesen sein, lästerte ein borniertes Huhn über einen Regenwurm. Der Wurm würde ja glauben, dass die Welt feucht und dunkel sei, der wisse ja mit seinem beschränkten Weltbild noch nicht einmal etwas vom Horizont, vom Gras, geschweige denn von Sonne und Licht. So borniert können Hühner sein.

Aber es geht noch besser, den Gipfel der Borniertheit finden wir im Menschenreich. Da gibt es Leute, die glauben, die Welt zu verstehen wie sie ist, ohne Täuschung, ganz klar,

faktisch korrekt, wissenschaftlich nachweisbar. Die wissen, was geht und was nicht geht. Atombombe geht, Homöopathie geht nicht, Schönheitsoperation geht, Geistheilung geht nicht. Börsenanalyse geht, I Ging-Orakel geht nicht.
Derjenige, der alles bezweifelt und derjenige, der alles glaubt, müssen beide nicht selber denken. Es ist möglich, zu hinterfragen, ob etwas stimmt, indem ich frage: »Was würde ein Erleuchteter, ein Adept, ein Weiser, ein Bodhisattva dazu sagen? Was würde ein Buddha dazu sagen?« Wenn die auch sagen, dass es stimmt, dann kann auch ich sagen, dass es stimmt.

27 Perlen zur Kultivierung von Klarsicht und Befreiung

28 Die achtundzwanzigste Perle erinnert an »Erkenntnis der Wirklichkeit«

Das Prinzip

Sobald wir erkennen, dass es viel Wichtigeres für uns gibt, etwas, das uns tief im Herzen berührt, weil es echte Bedeutung für unsere gesamte Existenz hat, dann wird manches, womit wir uns bis dahin zerstreut haben, auf einmal ganz wertlos. Dann erkennen wir, dass der Prozess des Loslassens alter Ansichten oder Handlungen in Wirklichkeit bedeutet, zu wachsen. Es ist, wie wenn ein Kind im Laufe seiner Entwicklung alte Interessen hinter sich lässt und das einst so geliebte Spielzeug völlig uninteressant wird. Wir wachsen aus etwas heraus, um in etwas viel Bedeutenderes hineinzuwachsen. Das hört auch bei Jugendlichen noch nicht auf, wenn sie erwachsen werden. So entwickeln wir uns auf natürliche Weise zu immer neuen, höheren Erkenntnissen. So verfeinern sich die Sinne und die Ansichten über die Welt und das eigene Dasein. Und warum sollte es bei einem Erwachsenen aufhören? Wenn wir es schaffen, uns ein Leben lang weiterzuentwickeln, dann sind wir auf dem Weg zum wahren Glück, dessen Wirklichkeit in uns selbst gefunden werden kann – und nur dort, weil die Quelle im Körper entspringt und im Geiste fließt, bis daraus ein immer größerer Strom wird, der, wenn er nicht gestaut wird oder versiegt, den großen Ozean des vollkommenen Erwachens erreichen kann.

Die Wirkung

Das Juwel der wahren Erkenntnis ist im Tempel unseres Körpers geboren und kann dort zu voller Strahlkraft heranreifen, wenn wir es pflegen und würdigen. Ein Bergwerk ist natürlich immer viel größer als die Juwelen, die darin gefunden werden können. Aber die

Entdeckungsreise lohnt sich. Zugegeben, das Schürfen kann anstrengend sein, aber die Schätze, die man dabei zutage fördert, steigern nicht nur den eigenen Reichtum an Glück, sie sind ein immenser altero-zentrierter Beitrag zum Wachstum für alle Wesen, die in der Folge an diesem Juwel ihre Freude haben und auch auf Entdeckungsreise gehen wollen. OM MANI PADME HUM (sanskrit: Juwel im Lotos geboren)

Die positive Seite

Buddha sagte zu seinen Schülern: »Sei dir selbst ein Licht.« Und seine Schüler verstanden diese Botschaft so: Folge niemals blindlings den dicksten Büchern oder den umschwärmtesten Lehrern, ohne ihre Lehren auf Wirklichkeit überprüft zu haben. Frage dich: Was würde ein Weiser, ein Erleuchteter, ein Adept, ein Meister dazu sagen. Wenn auch die alle sagen, das stimmt, dann sind sie Wirklichkeit und du kannst ihnen folgen.

Wie »Erkenntnis der Wirklichkeit« Klarsicht und Befreiung schafft

Alles hat einen Urgrund, eine Ursache, eine Wirklichkeit. Die Welt verstehen, wie sie ist, das ermöglicht uns angemessenes Verhalten zum Besten des Ganzen. Das kann natürlich niemandem immer gelingen, aber allein der Versuch bewirkt schon Wunder! Darum sage keiner: »Es geht ja gar nicht!« Versuche es, und die Welt beugt sich zum Besseren.

Eine Fantasie

Wie wunderten sich die Leute, als ein Philosophie-Professor einen alten Eremiten bat, an der Universität zu lehren. Dieser alte Mönch hatte wirres weißes Haar, einen altmodischen Mantel und eine verbogene Brille, als er zum ersten Mal vor die Studenten trat. Schnell wurde deutlich, dass er mehrere Sprachen fließend sprach und äußerst geschickt war im Umgang mit schwierigen Themen. So wurde er in kurzer Zeit ein geachteter Lehrer, den Schüler und Professoren respektvoll »Meister« nannten.

Eine Geschichte

Einmal, lass es vor langer Zeit gewesen sein, fanden Archäologen das Grab eines mumifizierten Herrschers, der an einer metallenen Halskette eine eiserne Brosche trug.

Dieses filigrane Eisensymbol war kunstvoll und präzise gearbeitet und hatte zwei Kammern. In der einen war ein Stein eingefasst, die andere Kammer war leer. Lange Zeit galt es als erwiesen, dass der Edelstein aus der zweiten Kammer verloren gegangen war. Man hielt diese Brosche für ein Schmuckstück, das der Herrscher als Zeichen seiner Macht getragen hatte.
Eines Tages entdeckte ein Forscher zufällig, dass diese Brosche wohl kein Schmuckstück war, sondern etwas besonders Elitäres, das wahrscheinlich nur den Herrschern zugänglich war. Wenn man die freie Kammer mit dem natürlichen Element Nickel befüllte, wurde die Brosche zu einer Batterie, aus der Gleichstrom floss. Ob man also vor so langer Zeit schon ...?

29 Die neunundzwanzigste Perle erinnert an »Mitempfinden«

Das Prinzip

Der Dualität entspringen zwei Kräfte, solche die »makelbehaftet« sind und solche, die »edel« sind. Die makelbehafteten Geisteskräfte führen zu niederen Bewusstseinsbereichen, während die edlen Geisteskräfte in die höheren Bewusstseinsbereiche leiten. Die erstrebenswerte Richtung der Entwicklung ist natürlich die, die in höhere Ebenen führt. Sicher ist es nicht jedermanns Sache, den Weg hinauf zu wählen, weil der auch steil und anstrengend sein kann. Das ist wohl vielen auch Grund genug, lieber den ebenen Weg zu wählen, der angenehm ist, aber im Kreis herum führt. Wer Lust auf einen Waldspaziergang hat, der braucht dafür keine Übung. Wenn aber einer beseelt ist von der Entwicklung zu höherer Vervollkommnung und diesen Berg besteigen möchte, dann sollte er dafür trainieren und sich beraten lassen, ja, sogar eine kundige Begleitung kann hilfreich sein, um nicht in die Irre zu gehen. Wir haben die Wahl.

Die Wirkung

Wie schade, wenn einer im Tal zwischen zwei Bergen geboren wurde und ein Leben lang gegen die Berge schaut, obwohl er sein Glück hinter den Bergen gefunden hätte. Wie sinnvoll für die ganze Welt, wenn derselbe Mensch sein Tal eines Tages verlässt und sein Glück hinter den erschauten Gipfeln findet, zumal er dort seine Talente ausleben kann. Es ist der Weg der Gefühle aus dem Tal des Hasses in die Weite des Mitempfindens hinter den Bergen.

Die positive Seite

Diese Welt braucht mehr Mitempfinden, besonders unseres!
Das ist wörtlich zu nehmen, denn in jedem Wesen kann die wahre Buddhanatur erkannt werden. Sie zu erkennen, bedeutet weder Mitleid, noch bedeutet es Verzeihen. Gewisse Taten sind unverzeihlich, doch bleibt der Täter ein Wesen der Natur.
Und während Mitleid nur zur Verdoppelung von Schmerzen führt, weist das Mitempfinden den Weg zur Verbesserung einer Situation.

Wie »Mitempfinden« Klarsicht und Befreiung schafft

Wer wagte es nicht, den Traum von einer besseren Welt zu träumen? Wer davon träumt, der sollte endlich aufwachen und handeln! Wie wäre es, wenn es überall mehr Mitempfinden gäbe, beispielsweise für all die geschundenen fühlenden Wesen, die wir essen oder verarbeiten wollen? Aber wo beginnen?
Wenn du eine Familie hast, beginne dort, mehr Mitempfinden zu leben!

Eine Fantasie

Wie wunderten sich die Leute, als einer einen Karpfen kaufte, um ihn in seinen Gartenteich zu setzen, nur um sich daran zu erfreuen. Später kaufte er einen kleinen zottigen Esel, um damit auf Pilgerreise zu gehen. Und überall kam er wegen des Esels mit Menschen in angenehme Gespräche. Kinder streichelten das Tier und lachten vor Freude. Als er eines Tages eine Hühnerschar kaufte, um sie in Hof und Wiese scharren zu lassen, da wunderte man sich nicht mehr, da galt er längst als etwas verrückt.

Eine Geschichte

Einmal, lass es vor langer Zeit gewesen sein, wollte ein Unternehmer seine Mitarbeiter als eine große Familie ansehen. Aber die alltägliche Praxis ließ ihn daran scheitern. Einmal verbrachte er einige Tage in einem Kloster in der Stille der Mönchsgemeinschaft. So, genau so, hatte er sich seine Firmenfamilie auch vorgestellt, aber wie schufen die Mönche diese Atmosphäre des gegenseitigen Respekts und der gemeinsamen Interessen? Zum Abschied stellte er dem Klostervorsteher diese Frage: »Ehrwürdiger Abt, ich bin mit meiner Idee gescheitert, obwohl ich meine Leute um deren Vertrauen gebeten habe, obwohl ich die Probleme des Managements von den Werktätigen fernhalte und obwohl meine Türen immer für alle in der Firma offen stehen. Was machst Du hier im Unternehmen ›Kloster‹ anders?«

Der Abt lächelte ihn an und sagte: »Ich schenke den Mönchen mein Vertrauen. Jeder hier weiß, wenn einer ein Problem hat, haben alle ein Problem oder es ist keins. Und keiner darf meine Türe öffnen, ohne mir seinen Lösungsvorschlag vorzutragen. Ansonsten mache ich es ähnlich wie du.« Der Unternehmer war verwirrt und fragte: »Ist das alles?« Der Abt schaute ihn jetzt etwas strenger an und sagte: »Nein, eines musst Du noch wissen, ich liebe jeden meiner Mönche mit seinen Eigenarten.«

30 Die dreißigste Perle erinnert an »Erfüllung«

Das Prinzip

Die allgemeinste Erfahrung, die wir als Menschen machen können, ist die des Leidens. Überall zeigen sich Unvollkommenheiten und Unzulänglichkeiten. Es gibt keine Ausnahme. Niemals erfahren wir restlose Erfüllung, obwohl sich doch jeder gerade danach sehnt und alle Bemühungen in diese Richtung gehen. Leiden ist unumgänglicher Bestandteil des Lebens. Dreifach kennen wir das Leiden an unerreichter Erfüllung:

Da wäre zuerst das offensichtlichste Leiden in Form von Schmerzen, Unwohlsein oder unangenehmen Begegnungen. Bezogen auf unseren Körper stehen dafür Alter, Krankheit und Tod. Seelisch gesehen bedeutet Leiden in diesem Zusammenhang Sorge, Verzweiflung, Angst, Depression, Ärger, Trauer und all die anderen Unglücksgefühle.

Der zweite Mangel an Erfüllung ist schon weniger deutlich, aber doch jedermann bekannt: Es sind fortwährende Mühe und Plage, Anstrengungen, Arbeit und Belastungen, die zur Alltagsbewältigung gehören.

Drittens kommt der Wunsch nach Erfüllung noch subtiler daher: Aus dem ruhelosen Streben nach Erfüllung entstehen Sehnsüchte nach Neuem, Besserem, Schönerem. Und so sind wir ununterbrochen auf der Suche nach Erfüllung, aber ein letztes Quäntchen scheint uns stets von wirklicher Erfüllung zu trennen.

Die Wirkung

Der erwachte Buddha leugnet keineswegs, dass es auch schöne Erlebnisse und beglückende Erfahrungen gibt. Doch er erkennt auch, dass es in der Wirklichkeit einen universalen

Aspekt des Leidens gibt: Vergänglichkeit! Das bedeutet, dass trotz aller Bemühungen und Erfolge die Ergebnisse nur eine relative Bedeutung haben. Da gibt es eben diesen Wermutstropfen, der dem glücklichsten Augenblick seine Vollkommenheit nimmt. Alles vergeht, nichts ist beständig. Man muss kein Buddha sein, um die Tatsache des Leidens als Wirklichkeit zu erkennen. Manch einer mag enttäuscht sein, wenn er erkennt, worin denn unsere negativen Erfahrungen auf keinen Fall begründet sind. Es ist keineswegs die Gesellschaft, es sind nicht die schlechten Zeiten und auch nicht der unmögliche Chef und kein böser Nachbar. Die Ursachen dessen, was wir mangelnde Erfüllung nennen, liegen in uns selbst und nur in uns selbst!

Die positive Seite

Wer die Ursachen für etwas kennt, der kann angemessen handeln. Das gilt auch für das gesamte Dasein. Wir sind von Natur aus mit Gestaltungsmöglichkeiten ausgestattet. Wir können erkennen, üben, handeln, Einfluss nehmen und ändern. Im konkreten Schicksalsfall heißt das, die Fesseln von »Sein-Wollen« und von »Haben-Wollen« abzustreifen um frei zu werden. Das Ende dieser Ursachen ist das Ende vom Leiden und die Gesundung durch Erfüllung.

Wie »Erfüllung« Klarsicht und Befreiung schafft

Bedeutet das denn nicht Verzicht auf all das, was uns lieb und teuer ist? Die Antwortet lautet »Ja!«, aber wir tun es gerne, wenn wir aufwachen aus unseren Illusionen über die Wirklichkeit. Wir geben das Anhaften an etwas auf, das wir ohnehin nie festhalten konnten, weil es vergänglich ist. Wir machen Platz für das Wachstum zu wirklichem Glück. Ist das vollständig erreicht, dann ist »Nirwana« erreicht, das große Erlöschen der Geistesgifte Gier, Hass und Nichtwissen. Mit dem Erlöschen der Geistesgifte ist zugleich die Ursache des Leidens beendet und Erfüllung erreicht. Es ist die Freiheit von Leid, Kummer und Angst. Die Erwachten aller Zeiten beschrieben es als »Das selige Zur-Ruhe-Kommen«, »Das unbeschreiblich Feine«, »Das reine Land«, »Der eine Geist« und mit ähnlich mystisch-poetischen Begriffen.

Eine Fantasie

Wie wunderten sich die Leute, als ein Fischer mit Strohhut in der Mittagssonne auf seinem Boot lag und Pfeife rauchte. Stattdessen könnte er noch einmal hinausfahren und ein Netz voller Fische fangen. Auf die Art könnte er seinen Reichtum vergrößern und irgendwann ein zweites Boot kaufen und andere für sich arbeiten lassen. Und irgendwann könnte er dann mittags ganz erfüllt in der Sonne liegen und Pfeife rauchen.

Eine Geschichte

Einmal, lass es vor langer Zeit gewesen sein, hatte ein deutscher Zen-Mönch seinen japanischen Zen-Lehrer zu Besuch. Er zeigte ihm einige Sehenswürdigkeiten seiner Heimatstadt. Dabei ging der Zen-Meister in seiner schwarz-weißen Mönchsrobe neben ihm her und zog so manchen Blick auf sich. So kamen sie in eine wunderschöne christliche Kirche, in die andächtige Stille des hohen Kirchenschiffes. Der japanische Zen-Meister empfand wohl die meditative Kraft des Domes zu Ehren Gottes und setzte sich in eine der hölzernen Kirchenbänke. Wie er es gewohnt war, kreuzte er seine Beine im Lotossitz unter seiner Robe und saß aufrecht und still mit geöffneten Augen alleine in den Bänken. Da kam ein kleines Mädchen zu ihm und schaute ihn mit großen Augen an. Dann fragte es: »Bist Du der liebe Gott?« Der Zen-Meister lächelte das Mädchen an, verneigte sich mit zusammengelegten Händen in ihre Richtung und sagte in herzlicher Erfüllung: »Nein, aber ich bin ein Freund von ihm.«

Gewidmet Roshi Rei Shin Bigan

31 Die einunddreißigste Perle erinnert an »Mitfreude«

Das Prinzip

Ach gäbe es doch mehr Mitfreude unter uns Menschen, so wie in den anderen drei Reichen. Obwohl der eine Berg höher, jener Fluss länger oder dieser Baum gerade und jener krumm ist, und obwohl es große und kleine Tiere gibt, sind doch alle gleichermaßen von dynamischer Lebensfreude erfüllt. Alle genießen sie den Wind, laben sich am Regen oder wachsen zum Licht, ohne Neid und voller gemeinsamer Freude an der Existenz in der Natur.

Die Wirkung

Wie viele Grundstücke gibt es auf unserer Erde? Wir haben sie gezählt und kommen auf EINS! In dieses eine Land hat vor langer Zeit irgendwo jemand vier Holzstöcke gesteckt und gesagt: »Achtung, das ist meins!« Um keinen Ärger zu provozieren, hat ein anderer daneben seine Parzelle abgesteckt, und so entstanden Stücke des einen Ganzen. Allerdings, kein Vogel oder Wurm, weder Regen noch Wind, auch nicht Licht und Schatten kümmern sich darum. Nur wir Menschen sichern, kämpfen und klagen für unsere Grund-Stücke. So entstand das erste Geistesgift, der Neid, weil es immer einen gibt, der ein schöneres, besseres, größeres Grundstück hat. Daraus wurden Kriege, Missgunst und Verderben, und es geht immer weiter ...

Die positive Seite

Wofür interessieren wir Menschen uns in erster Linie? Antwort: Für unser eigenes Grundstück! Und in zweiter Linie? Immer noch für uns selbst und unsere Angelegenheiten. Wenn wir also gute Gespräche oder gute Begegnungen mit guten Gefühlen haben wollten, was müssten wir tun? Antwort: uns in ehrlicher Mitfreude für den anderen interessieren. Das ist nicht nur logisch, es funktioniert auch tatsächlich, obwohl es so einfach klingt.

Wie »Mitfreude« Klarsicht und Befreiung schafft

Welch ein Glück: Manchmal gibt das Leben einem Menschen nicht das, was er gerne hätte. Welch eine Freude, wenn stattdessen ein anderer das Ersehnte bekommt. Es ist wie mit frischem Quellwasser, das keinem festen Flussbett folgen muss und am Rande dessen Laufs sich doch alle erfreuen können. Wundersamerweise tun sich oft für den, der sich aus weiter Ferne am Lauf des Wassers erfreut, ganz nahe Quellen auf.

Eine Fantasie

Wie wunderten sich die Leute, als bei der Beerdigung eines Freundes unter einer Buche einer auf der Gitarre ein fröhliches Lied anstimmte: »Auf Wiederseh'n, Freunde, es ist Zeit für mich zu geh'n. Was ihr nun noch wissen solltet, bevor ihr weinen wolltet, ihr könnt das Leben heut' versteh'n. Ich habe mich erfreut zu meiner Lebenszeit und viel mit euch gelacht und Schönes auch gemacht. Diese Erinnerung ist geblieben, drum hab ich dieses Lied geschrieben. Macht's gut und bleibet heiter und lebt noch etwas weiter. Ich bin mit euch in Freude, ihr lieben Freunde.«

Eine Geschichte

Einmal, lass es vor langer Zeit gewesen sein, gab es eine Frau, die hatte den sogenannten »grünen Daumen«. Als ihre Nachbarin verreisen wollte, bat diese sie, solange die Pflanzen zu wässern. Bei der ersten Begegnung mit den Blumentöpfen in der Nachbarswohnung fand sie ein Bild der Trauer vor. Die Pflanzen hingen kraftlos in den Fenstern und von Regalen. Sie handelte sogleich und ohne Zögern. Sie legte eine CD von Pachelbel ein, schrieb einen überlieferten Rezitationstext, »Kanzeon«, das zehnzeilige Sutra des langen Lebens, auf Zettel und legte diese unter die Pflanzentöpfe, sie hielt die Gießkanne mit dem Blumenwasser an ihre Stirn und dachte an den schönsten Urwald, den sie einmal in Malaysia betreten hatte, und schließlich hielt sie ihre Hände in leichtem Abstand abwechselnd um die Pflanzen. Dies alles tat sie vier Wochen lang morgens und abends. Als die Nachbarin zurückkam, grünte und blühte es in ihrem Wohnzimmer so üppig, dass sie bedauernd feststellte, dass sie eben leider keinen grünen Daumen habe. Unter einer Pflanze hatte die hilfreiche Blumenfrau einen Zettel mit dem Kanzeon vergessen, und am nächsten Tag sagte die Urlauberin: »Sie hatten da eine Serviette liegen gelassen, ich hab sie weggeschmissen, das war doch in Ordnung, oder?« »Ja, ja«, sagte diese, »das war in Ordnung.«

32 Die zweiunddreißigste Perle erinnert an »Wohlwollen«

Das Prinzip

Wir wurden einst mit urbarem Geist geboren und haben die beiden polaren Geisteskräfte gesammelt, das Übelwollen und das Wohlwollen. Leider verliert einer der Pole im Laufe des Erwachsenwerdens den inneren Streit um die Vorherrschaft. Es braucht schon ein bewusstes Geisteskonzept, um dem Wohlwollen zum Sieg zu verhelfen. Dieses Konzept braucht erst Erkenntnis, dann Übung, bevor daraus wohlwollendes Denken und Verhalten wird. Diese Perle erinnert an die wunderbare Geisteskraft des Wohlwollens gegenüber allen fühlenden Wesen.

Die Wirkung

Drei Qualitäten des Wohlwollens zeigen den Grad seiner Verwirklichung: das subtile, das gewöhnliche und das besondere Wohlwollen. Das subtile Wohlwollen beginnt in unserer Sprache mit liebevollen und förderlichen Botschaften. Das gewöhnliche Wohlwollen drückt sich in den alltäglichen Engagements und gewaltfreien Beiträgen zum Besten des Ganzen aus, die wir uns angewöhnt haben. Das besondere Wohlwollen basiert auf der Philosophie und betrifft Wissen (Theorie), Verhalten (Ethik) und Kultur (Ästhetik).

Die positive Seite

Wenn der Vater aller Dinge der Krieg ist, dann ist er auch der Vater des Friedens, es kommt nur jeweils auf die Mutter an. Die Mutter ist die geistige Gesinnung, die durch

Wohlwollen den Menschen und allen fühlenden Wesen gegenüber den Frieden gebiert. Ihr Anteil ist mehr das Gefühl, die Intuition, aus der heraus eine Entwicklung in Gang kommt. Dieser Teil betrifft weniger, was wir der Welt geben, sondern mehr, wie wir die Welt nehmen.

Wie »Wohlwollen« Klarsicht und Befreiung schafft

Es gibt immer ein archaisches Urprinzip für bestimmte Verhaltensweisen. Diese Archetypen können zum Beispiel Herrscher, Krieger, Händler oder Hohepriesterin sein. Das Prinzip entspringt dem Geiste und sucht sich seinen Weg ins Affektive. Oft ist ein Handelnder nur Teil dieses verborgenen Systems, das stellvertretend durch diesen Menschen wirkt. Wohlwollen entspricht dem Archetyp der Liebenden, den Urprinzipien der Gerechtigkeit, der weiblichen Kraft oder der Welt.

Eine Fantasie

Wie wunderten sich die Leute, als man den alten Eremiten beschuldigte, einem Wanderer ein Brot gestohlen zu haben. Der Eremit aber sagte nur: »Na, wenn ihr meint ...« Viel später entschuldigte sich der Wanderer, als er merkte, dass er das Brot zu Hause vergessen hatte. Daraufhin sagte der Eremit nur: »Na, dann ...«

Eine Geschichte

Einmal, lass es vor langer Zeit gewesen sein, saßen zwei Indianer am Lagerfeuer, als der jüngere sagte: »Ich glaube, ich habe zwei Wölfe in meiner Seele, der eine ist aggressiv und der andere ist friedfertig. Wie werden die sich noch entwickeln, wenn ich so weitermache?« Der alte Schamane legte gerade ein Stück Holz nach, und die Flammen loderten auf, als er den Jüngeren anschaute und sagte: »Welcher der beiden Wölfe dich dominieren wird, liegt daran, welchen du besser fütterst.«

33 Die dreiunddreißigste Perle erinnert an »Sanftmut«

Das Prinzip

Schau dem kleinen Kaninchen in die Kulleraugen und erspüre seine Natur! Oder denke an Menschen, die dir sanftmütig begegnet sind, die dir geholfen haben, die zu deinem Wohlergehen beigetragen haben. Das könnten deine Eltern gewesen sein oder eine Krankenschwester oder ein Arzt oder ein Freund oder ein Nachbar oder wer du magst. In irgendeiner Form haben wir alle schon Sanftmut erlebt.

Oder bedenke, was außerhalb deines Lebens in aller Welt getan wird, damit es anderen besser geht. Lasse dich nicht täuschen von den Fernsehnachrichten, was dort berichtet wird, ist eine selektive Weltbeobachtung. Der Weltenstrom hat zwei Ufer, an dem einem herrscht Krieg, am anderen Frieden. Wir sind mittendrin in diesem Strom und können einiges tun, um nicht unterzugehen. Es ist jederzeit möglich, den Blick zum Ufer des Friedens auszurichten und diese Richtung einzuschlagen. Auch wenn es manchmal Strudel der Wünsche gibt oder Klippen der Ängste oder Rufer der Begierde die dich vom Ufer her locken, da sind immer diese beiden Ufer. Wir haben jederzeit die Wahl.

Manchmal ist der Strom des Lebens zu stark, um gegen ihn anzukämpfen, und es treibt uns in die Falle. Wem passiert das nicht? Aber in jeder Falle gibt es auch Gelegenheiten, immer wieder, irgendwann, in vielen Formen. Eine der Gelegenheiten zu packen und wieder in die andere Richtung zu schwimmen, das funktioniert, wenn wir altruistischen Sanftmut entwickeln.

Die Wirkung

Sanftmut als Ritual, um die Götter zu ehren. Sanftmut als Belohnung, um zu motivieren. Sanftmut als Schutz vor Angreifern, Sanftmut als Kampfkunst, Sanftmut als Therapie, Sanftmut als Seelsorge, Sanftmut als Medizin, Sanftmut im Umgang mit sich selbst, Sanftmut aus gesundem Geist, Sanftmut des Erleuchtungsgeistes.

Die positive Seite

Ein Budo-Meister sagt: »Wahre Meister kämpfen nicht. Wahre Meister sind vollkommen frei von arglistigen Gedanken.« Entwickelte Budo-Meister haben ein liebevolles Menschenbild. Aus diesem Grunde sind sie besonders geschickt im Umgang mit ihren Schülern, das bedeutet: konsequent im Training, liebevoll in der persönlichen Begegnung, sanftmütig vom Charakter.

Wie »Sanftmut« Klarsicht und Befreiung schafft

Nicht auszudenken, welche genialen Geister im Laufe der Menschheitsgeschichte durch ihren Sanftmut in das Gedächtnis der Welt eingegangen sind. Ein Mahatma Gandhi, der eine Weltmacht in die Knie zwang, und das gewaltfrei. Ein Präsident Lincoln, der heute noch verehrt wird, und das trotz seiner leidvollen Biografie. Eine Mutter Teresa, ein Dietrich Bonhoeffer, ein Martin Luther King und viele andere.

Eine Fantasie

Wie wunderten sich die Leute, als in der Tagespresse auf der Titelseite über einen Mann namens Armin H. berichtet wurde, der seinen ins Eis eingebrochenen Hund aus einem zugefrorenen See rettete. Dabei geschah das Unmögliche, der Mann stand selbst fast eine Stunde mitten im eisigen See mit dem Hund in seinen Armen, was aus medizinischer Sicht eigentlich tödlich ist. Er aber hatte Mut und Liebe im Herzen und findet das auch heute noch völlig normal und meint: »Das würde doch jeder tun, oder?«

Eine Geschichte

Einmal, lass es vor langer Zeit gewesen sein, ritt ein Feldherr mit seinem Pferd tagelang durch beschwerliches Gebirge. Eines Abends ließ er sich völlig ausgelaugt vom Sattel fallen und wollte nur noch schlafen. Da sagte sein Pferd Bukephalos mit tiefer Stimme zu ihm: »Alexander, wie lange bin ich jetzt dein Pferd, neun Jahre? Und immer wieder habe ich dir Hinweise gegeben. Hättest du heute Mittag auf mich gehört und wärest links abgebogen, dann hättest du jetzt ein Bett und ich ein Fuder Hafer. Aber du, du musstest mir mal wieder die Zügel in die falsche Richtung reißen.« Alexander machte große Augen, sprang auf und rief: »Du, du, du ... kannst ja sprechen!?!« Bukephalos schüttelte die weiße Mähne und sprach: »Alexander, ich spreche seit neun Jahren mit dir, aber erst heute verstehst du mich.«

Wäre dieser Feldherr nicht Alexander der Große gewesen, wäre dieses Wunder wohl nicht in die Weltliteratur eingegangen. So jedoch erfuhren alle von ihm, die etwas über diesen Kaiser hörten.

Wenn wir heute sehen, wie Menschen die Sprache der Pferde verstehen und deshalb als »Pferdeflüsterer« gelten, dann sind wir Zeuge der größten Kraft, mit der ein Reiter seinem Pferd begegnen kann, der Sanftmut. Das gilt natürlich auch für den Elefantenpfleger oder den Löwendompteur. Und das gilt im allegorischen Sinne auch für die zarte Frau, die den feuerspeienden Drachen der Grobheit an dem dünnen roten Fädchen der Sanftmut führt.

34 Die vierunddreißigste Perle erinnert an »Großzügigkeit«

Das Prinzip

Geben kann man nur, was man hat; aber wir haben so viel, wovon wir geben könnten. Zuerst geben wir uns der Welt mit unseren Talenten, Neigungen, Stärken, Ressourcen, Fähigkeiten und Eigenarten. Wer dies erkennt, weiß, dass er als Mensch die allerbesten Möglichkeiten hat, diese Welt nach seinen eigenen Vorstellungen sinnvoll mitzugestalten. Warum also bescheiden sein im Geben? Warum denn Chancen verstreichen lassen, wenn gerade die eigenen Beiträge das Ganze bereichern können? Wäre es nicht schade für die Welt, hätte Beethoven nicht komponiert, Madame Curie nicht geforscht und Karajan nicht dirigiert? Wäre es nicht ein verlorener Schatz, würde der einzelne seine Talente zurückhalten? Was aber, wenn einer keine besonderen Talente hat? Wie soll er dann großzügig sein? Schätze muss man meistens erst einmal finden. Und so mancher Schatz ist da versteckt, wo man nicht gleich sucht, da muss man genau hinschauen! Großzügigkeit beginnt also bei jedem selbst, dabei, sich etwas zuzutrauen, sich selber zu erkennen und dann den gehobenen Schatz wegzugeben in die Welt hinein. Es spielt dabei keine Rolle, was es ist, das man gibt, denn das Weltenmosaik braucht unzählbar viele Teile für das Gesamtbild. So wie Mist auf den Acker gehört, gehört Geld in die Geschäfte, und so wie die Wälder Sauerstoff abgeben, so sollten wir Geist in die Welt strömen lassen. So wichtig die große Glocke im Kirchturm ist, so viel wichtiger ist die kleine Glocke an der Tür des Küsters, sonst käme nämlich keiner hinein.

Die Wirkung

Natur ist großzügig, hält nichts zurück, gibt einfach. Sonne, Wind und Regen kennen keine Grundstücksgrenzen. Selbst Würmer, Vögel und jedes andere Getier schert sich nicht um menschgemachte Begrenzungen, solange es geht, betrachten sie den Planeten als ein einziges Grundstück. Nur ich Mensch meine, das sei mein Apfelbaum, mein Garten, mein Grundstück. Daraus erwachsen Sicherheitsdenken und Kampfgeist, die das Gegenteil von Weisheit sind. Weisheit denkt groß, denkt grenzenlos, ist frei und großzügig gegen jedermann.

Die positive Seite

Großzügigkeit hat nichts von Enge und Begrenzung, nur grenzenlose Weite. Wer großzügig denkt, wird nicht stehlen und kann auch nicht bestohlen werden. Große Geister haben große Ideen und stellen sich großen Problemen mit genialen Lösungen. Großzügigkeit schafft gutes Karma.

Wie »Großzügigkeit« Klarsicht und Befreiung schafft

Alles Geschehen geht ins Gedächtnis der Welt, die »Akasha-Chronik« ein. Gewisse indische Meister haben über die »Palmblattbibliothek« Zugang zu diesem Allwissen. In ihr steht über jeden, was er getan hat und wie er es wiedergutmachen könnte. Besonders großzügige Taten sind Schlüssel für die Pforten in eine bessere Zukunft. Die Großzügigkeit öffnet eine verschlossene Tür, jetzt!

Eine Fantasie

Wie wunderten sich die Leute, als jemand mir einen vierhundertkarätigen Saphir mit der Bitte übergab, ihn dem tibetischen Volke zu schenken. So kam es, dass wir den Stein über Geshe Thubten Ngawang vom Tibetischen Zentrum Hamburg an den Dalai Lama weiterreichten, der ihn in eine große, im Bau befindliche Buddha-Statue in Indien als Drittes Auge einsetzen ließ. So wurde eine großzügige Geste zum Friedenssymbol.

Eine Geschichte

Einmal, lass es vor langer Zeit gewesen sein, sah jemand in einem Antiquitätengeschäft in Paris ein Amulett an einem Lederband. Das goldene Schmuckstück bestand aus einem kreisrunden Ring in den beweglich ein großer Edelstein, ein gelber Zitrin, gefasst war. Der Ring aus Gelbgold war mit der Fassung aus Weißgold zusammengelötet. Als der Kunde danach fragte, sagte der Händler ihm, dass nicht das Amulett, sondern vielmehr die Kombination mit einem Lederband den Wert des Ganzen ausmache. Es handele sich bei dieser Sinfonie aus Gold, Zitrin und Leder um ein Sagrin-Leder aus den Pyrenäen, das für seinen Träger von unschätzbarem Wert sein könne. Der alte Antiquar erklärte ihm, dass sich dieses Lederband zusammenziehe, wenn der Träger eine schlechte Tat beginge und dass es sich weitete, wenn er etwas Gutes täte, und dass im selben Maße der Zitrin leuchten oder verblassen würde. Auf diese Weise würde der Träger vor zu schlechtem Karma geschützt und daran erinnert, Gutes zu tun. Das hielt der Kunde für einen Verkaufstrick und zeigte seinen Unglauben deutlich. Der Händler fragte, was der Kunde dafür bezahlen würde, und bekam eine abfällige Antwort. Daraufhin bat der Händler den Mann, das Sagrin-Leder doch einmal umzulegen und sein Angebot zu wiederholen. So kam es, dass dieser Kunde, um nicht im Geschäft erwürgt zu werden, einen hohen Preis bezahlte und das Sagrin-Leder in seinen Besitz überging. Der Mann trug es viele Jahre lang, bis er es einem Freund schenkte, denn der Antiquar hatte ihm verraten, dass gerade Großzügigkeit den Stein erhellte.

35 Die fünfunddreißigste Perle erinnert an »Gehaltvolle Rede«

Das Prinzip

In der Bibel heißt es: »Am Anfang war das Wort«, und wir können ergänzen: Am Ende ist die Erscheinung. Dabei hängt es von der Qualität der Schwingung ab, ob das Ergebnis edel oder mangelhaft sein wird. Edel und gehaltvoll ist die Rede nur, wenn sie der weiteren Vervollkommnung der am Gespräch Beteiligten dient. Wenn nicht, wäre Schweigen besser gewesen. Die Rede vernehmen wir verbal, nonverbal und transverbal. Die verbale Ebene können wir hören, die nonverbale sehen, die transverbale können wir mit unseren höheren Sinnen wahrnehmen.

Die Wirkung

Rede wirkt immer! Das ist ein Naturgesetz, niemand kann sagen, ich rede mal, aber ich wirke dabei nicht, das ist das Verzwickte. Wir Menschen haben dafür Antennen, mit denen wir durch sieben Wände hindurch wahrnehmen, wie die Schwingung einer Rede ist. Nur sind bei manchen Menschen die Antennen abgeschaltet, und sie selbst sind wie ein Radio, das immer die gleiche Werbung bringt, die keinen mehr interessiert. Manche sind aber auch gottbegnadete Wortakrobaten, die wohlgefällige Schwingungen in anderen antippen können. Irgendwo dazwischen reden wir, also ist anzunehmen, es ginge auch edler. Ob man das lernen kann? Man kann, nicht beliebig weit, aber man kann!

Die positive Seite

Wie lange brauchte man, um sich mit Worten den Nächstbesten zum Feind zu machen? Zwei Sekunden! Wie lange brauchte man, ihn zum Freund zu gewinnen? Das hängt davon ab, wie gut es einer versteht, aus seinem Herzgeist heraus an den Herzgeist des anderen zu appellieren. Herzgeist braucht drei Filter: Freundlichkeit, Wahrheit und Nützlichkeit. Nur wenn eine Rede alle drei passiert, ist sie gut. Dann aber ist sie sehr gut!

Wie »Gehaltvolle Rede« Klarsicht und Befreiung schafft

Wenn du heute gesprochen hast, was wurde dadurch besser in der Welt? Wenn du meinst, nichts, warum redest du dann? Deine Rede könnte heilsam, liebevoll, mitfühlend, ermunternd, aufbauend, intelligent, erleuchtet sein. Deine Rede könnte dich beflügeln, zu neuen Ufern tragen, dich inspirieren, dich geistig verjüngen. Deshalb: Rede!

Eine Fantasie

Wie wunderten sich die Leute, als der Moderator vor dem großen Publikum ans Mikrofon trat und um Ruhe für den nächsten Redner bat. Er bat nochmals um Ruhe, um Herrn Professor Doktor Spezialist anzukündigen. Dessen Rede war dann leider eher eine Zumutung als eine Freude.

Dann wurde es plötzlich ganz still, ganz still, ganz still ... und aus dem Hintergrund kam ein kleiner vietnamesischer Zen-Mönch langsam in den Saal. Tausende Leute bekamen eine Gänsehaut. Er setzte sich schweigend auf die Bühne und zeigte dem Publikum einen Apfel, und alle applaudierten ohne zu klatschen.

Eine Geschichte

Einmal, lass es vor langer Zeit gewesen sein, sprach ein Mann mit seinem Freund in einer Kneipe über Autos. Sie unterhielten sich gut, das heißt, besonders der eine erzählte von den Unzulänglichkeiten seines Wagens und wie schwer der zu verkaufen sei, wie stumpf der Lack und wie schwach der Motor sei und dass es nicht mehr lohne, viel Geld hineinzustecken. Der andere erzählte vom gleichen Modell, jedoch begeistert und zufrieden. Wie genügsam sein Wagen doch sei und wie zeitgemäß und wie nett anzusehen und wie gepflegt. Da bemerkten sie neben sich an der Bar einen älteren Herrn, der in sich hineinlächelte. Sie fragten ihn, ob er auch so ein Auto habe. Der erhob freundlich sein Glas Tee, und sie stießen mit ihren frisch gezapften Bieren an. Dann sagte der freundliche Herr: »Ich freute mich einfach, dass wenigstens einer von Ihnen beiden eine gute Beziehung zu seiner Frau hat. Ich dachte nämlich die ganze Zeit, Sie redeten über Ihre Ehefrauen.«

36 Die sechsunddreißigste Perle erinnert an »Wahrhaftigkeit«

Das Prinzip

Es gibt zwei leichte Arten, der Welt zu begegnen, die beide vom eigenen Denken befreien: Die eine ist, alles zu glauben, die andere, alles infrage zu stellen. Die dritte Möglichkeit ist, sich an Wahrhaftigkeit zu orientieren. Dabei allerdings ist eigenes Denken unbedingt erforderlich. Wahrhaftig zu sein fängt bei jedem selbst an. Wahrhaftig zu sein bedeutet, die eigene Lebensgeschichte erst einmal infrage zu stellen, wohlwissend, dass das, was einer über sein Leben zu erzählen weiß, eine Mischung ist aus Fakten, Fantasien, Wünschen und Sehnsüchten. Wahrhaftige Erkenntnisse kommen aber nicht aus Fantasien, Wünschen und Sehnsüchten, die wir an die Wirklichkeit herantragen, sondern nur aus Fakten. Was sollten wir von einer Wissenschaft halten, die auf einem fehlerhaften Fundament begrundet ist? Und was sollten wir von Lösungen der eigenen Probleme halten, die auf Illusion basieren? Oftmals täuscht sich jemand über seine Herkunftsfamilie, weil er Annahmen gewohnheitsmäßig für Fakten hält. Als Beispiel: Es gibt nur einen leiblichen Vater, nur eine Mutter, nur das ist Herkunft. Alle anderen Varianten sind, was sie sind, etwa Pflegeeltern oder Adoptiveltern. Es ist ein Geburtsrecht und gehört zur unantastbaren Würde des Menschen, seine Herkunft faktengetreu zu kennen. Im Zweifel darf sie vom Betroffenen erforscht werden, weil sie das wahrhaftige Fundament der eigenen Existenz ist. Jeder hat das Recht, sich endlich nichts mehr vorzumachen.

Die Wirkung

Wahrhaftigkeit ist eine Qualität des Geistes, die in Resonanz mit den Naturgesetzen der Wirklichkeit steht. Sie bedeutet Übereinstimmung mit den grobstofflichen und den feinstofflichen Zusammenhängen in der Welt. Wahrhaftigkeit wird positiv wirksam, wenn wir angemessen mit ihr umgehen. Wahrhaftigkeit kann Vertrauen bewirken, Freundschaften begründen oder Beziehungen aufwerten.

Die positive Seite

Psychologen sagen, dass Menschen im Alltag täglich zweihundert Mal lügen. Das wäre etwa alle fünf Minuten einmal. Wie ausgleichend wäre es doch, wenn wir das Gewicht der Wahrhaftigkeit an den Waagschalen von Rede und Geist ansetzten. Dazu brauchte man nur einmal fünf Minuten wahrhaftig zu sein – sich selbst gegenüber.

Wie »Wahrhaftigkeit« Klarsicht und Befreiung schafft

Wer endlich aufhört, sich selbst etwas vorzumachen, der wird in den wichtigsten persönlichen Themen wie Beziehung, Beruf, Gesundheit und Spiritualität handlungsfähig und stark. Zugegeben, dazu braucht es den Mut und die Demut, die Angelegenheiten anzuschauen, wie sie sind, um ihre Wirklichkeit zu verstehen. Das aber ist die günstigste Voraussetzung für eine Entscheidungsfindung von höchster Qualität zum Besten des Ganzen.

Eine Fantasie

Wie wunderten sich die Mönche, als nach der Abendmeditation der Mönch Koshi aufstand und in die Mitte der Halle trat. Er schaute einmal herum und sagte: »Ich will es offen aussprechen, ich liebe die Nonne Joshi und ich stehe dazu.« Das hatte zur Folge, dass er das Kloster verlassen und als Schriftsteller seinen Lebensunterhalt bestreiten musste. Joshi folgte ihm sechs Monate später, und sie wurden gemeinsam glücklich.

Eine Geschichte

Einmal, lass es vor langer Zeit gewesen sein, tötete ein Seefahrer namens Jorgo bei einem Landgang einen fremden Matrosen in einer Hafenkneipe, nachdem dieser ihn betrunken angegriffen hatte. Er stieß ihn von sich, wobei der Matrose so ungünstig auf den Boden fiel, dass er noch im Lokal verstarb. Der Seefahrer Jorgo wurde später wegen Notwehr vom Gericht freigesprochen, aber der Sohn des Verstorbenen schwor ihm Rache.

Kurz darauf stand dieser Sohn ihm mit einem Dolch bewaffnet gegenüber. Jorgo sah ihm ins hasserfüllte Gesicht und sagte: »Ich bin mit dir durch ein großes Unglück auf immer verbunden, das ich nicht wiedergutmachen kann. Ich bitte dich aber um eins, bitte erlaube mir, zum Andenken an deinen Vater ein besonderes Haus zu bauen, in dem du mit deiner Familie doch noch glücklich leben kannst. Dafür gib mir bitte ein Jahr, dann kannst du Rache nehmen.«

Der Sohn namens Vasili war so erstaunt, dass er einwilligte. Jorgo baute mit seinen eigenen Händen auf dem Feld von Vasilis Familie ein Haus aus Baumstämmen, Lehm und Stroh mit Fenstern, Veranda und einem Reetdach. Es dauerte nicht lange, und Freunde von Vasili halfen beim Bau. Und etwas später packte auch Vasili selbst mit an. Nach einem Jahr stand ein ungewöhnlich schönes Haus mit einem Schild vor der Veranda, auf dem der Name des Vaters stand. Vasili hatte über diesen Dienst von Jorgo all seinen Hass überwunden und entschuldigte sich bei ihm. Sie wurden wahre Freunde.

37 Die siebenunddreißigste Perle erinnert an »Aufrichtigkeit«

Das Prinzip

Des Menschen bester Freund, der Hund, ist aufrichtig, weil er meint, was er zeigt. Damit animiert er sein Frauchen/Herrchen, auch seinem Hund zu zeigen, was es meint. Von Mensch zu Hund begegnen sich zwei unterschiedliche Bewusstseinsstufen. Im Tierreich bewirkt der Instinkt das Verhalten. Im Menschenreich resultiert das Handeln über den Instinkt hinaus aus der Reflexion der Welt in unserem Bewusstsein. Daraus entspringt die Fähigkeit, in die Zukunft zu denken, die Tiere nicht haben. Wir zahlen dafür den Preis, uns Sorgen machen zu können, denn Sorgen sind in die Zukunft übertragene Ängste. Daraus entwickeln wir Strategien, das kann auch nur der Mensch. Deshalb stellen wir bewusst oder unterbewusst gewisse Filter zwischen Realität und Wahrnehmung, welche wir deshalb auch Vor-Stellungen nennen. Zum Schutz vor unangenehmen Folgen unseres Handelns bauen wir eine Fassade auf, die das Eigentliche verdeckt. Für einen zivilisierten Umgang miteinander ist das auch sehr von Vorteil, aber nicht für eine persönliche Beziehung und nicht für die eigene Entwicklung. Wenn wir gelegentlich das Eigentliche über die Fassade erheben, es aufrichten, dann sind wir echt – nur dann sind wir echt.

Die Wirkung

Wenn das, was wir wahrnehmen, für uns angenehm ist, und wenn wir es dann auch mit kritischem Blick noch glauben können, dann erfahren wir Aufrichtigkeit. Umgekehrt gilt das natürlich genauso; wenn das, was wir sagen und zeigen, übereinstimmt mit dem, was wir denken, dann sind wir aufrichtig. Bleibt nur die Frage, ob der andere es glauben kann.

Wir haben für Aufrichtigkeit gewisse Antennen, die – zum Glück – nicht immer eingeschaltet sind. So brauchen wir nicht immer aufrichtig zu sein und können so tun als ob. Dann wird das Leben mit anderen etwas erträglicher, nur das ist der Grund.

Die positive Seite

Freundschaft verträgt Aufrichtigkeit. Partnerschaft verdient Aufrichtigkeit. Elternschaft erzieht zur Aufrichtigkeit. Gerichtsverhandlungen vermeiden Aufrichtigkeit. Schmeichelei verdrängt Aufrichtigkeit. Kaufmannsehre verlangt Aufrichtigkeit. Werbung manipuliert Aufrichtigkeit. Politik bändigt Aufrichtigkeit. Wissenschaft erfordert Aufrichtigkeit. Liebe ist Aufrichtigkeit.

Wie »Aufrichtigkeit« Klarsicht und Befreiung schafft

Die andere Seite der Wahr-Nehmung ist Wahr-Gebung. Was könnte damit gemeint sein? Zum Beispiel die Art, wie wir selbst der Welt begegnen, was wir ihr an Verhalten und Gedanken zurückgeben. Das ist oft etwas anderes, als wir eigentlich wollen. Deshalb ist es gut, die eigenen Motive und die eigene Gesinnung einmal zu entlarven, um endlich die uns gemäße Richtung einzuschlagen.

Eine Fantasie

Wie hätte die Frau sich gewundert, deren Nachbarin sich, als sie ihr einen selbsgebackenen Kirschkuchen mit Vanilleglasur brachte, so freute und überschwanglich bedankte, hätte sie sehen können, wie diese, als sie die Tür geschlossen hatte, angeekelt ihre Miene verzog und zischte: »Bah, ist das eklig, keiner hier mag Kirschkuchen, schon gar nicht mit Vanille. Gleich weg damit.«

Eine Geschichte

Einmal, lass es vor langer Zeit gewesen sein, entstanden anders gemeinte Sätze unter den Menschen. Jeder wusste das, jeder spürte das, und doch machten die meisten dabei mit. So kam die Aufrichtigkeit ins Abseits, und auch heute noch sind gewisse Floskeln der Erwachsenen niemals so gemeint wie gesagt.

Dafür ein Beispiel: Ein dreijähriges Kind sitzt am Boden und spielt Telefonieren mit seinem Plastiktelefon. »Du musst uns unbedingt mal besuchen! Jaja ... ach ... jaja ... hm ... och ... na dann ... tschühüüüs.« Das Kind legt den Hörer auf und ruft: »Der hat mir grade noch gefehlt!« Die Mutter kommt ins Zimmer und fragt, was es denn gerade mache. Das Kind sagt: »Ich spiele Mami und Telefonieren.« Die Mutter fragt: »Und mit wem hast du telefoniert?« Das Kind antwortet: »Mit Onkel Helmut.« Die Mutter entrüstet sich: »Ach du großer Gott, ausgerechnet mit dem!«

38 Die achtunddreißigste Perle erinnert an »Freude«

Das Prinzip

Was ist die wichtigste Frage, die ein Mensch sich stellen könnte, bevor er irgendetwas unternimmt? Eine Frage, die wichtiger ist als die Vision vom Ziel oder vom Weg dahin, eine Frage, die so wichtig ist, dass wir sie uns schon am Beginn eines Tages stellen und mindestens drei Antworten auf sie finden sollten?
Die Frage heißt: »Warum freue ich mich?«
Stellen wir uns nur einmal vor, jemand geht zu einer Verhandlung und der Gesprächspartner hat Gründe gefunden, warum er sich über das Gespräch freut, und er hat keine solchen Motive. Ist er ihm dann nicht von vornherein unterlegen? Achtung, die Frage lautet nicht »Worauf freue ich mich?«, denn sich auf etwas freuen, das kann jeder. Die Kunst des Umgangs mit sich selbst findet Gründe der Freude JETZT, in diesem Moment! Am besten, man übt das eine Weile mit: »Warum freue ich mich ... zur Arbeit zu gehen?, ... denjenigen zu treffen?, ... diese Lektion zu studieren?, ... dieses Gespräch zu führen? ... diese Prüfung zu absolvieren?« Später, wenn man das gut kann, kommt die höchste Stufe, die Stufe der grundlosen Freude!

Die Wirkung

Freude setzt Glückshormone im Blut frei und bekämpft damit Giftstoffe, die aus Ärger entstanden waren. Ja, Freude wirkt leicht ansteckend. Das wichtigste Wort, das aus Freude gesagt wird, lautet »Ja«. Wir sollten Ja als Kraftwort an die Wand hängen, um es ständig vor Augen zu haben. Ja zum Leben, Ja zu weiterer Entwicklung, Ja zu Veränderungen, Ja zum eigenen Sosein, Ja zur gesamten Schöpfung, Ja zu den Gesetzen des Universums. Ja kostet nichts, Ja hat keine schädlichen Nebenwirkungen und das Beste: Ja wirkt sofort!

Die positive Seite

Der griechische Philosoph Epikur befasste sich tiefschürfend mit der positiven Seite des Lebens, dem Glück, der Lust und der Verwirklichung dieser Aspekte im Leben. Das brachte ihm viele Schüler, die seiner Lehre gerne folgten, bis heute sind die »Epikureer« die geistigen Nachfolger dieses weisen Philosophen.

Wie »Freude« Klarsicht und Befreiung schafft

Stellt man sich die Emotionen als geistige Landschaft vor, ist die Freude darin ein Berg zwischen zwei Tälern. Deshalb kann es niemals darum gehen, so zu tun, als gäbe es kein Leid. Wer das Leid verdrängt, stürzt irgendwann umso brutaler in dieses Tal hinab und kann unvorbereitet daran zugrunde gehen. Tatsächlich hängt aber die Höhe der Berge von der Tiefe der Täler ab. Daher können wir uns einer Sache immer gewiss sein: Nach jedem Tal kommt wieder ein Berg.

Eine Fantasie

Wie wunderten sich die Leute, als der weise Eremit zu Lebzeiten darum bat, er möge bitte in seinem Alltagsgewand eingeäschert werden. Bei seiner Beerdigung waren seine Schüler und viele ehrwürdige Brüder und Schwestern anwesend. Und als die Flammen des Scheiterhaufens anfingen, hell aufzulodern, da ging aus den Kleidern des Verstorbenen ein verstecktes Feuerwerk los und riss alle zu freudigem Staunen hin. Hatte der Alte doch selbst im Tode eine Lektion parat, ach, der Liebenswürdige!

Eine Geschichte

Einmal, lass es vor langer Zeit gewesen sein, hielt seine Heiligkeit der Dalai-Lama gemeinsam mit zehntausend spirituellen Freunden eine Meditationswoche in einem großen Festzelt in Norddeutschland ab. Wie jeden Abend gab es die Gelegenheit, ihm Fragen zu stellen.

Jemand stand auf, ergriff das Mikrofon und fragte: »Eure Heiligkeit, bitte sagen Sie etwas zum Thema Sexualität in der Ehe auf dem spirituellen Weg.« Für einen kurzen Moment war es besonders still, ja, man konnte eine gewisse Anspannung im Publikum verspüren. Dann beugte sich der Dalai Lama an sein Mikrofon und lachte, dann lachte er noch mehr und noch lauter, schließlich gestikulierte er mit beiden Händen in einer großen, albernen Freude und lachte, lachte, lachte einige Minuten lang, bis alle zehntausend mitlachten bis auf die eine, die gefragt hatte. Als er sich einigermaßen gefasst hatte, sagte er: »Bitte fragen sie das wen sie wollen hier im Publikum, ich habe davon keine Ahnung, ich kenne mich damit nicht aus.« Er verneigte sich mit gefalteten Händen und wünschte lachend einen schönen Abend. Es herrschte beim Hinausströmen aus dem Zelt eine wunderbare, fröhliche Stimmung, und alle freuten sich, dass es morgen weitergehen sollte.

39 Die neununddreißigste Perle erinnert an »Gebefreudigkeit«

Das Prinzip

Geben ist besser denn nehmen, so steht es im Buch der Liebe. Geben kann man jedoch nur, was man hat. Was also kann man geben, wenn man nichts hat? Zuerst kann man sich selbst mehr Achtsamkeit geben, indem man erkennt, was die Natur einem alles mitgegeben hat, von dem man weitergeben könnte. Eine kleine Abhakliste dessen, was die meisten haben:

- Interesse, also könnte man jemanden fragen, wie es gerade um ihn steht.
- Ohren, also könnte man jemandem zuhören, wenn der über sein Lieblingsthema erzählt, über sich selbst.
- Gefühl, also könnte man sich in jemanden hineinversetzen und Verständnis entwickeln.
- Stimme, also könnte man jemanden loben.
- Augen, also könnte man jemanden bewundern.
- Hände, also könnte man jemandem helfen, wenn es heißt, anzupacken.
- Füße, also könnte man jemanden besuchen, wenn der einsam ist.
- Schulbildung, also könnte man jemandem einen Brief schreiben, einfach so.
- Kleidung, also könnte man endlich einmal entrümpeln und spenden.
- Geschick, also könnte man damit jemandem dienlich sein.
- ... Kreativität, also könnte man diese Liste problemlos fortsetzen.

Die Wirkung

An was erinnern wir uns wohl nachhaltiger, an das, was wir bekamen oder an das, was wir gaben? Es ist tatsächlich so, was wir wem, wann, warum gegeben haben, das vergessen wir nie. Was wir bekommen haben, ist bald vergessen. Deshalb ist Geben ein Akt der Selbstliebe, denn wir nehmen die Erinnerung daran mit, manche sogar in die nächste Inkarnation. Und es kommt noch besser: Wir fahren die Ernte des Gebens in Form karmischer Früchte ein.

Die positive Seite

Der Edle gibt. Gute Führer geben ihren Leuten Rückendeckung. Freunde geben einander ihr Vertrauen. Eltern geben ihren letzten Groschen für die Kinder. Ein Vater gibt seine ganze Arbeitskraft. Eine Mutter gibt Leben und Fürsorge. Ein König gibt seinem Volk Arbeit und Wohlstand. Ein Meister gibt seinen Schülern die Fähigkeiten, über ihn hinauszuwachsen. Eine Rose gibt ihre ätherisch duftenden, bunten Blütenblätter zur Herstellung eines Rosenkranzes, der noch jahrelang den lieblichen Duft verströmt.

Wie »Gebefreudigkeit« Klarsicht und Befreiung schafft

Weil die Güter dieser Welt ungleich verteilt sind, verbessert Gebefreudigkeit die Balance. Dies geschieht im Kleinen wie im Großen und führt in der Gesamtheit einst zu einem Quantensprung, der dem Erdenwesen »Gaia« zur Selbstheilung verhilft. Deshalb ist Geben das Beste.

Eine Fantasie

Wie wunderten sich die Leute im Westen, als sie erfuhren, dass die Leute in Asien den Bettelmönchen gerne, ja sogar sehr gerne Almosen in ihre Bettelschalen legten. Bis man begriff, was die Mönche mit ihrer Disziplin und ihrem Wunsch nach vollkommener Befreiung für die Landsleute taten, hielt man ihre Lebensführung im Westen für einen Ausdruck der Faulheit.

Eine Geschichte

Einmal, lass es vor langer Zeit gewesen sein, ging ein reicher Kaufmann zu einem Kloster und übergab dort einem Mönch am Tor einen Beutel voller Goldmünzen. Der Mönch nahm den Beutel wortlos mit einer leichten Verbeugung entgegen und verschwand damit im Tempel.

Einige Tage später begegnete der reiche Kaufmann in der Stadt dem Abt des Klosters und sprach ihn an. »Ehrwürdiger Abt, darf ich mich kurz beschweren? Vor Tagen überreichte ich Eurem Kloster einen Beutel voller Goldmünzen, um meinen Wohlstand auf diese Weise auszugleichen. Der Mönch an eurem Tor nahm die Münzen wortlos entgegen, ohne sich dafür zu bedanken. Was ist das für ein Benehmen? Hat der denn gar keine Manieren? Du solltest einmal mit dem reden!« Der Abt verneigte sich leicht, schaute ihn freundlich an und sagte ohne Zögern: »Ehrwürdiger Kaufmann, wenn du einem Mönch für dein Seelenheil Goldmünzen übergibst, und der nimmt sie an, wer muss sich dann wohl bei wem bedanken?«

40 Die vierzigste Perle erinnert an »Nüchternheit«

Das Prinzip

Hinsehen, beobachten, verstehen, dementsprechend angemessen handeln – das ist Nüchternheit. Das kann der Osten gut in der Variation: kopieren, kapieren, kultivieren. Im Ergebnis kommen Produkte oder Dienstleistungen auf den Markt, die besser sind als das Original. Dieses Prinzip funktioniert auch nach innen gerichtet: das eigene Leben betrachten, die verborgene Ordnung erkennen, die Wirkprinzipien verstehen und sich danach angemessen neu ausrichten. Das ist Entwicklung. Da die Jahre zwar die körperliche, nicht aber die Geisteskraft schwächen, ist Entwicklung bis ins hohe Alter möglich. Der Geist reift, wenn man nicht kindisch wird, mit den Jahren, und die weisesten Werke sind im hohen Alter möglich.

Die Wirkung

Eigenbild und Fremdbild stimmen oft nicht überein, weil die Innensicht der eigenen Probleme eine nüchterne Betrachtung unmöglich macht. Deshalb ist man bei anderen immer viel schlauer, da wüsste man stets einen Rat. Wenn man ein Problem nüchtern von außen betrachtet, ist die Lösung manchmal ganz einfach. Wenn du wissen möchtest, wer du bist, höre endlich einmal nüchtern auf die anderen, sie sagen es dir schon seit Langem.

Die positive Seite

Das Weibe sei dem Manne untertan, so sagt die Bibel. Metaphorisch betrachtet ist das so gemeint: Die Gefühle (Yin) seien dem Verstande (Yang) untergeordnet bei wichtigen Entscheidungen. Nur bei ganz persönlichen Entscheidungen ist es eher umgekehrt, oder nimmt man für die Wahl eines Partners Zettel und Bleistift zur Hand?

Wie »Nüchternheit« Klarsicht und Befreiung schafft

Lerne Gewinn und Verlust zu unterscheiden, so heißt die erste Aufgabe für den edlen Kämpfer (Samurai). Das erfordert einen systemischen Blick auf das Ganze. Es hat keinen Sinn, einen Baum zu beschneiden, wenn das Klima um ihn herum vergiftet ist. Balance im Ganzen führt über Klarsicht zur Befreiung.

Eine Fantasie

Wie wunderten sich die Leute, als sie hörten, dass dem Angeklagten »mildernde Umstände« zugesprochen wurden, da er die Tat unter Alkoholeinfluss begangen hatte. Die Botschaft ist eindeutig, wer nüchtern gegen Gesetze verstößt, wird härter bestraft. Damit ist klar, was zu tun ist, wenn wir einmal ...

Eine Geschichte

Einmal, lass es vor langer Zeit gewesen sein, stand ein Mann am Ende eines Steges und blickte auf einen See. Auf der spiegelglatten Oberfläche des Wassers sah er, was er immer schon gesehen hatte, sich selbst. Hätte er seinen Blick doch nur einmal in das Wasser hineingelenkt, dann hätte er auch die bunten Fische und die schwebenden Pflanzen entdecken können. Doch er hatte Glück, eine Freundin kam zufällig dazu und machte ihn auf die Tiefe des Wassers aufmerksam. Er bedankte sich und hatte endlich gelernt, auch einmal durch das Oberflächliche hindurchzuschauen.

Eines Tages stand er wieder einmal an einem Gewässer. Es war ein strahlender Sonnentag, und er stand vorgebeugt am Ufer eines plätschernden Gebirgsbaches. Dieser wunderbare Ort der Einkehr gehörte zum Garten eines Klosters, in das er zu Exerzitien eingeladen worden war. Zum Glück erinnerte er sich an den Tiefenblick und sah unten im Wasser viele glitzernde Lichter, die wie kleine Blitze aus dem Wasser in die Luft strahlten. Es kam ihm vor wie ein Feuerwerk der Natur, wunderbar. Am Abend erzählte er einem Mönch von diesem schönen Lichterschauspiel im Bach. Der Mönch lächelte und sagte: »Ich gratuliere dir. Du hast heute einen Schatz gesehen. Das sind viele kleine Diamanten und Edelsteine, die unserem Kloster gestiftet wurden. Wir werfen sie immer dort in den Bach, weil es Gottes Werk so herrlich verschönt. Und wie du sicher weißt, muss man dafür eine Blick haben, und den haben nur wenige, so wie du.«
Der Mann nahm schweigend und etwas beschämt sein Abendessen zu sich. Beim Abendgebet in der kleinen Kapelle bemerkte er, dass der auferstandene Christus über dem Altar lauter kleine glitzernde Edelsteine in seinem Heiligenschein hatte, herrlich!

41 Die einundvierzigste Perle erinnert an »Frieden«

Das Prinzip

Ein gestillter Säugling, das ist Frieden. In Stille meditieren und ein Koan lösen, das ist auch Frieden. Mit dem Bruder Schach spielen und gewinnen wollen, selbst das ist Frieden. Auf der Gitarre ein Lied zupfen und im Text versinken, das ist Frieden. Ein Bild malen und mit den Farben eins sein, Frieden. Eine Orange schälen, als dirigiere man eine Sinfonie, Frieden. Tee trinken, am Meer sitzen, Wolken beobachten, alles Frieden. Den inneren Kampf des Haben-Wollens beenden, den inneren Drang des Sein-Wollens beenden, großer Frieden. Frieden denken, Frieden fühlen, Frieden imaginieren, Frieden visualisieren – Frieden.

Die Wirkung

Ein Säugling kann in Frieden leben, ein Jugendlicher nicht. Wo ungezähmte Kräfte walten, kann sich Frieden nie entfalten. Danach aber geht es wieder, erwachsen sein und Frieden leben, theoretisch ist das möglich. Weise sein und Frieden haben, das geht auch praktisch. Wer Frieden leben will, der muss den inneren Konflikt der Leidenschaften mit den Geistesqualitäten überwinden.

Die positive Seite

Ohne jede Verteidigungsabsicht ist der Friedvolle so, wie wir alle einmal waren, bevor wir kompliziert wurden. Deshalb ist er auch ohne jede Angriffslust und wird als Vermittler erlebt. Unter seiner Ägide können die Parteien die Friedenspfeife rauchen oder Brot und Salz teilen. So folgt der Frieden dem Ritual.

Wie »Frieden« Klarsicht und Befreiung schafft

Die Friedenstaube bringt die versöhnliche Botschaft von Lager zu Lager. Diese Botschaft weist den mittleren Weg, den beide Seiten gehen können. Mitte heißt »medium«, daraus entstand der Begriff Mediation für die friedenstiftende Arbeit des Vermittlers, des Mediators. Diese Aufgabe gelingt dem Friedenstifter nur durch Klarblick für den mittleren psychologischen Weg. Das Ziel ist die Befreiung der Beteiligten.

Eine Fantasie

Wie wunderten sich die Leute, als der Buddha, obwohl sie ihn warnten, dass ein Räuber im Wald herumlief, ganz gelassen in diesen hineinging. Als er dann im Wald aus einem Hinterhalt tatsächlich angebrüllt wurde: »Stehen bleiben, oder du bist des Todes!«, ging er ruhig weiter. Als der bewaffnete Räuber sich ihm mit gezogenem Schwert in den Weg stellte und noch lauter brüllte: »Stehen bleiben hab ich gesagt!«, unterbrach der Buddha seinen Gang und sagte freundlich: »Ich bin schon lange stehen geblieben, du bist es, der noch rennt.« Mit einer leichten Verneigung zeigte er auf das Schwert des Räubers und bat ihn, es wieder einzustecken. Der Räuber wurde einer seiner Schüler.

Eine Geschichte

Einmal, lass es vor langer Zeit gewesen sein, wurde eine Frau wegen politisch differenter Ansichten vom Regime ins Gefängnis gesteckt. Dort saß sie in Einzelhaft und wurde ständig überwacht. Sie saß dort achtzehn Monate, bis das Regime zusammenbrach und sie und das Land durch eine neue Demokratie befreit wurden. Die Frau hatte mittlerweile vieles verloren, was ihr einmal wichtig gewesen war, ihre Ehe war an ihrer Haft zerbrochen, und ihre beiden Kinder waren ihr durch eine staatliche Umerziehung fremd geworden. Langsam fand sie zu einem friedlichen Alltag zurück und nahm ihr Studium wieder auf. An der Uni verliebte sie sich in einen Kommilitonen, und es hätte der Beginn eines neuen Lebens sein können. Doch nachts konnte sie nicht gut schlafen, denn sie fühlte sich immer noch beobachtet. Im Traum erschien ihr immer wieder die linientreue Gefängnisaufseherin, die sie dadurch einschüchterte, dass sie wusste, was in ihren Brie-

fen an den Freund stand und wo sie ihn morgen treffen würde. So erzählte sie es in ihrer großen Verzweiflung einem Zen-Mönch.
Der sagte zu ihr: »Lege eine Handvoll Kaffeebohnen unter dein Kopfkissen und frage die Aufseherin im nächsten Traum, wie viele es sind. Wenn sie es weiß, machen wir einen guten Plan. Wenn sie es nicht weiß, bist du endlich frei.« Heute hat sie gemeinsam mit ihrem Mann eine gut gehende Zahnarztpraxis und liebt es, mit ihm gemeinsam Kaffee zu trinken.

42 Die zweiundvierzigste Perle erinnert an »Präsenz«

Das Prinzip

Ganz präsent zu sein, ist eine der höchsten Anforderungen an unseren menschlichen Geist. Das erfordert Übung, und um nicht in die Irre zu gehen, empfiehlt sich die Annahme der Schülerschaft bei einem guten Lehrer. Denn von unserer biologischen Natur her ist es so: Alles, was wir sehen, hören, fühlen, wird als Wahrnehmung im Stammhirn für die automatischen Körperfunktionen gefiltert. Dann gelangt diese biologisch sinnvolle Wahrnehmung in unser Zwischenhirn, wo es ein Vorzeichen erhält in Form eines Plus- oder Minus-Gefühls. Dergestalt mit einem emotionalen Vorurteil gezeichnet, erreicht die Information unsere Großhirnrinde, wo sie nach den strengen Regeln der Logik in eine bewusste Wahrnehmung überführt wird. Dieser gesamte Wahrnehmungsprozess benötigt eine Zwanzigtausendstelsekunde. Auch wenn das gering erscheint, so ist es doch ein Zeitversatz, der uns den Eindruck vermittelt, es gebe Subjekt und Objekt: Hier bin ich und da ist die Welt. Das täuscht. Nur wer diesen Versatz überwindet, kommt in den Moment der synchronen Wahrnehmung, das nennen wir Erleuchtung. Dazu eignen sich zwei überlieferte Übungen: Kontemplation und Meditation.

Die Wirkung

Woher wissen wir, dass es diese Welt gibt? Weil wir sie sehen, hören, fühlen, riechen und schmecken können. Alle fünf Wahrnehmungskanäle eingeschaltet, das ist normale, fünffache Präsenz! Du aber, weil du mit altruistischem Erleuchtungsgeist ausgestattet bist, du bitte gehe darüber hinaus! Nimm die Welt wahr mit deinen zwölf Sinnen. Das ist höchste, zwölffache Präsenz.

Die positive Seite

Zwölf Sinne sind unsere Kanäle zu höchster Präsenz.
Sechs Sinne im materiellen Bereich: Geruchssinn, Geschmackssinn, Tastsinn, Gleichgewichtssinn, Bewegungssinn, Lebenssinn.
Vier Sinne im energetischen Bereich: Sehsinn, Hörsinn, Wärmesinn, Sprachsinn.
Zwei Sinne im morphogenetischen Bereich: Gedankenwahrnehmungssinn, Ich-/Dusinn.

Wie »Präsenz« Klarsicht und Befreiung schafft

Selektive Wahrnehmung ist wie der Blick durch einen Panzerschlitz in die Welt. Die Welt wahrnehmen, wie sie ist, in ihrer ganzen Weite, in alle Richtungen, mit allen Sinnen, die wir haben, das führt zu höchster Präsenz. Man erreicht das nur durch die Übung der Meditation. Erst muss man wissen, dass es so ist, dann die ganzheitliche Wahrnehmung üben und schließlich die volle Präsenz verwirklichen. Diese Reihenfolge ist von Natur aus so vorgegeben. Präsenz ist uns Menschen möglich, von Natur aus, wir müssen uns allerdings anstrengen, um sie zu erreichen.

Eine Fantasie

Wie wunderten sich die Leute, als sich herumgesprochen hatte, dass man wissen konnte, ob ein Gesprächspartner die Wahrheit sagte oder log. Ein Meister der Präsenz hatte beobachtet, dass die Bewegungen der Augen Aufschluss über die Denkprogramme gaben, die gerade im Menschen abliefen. Diese waren natürlich nur für denjenigen wahrnehmbar, der das Muster der neurolinguistischen Zusammenhänge verstand.

Eine Geschichte

Einmal, lass es vor langer Zeit gewesen sein, saß ein edler Samurai im Lotossitz auf seinem Kissen im Einklang mit sich und der Welt. In seinem »Hakama«, dem Hosengewand, trug er sein »Katana«, das Langschwert. So praktizierte er die Meditationsübung des Zazen in vollkommenem Frieden. Das Geistobjekt seiner Meditation waren die Regeln des Samurai:

»Habe nie arglistige Gedanken, lerne Gewinn und Verlust unterscheiden, erkenne auch das Unsichtbare, achte auch das Kleine, folge unablässig deinem Weg, halte dich nicht mit nutzlosen Beschäftigungen auf.«

Wenn jetzt einer kommen würde, um ihn zu beschimpfen, dann würde er lächelnd seine Meditation fortsetzen. Das Schwert zieht ein Samurai nur aus einem einzigen Grunde: um zu töten, »ikken hissatsu!«, töten mit einem Streich, sonst zieht er es nicht. Er droht nicht, er täuscht nicht, er spielt nicht, er sitzt da in Frieden. Nur wenn einer mit gezogenem Schwert auf ihn zukäme und ausholte, um ihn zu töten, nur dann zöge auch er. Aber dann zöge er schneller ... viel schneller ... »ikken hissatsu«.

Und dann ... meditierte er weiter. Und so machen es auch die edlen Töchter und Söhne der Samurai, die heute ganz präsent im Frieden leben.

43 Die dreiundvierzigste Perle erinnert an »Forschergeist«

Das Prinzip

In allen drei Welten gibt es für uns Menschen noch vieles zu erforschen. Über der Erde, auf der Erde und in der Erde kann unser Forschergeist neue nützliche Entdeckungen machen. Zum Wohle der Menschheitsentwicklung gab es immer Menschen von der Geistesqualität des Forschers. Diese besteht aus zwei Attributen, mutigem Pioniergeist und demütigem Vertrauen. Wer beides hat, dient damit der Entwicklung der gesamten Menschheit. Es sind Auserwählte, die forschend neue nützliche Entdeckungen machen, und die so zum Besten des Ganzen beitragen. Wer noch staunen kann, wer noch Tausende Fragen hat, wer Wunder noch für möglich hält, der gehört zu dieser Sorte auserwählter Forschergeister.

Die Wirkung

Das Unbekannte ist für uns immer der größere Teil. Darin liegen natürlich nicht nur Chancen, sondern auch Gefahren. Und genau auf der Grenze zwischen beidem verläuft unsere Schicksalsspur zu höherer Entwicklung. Es ist jederzeit möglich, Wissen zu kombinieren, wodurch völlig neue Erkenntnisse entstehen. Aus Blau und Gelb entsteht Grün. Aus Eins und Eins entsteht Drei. Es gibt für den Blick ins Unbekannte einen besonders geeigneten Augenblick im Leben eines Menschen: jetzt!

Die positive Seite

Ein Test, ob du noch den inspirierten Forschergeist in dir trägst: Wenn du noch atmest, dann besitzt du ihn! Deshalb ist für dich die siebzigste Frage die wichtigste. Wenn du wissen willst, welche bessere Lebensart es für dich gibt, meditiere dich bis zur siebzigsten Antwort, die du auf deine Frage findest, durch. Überwinde das Gedankenloch, die siebzigste Idee ist die beste!

Wie »Forschergeist« Klarsicht und Befreiung schafft

Ein Glühwürmchen leuchtet nach hinten und fliegt ins Dunkel. Dagegen leuchtet ein Scheinwerfer nach vorne, und der Weg führt in Helle. Forscher zu sein heißt, das Unbekannte auszuleuchten, auf dem Weg zu sein, Entdeckungen zu machen, niemals Langeweile zu haben. Vielleicht wird auch noch der letzte Weg des Forschers ins Licht führen.

Eine Fantasie

Wie wunderten sich die Langweiler, die glaubten, die Zeit zu vertreiben – sie mussten völlig scheitern. Die Zeit zu halten wäre die Aufgabe. Gäbe es die Zeitfreiheit, dann wäre kein Weg zu lang, kein Berg zu hoch, kein Meer zu tief, kein Himmel zu weit. Es ist an der Zeit, eine Kardinalfrage des Universums zu beantworten: »Wie lange brauchte Gott, um die Zeit zu erschaffen?« Antworte, und die Welt verneigt sich vor dir.

Eine Geschichte

Einmal, lass es vor langer Zeit gewesen sein, promovierte ein Wunderknabe des Geistes mit siebzehn Jahren an der Universität zu Heidelberg mit seiner Doktorarbeit zum Thema »Gelenkresektion«. Da Albert Abrams noch zu jung war, um als Arzt zu praktizieren, widmete er sich der Forschung.

Er entdeckte, was nur ein genialer Forschergeist entdecken kann: dass man an der Bauchdecke eines stehenden Patienten Krankheitssymptome abklopfen kann. Das funktioniert aber nur, wenn der Patient mit dem Gesicht gen Westen steht! Das muss erst einmal einer bemerken, er aber merkte es recht bald. So konnte er sechs Symptome diagnostizieren und entwickelte daraus den sogenannten Klopfatlas nach Abrams. Später verfeinerte er sein Verfahren noch, indem er Elektroden zwischen seine Patienten und einen Repräsentanten schaltete. Seine Ärztekollegen nannten das Verfahren ERA (electrical reaction of Abrams). Später stellte sich heraus, dass dieser Effekt ganz andere Gründe hat, die nicht in der klassischen Physik zu finden sind, sondern in den Phänomenen der Quantenphysik. So entstand eines der vielversprechendsten Verfahren der Humanmedizin, das wir heute »Radionik« nennen. Dieser geniale Dr. Albert Abrams wurde Präsident der amerikanischen Ärztegesellschaft und hatte viele Schüler, die sein Werk bis heute fortsetzen und seine Forschungen weiter kultivieren. Heute sind alle elftausend Krankheitssymptome des Menschen im Radionik-Programm messbar, ohne den Patienten berühren oder traktieren zu müssen.

In Deutschland ist es die »Deutsche Radionische Gesellschaft DRG«, die auf diesem Gebiet forscht und veröffentlicht. Einer der bekanntesten ganzheitlichen Ärzte im Lande, Dr. Ruediger Dahlke, nennt die Radionik die Komplementärmedizin der Zukunft.

Diese Geschichte ist in allen Details als wahr recherchiert und nichts ist erfunden.

44 Die vierundvierzigste Perle erinnert an »Klarsicht«

Das Prinzip

Vorstellungen bestimmen unser Verhalten. Wir nehmen die Welt nie direkt wahr, sondern immer und ohne Ausnahme durch den Filter unserer Vorstellungen. Davon gibt es viele, ein dickes Geflecht tausender Vorstellungen, die zu dem werden, was wir persönliche Meinung nennen. Wir sehen die Welt nie ohne Filter, so wie sie ist, doch nur das wäre Klarsicht. Wer mehr über die Wirklichkeit wissen will, muss seine Filter ablegen und vom Sehen zum Schauen kommen. Zugegeben, es braucht Mut, einen klaren Blick auf die Welt und das eigene Leben zu werfen, aber es lohnt sich! Erst ist man neugierig, dann entpuppt sich die eigene Vorstellung von der Welt als Täuschung und dann kommt das plötzliche Erwachen! Dadurch eröffnen sich neue Wege zu kraftvollen Lösungen, die sich an der Wirklichkeit orientieren. Dabei unterstützen uns auch die weisen Erkenntnisse unserer Ahnen und unserer Kulturen, wenn wir sie als Teil der Gegenwart begreifen. Endlich brauchen wir den Medien und anderen Kampagnen nicht mehr alles blindlings abzunehmen. Endlich löst sich kollektive Fehlsicht auf, und die Wirklichkeit wird sichtbar.

Die Wirkung

Am liebsten wäre es uns Menschen, dass die Welt so wäre, wie wir sie uns vorstellen. Leider ist die Welt aber nicht so. Also gibt es zwei Möglichkeiten: wir ändern entweder die Vorstellung oder die Realität. Die Vorstellung zu ändern, bedeutet Lernen. Die Realität zu ändern, bedeutet Handeln. Was aber, wenn jemand zu dumm ist zum Lernen und zu

bequem zum Handeln? Für den hat das Schicksal noch eine dritte Möglichkeit parat: sich ärgern! Wer ärgert da eigentlich wen?
Das ist die Entscheidung des Lebens, denn eine vierte Option gibt es nicht.

Die positive Seite

Wir haben die Wahl: lernen, handeln oder ärgern. Es gibt drei Arten des Lernens, zwei Arten des Handelns und eine Art des Ärgerns. Die Meister sagen den meisten Schülern alles dreimal, deshalb steht auch in den Weisheitsbüchern der Welt alles dreimal. Den Meisterschülern genügt zweimal. Den Nachfolgern genügt einmal. Nach dem Lernen kommt das Handeln, entweder aus einem äußeren oder aus einem inneren Impuls, reaktiv oder proaktiv. Allen anderen bleibt das Meer der Emotionen, in das sie sich hineinfallen lassen können, um sich selbst vortrefflich zu ärgern.

Wie »Klarsicht« Befreiung schafft

Wir sehen nur, was wir sehen wollen, und manchmal nicht einmal das. Hier ein Beispiel dafür: »Gerade leichte Übungen celebriere konzentriert!« Vielleicht hast du bemerkt, dass man eines der Worte eigentlich mit »z« schreibt und nicht mit »c«. Wenn du aber ein Meisterschüler bist, so sei dir gratuliert, dann hast du gleich gesehen, dass die Anfangsbuchstaben im Satz das Wort »Glück« ergeben.

Eine Fantasie

Wie wunderten sich die Schüler, als sie ihr erstes Palindrom entdeckten: »Die Liebe ist Sieger, rege ist sie bei Leid.« Ein Satz, der vorwärts und rückwärts gelesen werden kann. Begeistert waren die Schüler auch über: »Ein Neger mit Gazelle zagt im Regen nie.« Einige Schüler fingen an, Sätze auch im Alltag rückwärts zu lesen.

Eine Geschichte

Einmal, lass es vor langer Zeit gewesen sein, kamen zwei Freunde auf ihrer Reise mit dem Wagen durch Frankreich, als der Fahrer namens Rolf vorschlug, in den Pyrenäen einen Stopp zu machen, um den weisen Antoine zu besuchen. Rolf hatte während der Fahrt erstaunliche Dinge über diesen Antoine erzählt, etwa, dass der schon seit Jahren vom »Roten Kreuz« engagiert wird, in diversen Krisengebieten der Welt Flüchtlinslager zu leiten, bis die größte Not überwunden ist. Privat sei Antoine aber auch ein Phänomen, da er hellsichtig sei und Rolf sich von ihm öfters beraten ließe. Zurzeit sei er in seinem einsamen Haus in den Bergen, wo wir ihn besuchen könnten, weil er ihn wieder einmal etwas fragen wollte. Kurz bevor sie in die Pyrenäen abbogen, sagte Rolf: »Bitte wundere dich nicht, falls Antoine mit dir nicht sprechen will, das hat er schon öfters mit Leuten gemacht.« So fuhren die beiden Freunde über unbefestigte Wege zu Antoines Haus, und es kam alles ganz anders. Antoine begrüßte sie mit seiner deutschen Frau Christine, die auch als Übersetzerin aushalf. Bei Tee und Kuchen wollte Antoine wissen, wen Rolf da mitgebracht hatte. Rolf erzählte unter anderem, dass sein Freund in einem alten Gold- und Silberbergwerk im Harz, der »Grube Lautenthals Glück«, Seminare für Manager gebe. Das führte dazu, dass Antoine auf der Autokarte der Freunde die Bergstadt Lautenthal suchte und sich völlig darin vertiefte. Er hing fast mit der Nase auf der Karte und führte mit dem Zeigefinger langsame Bewegungen aus. Erst nach dreißig Minuten des Schweigens war er damit fertig und hob den Kopf, dann sagte er: »In der Zufahrt ist ein altes Ölfass aus dem zweiten Weltkrieg vergraben, das solltet ihr entsorgen. Und in dem alten Stollen liegen menschliche Gebeine, denen solltet ihr die Ehre geben.« Einige Wochen später fanden die Freunde auf dem Gelände das Ölfass. Über die Gebeine wunderte sich niemand, denn in über tausend Jahren waren mehrere Tragödien auf der Suche nach Gold geschehen. In der alten Untertage-Bergwerkskapelle hielten sie eine Andacht für die Altvorderen und ein Dankgebet für Antoine.

45 Die fünfundvierzigste Perle erinnert an »Energie«

Das Prinzip

Energie geht durch alle Ebenen des Seins. Sie betrifft den Geist und die Sinne und hat entsprechende körperliche Auswirkungen. Nach außen wirksam wird dies über die energetische Aura. Im innerlichen Hintergrund strahlt die Chi-Energie vom Hara aus in sämtliche Peripherien des Körpers. Warum aber haben einige Menschen mehr Energie als andere? Ein französischer Anthropologe namens Bovis erstellte eine Tabelle, nach der ein normaler Mensch zwischen 6000 und 7500 Bovis-Einheiten ausstrahlt. Dasselbe kann man bei der Energie von Orten oder Plätzen beobachten. Kirchen stehen oftmals auf Kraftplätzen, weil die weisen Baumeister um deren Energie gewusst haben. In Resonanz zur Erdenergie haben wir Menschen Antennen für gesunde Energien, oder wir reagieren sogar körperlich, wenn Energielinien störende Einflüsse haben. Solche Gitter sind unter den Namen ihrer Erforscher überliefert wie das »Curry-Gitter« oder das »Hartmann-Gitter«. Das Prinzip wird uns auch deutlich, wenn wir uns an Menschen erinnern: Da gibt es solche, die wir gleich vergessen, obwohl wir tagelang neben ihnen saßen, aber auch solche, die einen ganzen Raum, ein Halle, ein Stadion mit guter Energie ausfüllen, nur durch ihre Anwesenheit.

Die Wirkung

Stolz und bestens im dunkelblauen Zweireiher gekleidet kommt ein Geschäftsführer in seine Firma, und kein Kunde bemerkt ihn, weil seine Energie unterdurchschnittlich ist. Und dann – sorry, den Namen habe ich vergessen – kommt ganz freundlich und bescheiden ein Mönch in eine Halle, lachend und ziemlich ärmlich gekleidet grüßt er mit einer

Hand, und alle Anwesenden sind berührt, weil seine Energie enorm hoch ist. Ach ja, sein Name ist Dalai-Lama.

Die positive Seite

Wäre die Gattung Mensch allgemein von höherer Bovis-Energie, gäbe es weniger Verlierer. Höhere Energie zeigt sich in Freundlichkeit, Mitgefühl und Intelligenz. Höhere Energie wäre der Tod der Dummheit und das Feld, auf dem Frieden und Freiheit gedeihen könnten.

Wie »Energie« Klarsicht und Befreiung schafft

Eine der berühmtesten Formeln der Welt ist wohl $e = m{\cdot}c^2$ (Energie = Masse x Lichtgeschwindigkeit zum Quadrat), aufgestellt von Albert Einstein. Was, wenn Einstein dem herrschenden Zeitgeist so weit voraus war, dass er eigentlich etwas ganz anderes damit sagen wollte, es aber dafür noch für zu früh hielt? Jetzt ist es soweit! Die Formel gilt auch für das kollektive Bewusstsein der Menschheit und zeigt, welche gigantischen Sprünge im menschlichen Bewusstsein in Zukunft möglich sein werden.

e (Entwicklungs-Energie) = m (Masse der Population) x c (Denkgeschwindigkeit)^2

Dank an Albert Einstein für diese gute Botschaft an die Menschheit in Bezug zur Erreichung höherer Erkenntnis- und Handlungsstufen.

Eine Fantasie

Wie wunderten sich die Leute, als sie zum ersten Mal von der Quantentheorie hörten. Da soll also eine bestimmte Anzahl (etwa eine Milliarde) masseloser Photonen aus Licht ein einziges Masseteilchen bilden. Das wäre, als hätte man, wenn man 999 999 999 Kartoffel-Teile im Keller hat, nichts, aber wenn man eine Milliarde davon hat, dann hat man eine Kartoffel im Keller. Das ist der sogenannte Quantensprung. Wenn also genügend Leute eine neue Einsicht haben, dann ist es soweit, denn $e = mc^2$.

Eine Geschichte

Einmal, lass es vor langer Zeit gewesen sein, trafen sich zwei Novizen aus zwei verschiedenen Klöstern auf dem Gemüsemarkt am Fluss. Der eine namens Eki prahlte: »Mein Meister kann aus Asche eine Uhr manifestieren, kann deiner das auch?« Der andere, er hieß Mizu, war erstaunt und sagte: »Oh, ich weiß es nicht, ich frage mal nach.« Tage später begegneten sie sich erneut. Eki sagte: »Mein Meister kann aus Papier Geld machen, was kann denn deiner?« Auch dieses mal musste Mizu passen, um erst nachzufragen. Gegen Ende des Sommers traf Mizu den Leiter der Klosteruniversität und fragte ihn, was denn der Abt des eigenen Klosters Besonderes könne. Mit Begeisterung erzählte er dem Lehrer von den Wundern des fremden Meisters, der auch Gedanken lesen und Tiere hypnotisieren könne, wie Eki ihm zwischenzeitlich noch berichtet hatte. Der hohe Lehrer sagte freundlich: »Unser Roshi kann noch größere Wunder hervorbringen, nämlich dass er niemanden durch Wunder beeindruckt.«

46 Die sechsundvierzigste Perle erinnert an »Zentriertheit«

Das Prinzip

Wie soll sich ein Mensch zentrieren, wenn das Leben mit all seinen Facetten um ihn herum existiert? Sobald man sich auf eine von ihnen zentriert, bleiben die anderen unbeachtet. Zentrieren heißt verzichten. Verzichten heißt, wenn du zwei Möglichkeiten hast, wähle die dritte. Was aber, wenn es keine dritte gibt? Dann zentriere dich, du hast sie nur noch nicht entdeckt, denn es gibt sie immer! Wenn jemand vor zwei Türen steht, dann kann er durch die eine oder die andere hindurchgehen oder durch das torlose Tor des Nichthandelns. Ach, gäbe es doch nur zwei Türen, das Leben selbst aber hat viel mehr.

Die Wirkung

Hoch zentriert steht ein Golfsportler am Abschlag und antizipiert die Flugbahn des Balles durch die Luft. Auch wenn alle Normalgolflehrer der Welt sagen, das gehe nicht, sagen einige wenige, es gehe doch, die meisten wissen nur nicht, wie. Zentrierte Wahrnehmung erfordert einige außerordentliche Fähigkeiten, die es zu trainieren gilt. Beispiele dafür sind: Das Kleine ganz groß sehen. Das Weite ganz nah sehen. Golfspielen zu Ehren Gottes. Durch nichts erschreckt werden. Durch nichts abgelenkt werden. Den Golfschläger schlagen lassen (»es schlägt«). Dasselbe gilt für jeden Sport.

Die positive Seite

Ein Karate-Meister muss jahrelang üben, sich auf Hunderte Griffe zu zentrieren. Ein Kendo-Meister muss jahrelang üben, sich auf vier Griffe zu zentrieren. Ein Kyudo-Meister muss jahrelang üben, sich auf einen Griff zu zentrieren. Ein Zen-Meister muss jahrelang üben, sich auf keinen Griff zu zentrieren. Dadurch kann Meisterschaft verwirklicht werden.

Wie »Zentriertheit« Klarsicht und Befreiung schafft

Ein Initiations-Ritual der Sinti ist es, dass ein Schüler auf einem Kissen sitzt und zwei Kerzen betrachtet, die einen Meter vor ihm brennen. Er zentriert sich erst so, dass daraus vier Kerzen werden. Dann bringt er ganz zentriert die beiden inneren Kerzenbilder zur Deckung, sodass er nur noch drei Kerzen sieht. Jetzt zentriert er sich auf die Mittlere der drei und es geschieht das Erstrebenswerte: die Öffnung des »Dritten Auges«! Diese Kerze, die es faktisch nicht gibt, die er aber sehr deutlich sieht, betrachtet er auf diese Weise acht Stunden lang. Das ist Zentrierung, die ins Leben übertragen werden kann.

Eine Fantasie

Wie wunderten sich die Leute, als ein Dompteur seine Tiger selbst dann noch ansah, als er die Stahlrohrpodeste durch die Manege rollte. Nie ließ er sie aus den Augen, was bei mehreren Tigern höchste Zentrierung erfordert. Aber genau so entstand die knisternde Atmosphäre im Publikum.
Einem, der fragte, sagte er: »Nur zentriert ist man ein guter Dompteur, sonst ist man ein toter Dompteur.«

Eine Geschichte

Einmal, lass es vor langer Zeit gewesen sein, schenkte Zen-Meister Bigan Rei Shin Roshi einem seiner Schüler während eines Fünf-Tage-Sesshins seine lange Totenkopf-Mala aus Yakknochen. Der Schüler verneigte sich zum Dank, und die Mala wurde ihm um den Hals gelegt. Abends in seiner Kammer fühlte sich der Zen-Schüler durch diese Geste geehrt und würdigte die Mala, indem er jede Totenkopf-Perle ansah und dabei zählte. Er kam auf hundertsieben! Er meinte, sich verzählt zu haben, und zählte noch mehrmals, kam aber jedes Mal nur auf hundertsieben Perlen. Am nächsten Morgen fragte er den Roshi, ob es sinnvoll wäre, die fehlende Perle selber aus Knochen zu schnitzen und dadurch die hundertachte Perle hinzuzufügen? Der Roshi lächelte und sagte: »This Koan finished, next Koan please – dieses Koan ist gelöst, das nächste Koan, bitte. Du hast gezählt, das ist Achtsamkeit.« Der Schüler merkte erst jetzt, dass er ein unformuliertes Koan gelöst hatte. Dann sagte der Roshi: »Löse jetzt dieses Koan: Alle Totenkopf-Malas haben immer nur einhundertsieben Perlen, warum?«

Wochen später hatte der Schüler täglich mit diesem Koan meditiert und war mit seinen Lösungen unzufrieden. Da erzählte er es seiner Frau, die daraufhin sagte: »Wieso, es sind doch hundertacht Totenschädel, die an der Mala und deiner!« Er verneigte sich vor seiner Frau und sagte: »This Koan finished, next Koan please«.

47 Die siebenundvierzigste Perle erinnert an »Wahrheitssuche im Mystischen«

Das Prinzip

Die vollkommene Weisheit ist nicht durch Worte zu erklären, sie muss unmittelbar gefunden werden. Anderen Menschen kann man höchstens eine gewisse Hilfestellung zum Selbsterlebnis geben. Aber auch die hingebungsvollste Mitteilung kann niemals mehr sein als bloße Andeutung. Darum muss jeder Mensch sich letzten Endes selber auf den Weg machen, wenn er sie erfahren will. Ohne eigenes Erleben kann auch der Sinn heiliger Schriften nicht erfasst werden, sie bleiben tote Sätze auf Papier. Wer aber das vollkommene Erlebnis errungen hat, für den werden auch scheinbar »tote« Dinge wie der Staub auf der Straße oder ein Stein zu erhabenen Verkündern der Wirklichkeit. Ebenso sprechen auch Sonne, Mond und Bäume zu uns, sie sprechen ununterbrochen, durch ihre Predigt des Schweigens. Im indischen Ort Benares übergab der Buddha die Lehre an seinen Nachfolger, indem er eine Lotosblume hochhielt. Was hier zum Ausdruck kommt, ist die Essenz der Mystik, deren Sprache das Schweigen hinter den Worten ist, welche die Völker aller Nationen und Religionen in ihren überlieferten Mythen weitergeben.

Die Wirkung

Auch wenn Kulturen unterschiedlich sind, so haben sie doch gemeinsam, dass sie dem Mystischen Gestalt geben. Da werden vom Staat Straßenkurven gebaut, nur um den körperlosen Wesenheiten wie Gnomen und Feen ihren Lebensraum zu lassen. Auch Kruzifixe an Feld und Flur sind mystische Symbole von großer Kraft. Gleiches gilt für Naturzeichen, Gartentempel, Feng-Shui-Accessoires, Steinsetzungen oder Zen-Gärten.

Vom Geheimen ins Verstehbare führen auch Märchen und Sagen der Völker. Wer als Erwachsener die Bedeutung der Mystik würdigen kann, der versteht auch, warum Kinder sich vor mystischen Erzählungen nicht fürchten, sondern etwas begreifen.

Die positive Seite

Öffnet man ein helles Haus, strahlt Licht in die Dunkelheit. Umgekehrt dringt das Dunkle nie ins Licht ein. Mystik ist dieses Licht zur Erleuchtung des dunklen Raumes des Verstehens. Es macht sichtbar, was verborgen war, auch wenn das, was es zu sehen gibt, manchmal völlig neu ist und von einem Kundigen erklärt werden sollte.

Wie »Wahrheitssuche im Mystischen« Klarsicht und Befreiung schafft

Im Licht der Mystik leuchtet der volle Mond der vierfachen Weisheit. Die erste Weisheit: die vollkommene Gleichheit des Absoluten. Symbol für diese Stufe des Erkennens ist der »Bodhisattva Manjushri«. Die zweite Weisheit: die als Natur erscheinende Versöhntheit mit allen Wesen. Symbol für diese Weisheit ist der »Bodhisattva Samantabhadra«. Die dritte Weisheit: das wunderbare Durchschauen der sozialen Wirksamkeit. Symbol für diese Weisheit ist der »Bodhisattva Avalokiteshvara«. Die vierte Weisheit: die vollendeten Taten. Symbol für diese Weisheit des höchsten Nirwana ist »Buddha«.

Eine Fantasie

Wie wunderten sich die Leute, dass schon vor zweitausend Jahren einer der erfreulichsten und tiefsinnigsten Romane geschrieben wurde, der heute noch zu kaufen ist. Der römische Philosoph Apuleius verfasste um das Jahr 160 n. Chr. das Werk »Der goldene Esel«, in dem ein Mann als Esel wiedergeboren wird und aus dieser Sicht die Laster und Fehler der Menschen wahrnimmt. Der Roman enthält auch das Märchen von Amor und Psyche – höchst empfehlenswert. »Merke auf, es wird zu lachen geben.«

Eine Geschichte

Einmal, lass es vor langer Zeit gewesen sein, dachten die Menschen, dass die Sonne im Westen im Meer versinkt, deshalb nannten sie ihn das Abendland. Sie dachten auch, dass die Sonne – welch ein Glück – im Osten, also im Morgenland, wieder aufgeht, ohne bei ihrer gefährlichen Nachtmeerfahrt gelöscht worden zu sein. Heute wissen wir, dass es nur so aussieht, denn das Geheimnis der Planetenbahnen ist gelüftet, und neue mystische Geheimnisse liegen vor uns.

In der Mystik des Tarot handelt es sich bei der »Nachtmeerfahrt« um die Lebensreise des Menschen durch eine Inkarnation. Es sind 22 große Geheimnisse (lat. arcanum), die es zu verstehen gilt, um die Prinzipien des Menschseins auf der Reise durch das Leben zu ergründen.

Die Mystik beginnt in den Tarotkarten vor der Geburt des Helden. Es gibt ihn körperlich noch gar nicht, denn der Narr (Karte 0) ist im Bardo, also zwischen zwei Leben. Über das Prinzip von Yin und Yang führt die Lebensreise zu den irdischen Eltern (Karten 1 bis 4). Mit der Geburt beginnen die Lebenszyklen der Entwicklung, über das Kindsein durch die Pubertät bis zur Erkenntnis der eigenen Aufgabe (Karten 5 bis 10) verläuft die Lebensreise bis zum Zenit. Dann folgen leidvolle Erfahrungen, die mit Lehrgeld zu bezahlen sind, es beginnt der Abstieg des Helden in die Nachtmeerfahrt (Karten 11 bis 16). Erst mit solchen Lektionen kann am Tiefpunkt jeglichen Leidens die Transformation zu höheren Erkenntnissen beginnen (Karten 17 bis 19). Nun erst ist die Lebensreise des Helden durch Selbsterfahrung vorbereitet für die geistige Befreiung (Karten 20 bis 21). Dem Karma folgend, findet sich die Seele des Narren nun im nächsten Bardo, und der Kreis von Entstehen und Vergehen vollendet sich ein weiteres Mal.

Tarot, das Spiel des Lebens.

48 Die achtundvierzigste Perle erinnert an »Einsicht in die Zusammenhänge«

Das Prinzip

Form ist Leerheit, Leerheit ist Form. Kein Ding ist aus sich heraus. Jedes Ding ist frei von sich selbst. Eine Lampe besteht aus Vielem. Lampesein bedeutet: aus Sand und Feuer wird Glas, Feuer benötigt Holz, Holz entsteht aus Sonne, Regen, Luft, Samen, Erde. Lampesein brauchte einmal einen Erfinder, eine Idee, einen Handwerker, Werkzeuge. Alles, was wir Menschen konstruieren, ist mechanistisch und funktioniert nur, wenn jedes Teil durch seine Form die gewünschte Funktion erfüllt. Nehmen wir einen Wagen. Wenn von dessen Rädern eines fehlt, ist es kein Wagen mehr, sondern nur noch ein Ersatzteillager.
Natur ist anders: Alles, was die Natur hervorbringt, ist organisch. Nehmen wir eine Hand. Wenn ein Finger verlorengeht, ergänzen sich die anderen komplementär, und es ist immer noch eine Hand, weil es immer noch als solche funktioniert.
Alles Mechanistische hängt von den Gliedern seines Entstehens und Vergehens ab. Form ist also vollkommen leer von sich selbst. Es gibt eigentlich keine Lampe, es sind viele Fraktale, die zusammen das ergeben, was wir Lampe nennen. Zusammen erfüllen sie eine Funktion, deshalb benennen wir die Gesamtheit mit einem Namen. Wenn alles mit allem zusammenhängt, dann kommen aus diesen Zusammenhängen auch Lebewesen, die Welt, das Universum, das Nichts.

Die Wirkung

Die Wirklichkeit bezeichnet die Wirkung einer Reihe von Bestandteilen. Das Endergebnis davon ist die Realität. Dieses Buch ist beispielsweise die Wirkung von Baum, Holz, Papier,

Leim, Tinte, Wissen, Können, Autor, Lektorat, Setzer, Drucker, Verlag, Leser. Zusammen ergibt dies alles ein Buch. Nach der Existenz als Buch ist es nur noch Brennmaterial. Was wir sehen und nutzen, das Buch, ist also das Ende seiner Realität. Die Wirklichkeit ist die Gesamtheit dessen, was zusammengenommen etwas bewirkte. Das ist es, was die Philosophen interessiert, der Urgrund von etwas.

Die positive Seite

Die Werde-Welt (Samsara) entsteht und vergeht infolge vieler ursächlicher Zusammenhänge. Leben bedeutet, Glück und Leid zu erfahren. Beide haben Ursachen und sind zeitlich begrenzt, keines ist ewig. Auch Leid hat Ursachen, wenn man die Ursachen des Leids aufhebt, ist auch das Leid aufgehoben. Die Ursachen des Leids und der Weg zu deren Aufhebung sind es, woran die hundertacht Perlen der Mala erinnern.

Wie »Einsicht in die Zusammenhänge« Klarsicht und Befreiung schafft

Ein Papierdrachen fliegt schöne Figuren im Wind, solange er gefesselt ist. Klingt banal, ist aber eine geniale Erkenntnis. Das gleiche Prinzip auf quantenmechanischer Ebene drückt sich aus, wenn eine Rakete den Mond nur trifft, wenn in die Flugbahnberechnung mithilfe der Relativitätstheorie die Raumkrümmung einbezogen wird. Woher wissen die Pflanzen eigentlich, wann es Frühling wird?

Eine Fantasie

Wie wunderten sich die Leute, als es möglich wurde, die Geschwindigkeit beim Lernen einer Sprache plötzlich zu verzehnfachen. Das suggestopädische Lernen wurde entdeckt, weil ein Forscher verstand, wie gehirngerechtes Lernen funktioniert. Daraus wurden schnelle Methoden des Super-learnings entwickelt, mit verblüffenden Effekten. Subliminals, das ist entspanntes Lernen mit Musik. Photo-reading, das ist Buchseitenlesen im Sekundentakt. Skin-learning, das ist Lernen über die Haut. Der »Nürnberger Trichter« war einmal eine Fantasie, jetzt ist er Wirklichkeit.

Eine Geschichte

Einmal, lass es vor langer Zeit gewesen sein, kam ein junger Mann zu einem Geistheiler und fragte: »Ich habe gehört, du hast schon manchen Leuten geholfen, ihre Probleme zu lösen. Würdest du mir auch helfen? Ich möchte gerne Millionär werden, kannst du mir sagen, was ich dafür tun muss?« Der Meister lächelte ihn an und sagte ohne Zögern: »Du musst einen schwarzen Kieselstein aus dem Fluss holen, ein vierblättriges Kleeblatt aus der Wiese nehmen und eine gelbe Honigkerze besorgen. Dann gehst du in der nächsten Vollmondnacht um Mitternacht damit auf den Berg da hinten, wo die Burg ist. Dort setzt du dich unter den linken Turm auf die Steinbank und stellst die Kerze auf den Kieselstein, zündest sie an und verbrennst darin das Kleeblatt.« Der Jüngling war erstaunt über die Machbarkeit und ging in der nächsten Vollmondnacht, wie geheißen, auf den Berg. Als er die Steinbank sah, dachte er: »So einfach kann das doch nicht sein? Der Heiler hat mir bestimmt noch etwas Entscheidendes verschwiegen, ich frage besser nochmals nach.«
So kam es, dass der junge Mann dem Heiler seine Bedenken vortrug und um tiefere Einsicht in die Zusammenhänge bat. Der Meister sagte: »Gut, um jeden Zweifel auszuräumen, du musst darauf achten, dass du beim Verbrennen des Kleeblattes nicht an einen weißen Elefanten denkst.«

49 Die neunundvierzigste Perle erinnert an »Vertrauen«

Das Prinzip

Es gibt drei Dinge, die man nicht einfordern, sondern nur verschenken kann: Liebe, Macht und Vertrauen.
Mit der Liebe ist es so: Wer von ihr spricht, meint die kleine Liebe. Kleine Liebe repräsentiert sich über unsere fünf Gesichtssinne: visuell, dieser Mensch sieht aber gut aus. Auditiv, diese Stimme ist so angenehm. Haptisch, das fühlt sich so gut an. Olfaktorisch, hm, riecht der gut. Gustatorisch, Liebe geht durch den Magen.
Die große Liebe geht darüber hinaus, sie wird mit allen Sinnen erlebt im seelischen Gleichgewicht, im Gespräch miteinander, in der Dynamik des gemeinsamen Handelns, im intuitiven Einklang, in gemeinsamer Bestimmung.
Mit der Macht ist es so: Wer seine Kooperationsbereitschaft verschenken oder entziehen kann, der hat die Macht. Wenn also jemand sagt, »ohne dich kann ich nicht leben«, hat er damit seine Macht verschenkt.
Mit dem Vertrauen ist es so: Wer es einfordert, bekommt es noch lange nicht. Nur wer es verschenkt, darf hoffen, dass sein Geschenk angenommen wird, dann aber wird er reich belohnt.

Die Wirkung

Ein nachhaltiges Meister-Schüler-Verhältnis lebt vom Vertrauen. Der Schüler schenkt dem Lehrer sein Vertrauen und folgt ihm nach. Der Meister hat es einst genauso gemacht, er vertraute der Lehre, seinen Lehrern und der Gemeinschaft. Aus diesem vollen Vertrauen heraus kann der Schüler eines Tages über den Meister hinauswachsen und ihn ehren und würdigen, um sich eventuell einem neuen Guru zuzuwenden. So geht die Linie des Vertrauens vom Begründer der Lehre, dem Buddha, bis zum heutigen vierundachtzigsten Patriarchen und darüber hinaus.

Die positive Seite

Wenn aus Zwei Eins wird, dann ist die Grundlage für Vertrauen geschaffen. ZWEIfel wird EINsicht, das ist die Voraussetzung, um sich auf den Weg zu machen. Es gibt für den Adepten nur noch diesen einen Weg, keinen zweiten und keinen Zweifel. Nach reiflicher Prüfung seiner Zweifel und intensivem Studium verschiedener Wege kommt er zu dieser Einsicht. So folgt er frei und eindeutig seinem Vertrauen in die Lehre, in den Lehrer und in die Gemeinschaft.

Wie »Vertrauen« Klarsicht und Befreiung schafft

Wer träumt nicht manchmal seinen großen Traum? Aber sehr wenige Menschen vertrauen diesem Traum genug, um ihn zu verwirklichen, weil das deutliche Veränderungen im Leben mit sich bringen würde. Wenn später von einem gesagt wird: »Ja, der hat Glück gehabt«, dann steckt oft dahinter, dass derjenige seiner Intuition vertraut hat und »es« getan hat. Vertrauen in die eigenen Gefühle erfordert auch Mut. Dieser Mut ist oft der Preis für die Befreiung.

Eine Fantasie

Wie wunderten sich die Leute, als sie hörten, dass die Mönche in der Zen-Übung um den Schlagstock (Keisaku) baten. Die im Lotossitz auf dem Kissen Zazen Meditierenden verneigten sich, als der Mönch mit dem Schlagstock langsam vorbeiging, um ihn so zu bitten, sich ihnen zuzuwenden. Dieser verneigte sich und wartete ab, bis sich der Bittende auch verneigte, dann schlug er mit der flachen Seite des Keisaku zu, viermal auf die linke Schulter, viermal auf die rechte. Beide verbeugten sich und lächelten dankbar für den Weckstab der Liebe.

Eine Geschichte

Einmal, lass es vor langer Zeit gewesen sein, erkrankte ein König und ließ nach den besten Ärzten rufen. Als seine Symptome verschwanden, ihm durch die Behandlungen aber die Haare ausfielen, ließ er nach Heilern ausschauen. Als ihm durch deren Besprechung und Handauflegen die Haare wieder wuchsen, er sich aber schwach und lustlos fühlte, wollte er sich beinahe aufgeben. Da sagte sein Diener, er solle es doch noch einmal bei dem berühmten Meister Gensan versuchen. Er ließ sogleich nach Gensan rufen, der aber winkte ab und sagte dem Boten, dass der König zu ihm kommen solle. Die Frau des Königs war erstaunt und wütend, wie denn einer im Lande es wagen könne, dem König abzusagen. Andererseits, dachte sie, muss der wohl besonderes Vertrauen in seine Kunst haben. So machte der König sich mit viel Gefolge in einer Kutsche auf den beschwerlichen Weg. Der Trupp zog tagelang durchs Gebirge, bis in die Niederungen, um endlich Gensans Haus zu erreichen. Der aber machte nicht gleich auf, weil er gerade seinen Mittagsschlaf hielt. Als er ausgeschlafen hatte, wollte er auch nicht zur königlichen Kutsche kommen, sondern verlangte, dass der König die Stiegen zu seiner Hütte heraufkommen solle. Zwar fluchte der König vortrefflich vor seinem Gefolge, aber er ging die Treppe ins Haus zu Gensan. Der gab ihm ein leeres Gefäß mit Deckel und sagte: »Reite jetzt im Pferdesattel ans Meer, fülle das Gefäß mit dem Meerwasser aus der Brandung und mache dich im Pferdesattel auf den Rückweg. Die Kutsche räumst du für das Gefolge.« Der König war beleidigt und belehrte Gensan lautstark über seinen beschwerlichen Herweg. Aber es nützte nichts, Gensan bestand auf diesem Vorgehen. Schon der tagelange Ritt zum Meer rüttelte ihn ordentlich durch. Nach dem Gang ins Meer fing er an, über die Schönheit seines Reiches zu sprechen. Später trank er mit seinen Leuten puren Rum und sang mit ihnen obszöne Sauflieder. Als er im Schloss ankam, ging es ihm sehr gut, und die Prinzessin fragte ihn: »Was hat Meister Gensan denn gemacht, dass du gesund geworden bist?« Er sagte, dass Gensan ein unverschämter Kerl sei, der auf unerklärliche Art in seine Kunst vertraue, aber gemacht habe er eigentlich nichts.

50 Die fünfzigste Perle erinnert an »Energische Zielverwirklichung«

Das Prinzip

Vorstellungen bestimmen unser Verhalten. Jemand kann ruhigen Schrittes über ein schmales Brett gehen, auch wenn es zwischen zwei Hochhausdächern über dem Abgrund liegt. Das geht aber nur, wenn die Vorstellung von der Erreichung des Ziels stärker ist als die Angst vor dem Abgrund. Das allerdings ist eine schwierige Anforderung an den eigenen Willen. Denn wenn in der Seele Glaube und Wille miteinander kämpfen, dann verliert meistens ... der Wille. Am besten wäre deshalb ein konkretes, lohnendes, großes Ziel, das uns beseelt, wie ein Fixstern am Horizont. Auch wenn dieser Stern weit entfernt scheint, so ist der Glaube daran, die Kraft zu besitzen, ihn zu erreichen, die wichtigste Säule des Erfolges.

Die Wirkung

Die Kraft zum Erfolg ruht auf drei Säulen: Glaube, Mut und Demut. Zuerst kommt der Glaube daran, kraftvolle Mächte für meine Zielverwirklichung in meinem Dienste zu haben. Das müssen Mächte sein, die gefühlt werden können, davon gibt es edle und makelbehaftete. Zu den makelbehafteten Mächten gehören die Geistesgifte wie Neid, Gier oder Angst, die sind natürlich kontraproduktiv. Zu den edlen Mächten gehören erhebende Energien wie Liebe, Mitgefühl, Freude oder Vertrauen, nur die sind es, die uns wirklich weiterbringen.

Die positive Seite

Unbeirrbarer Glaube an fühlbare gute Mächte erzeugt Mut. Das ist die Kraft, ein hohes Ziel anzuvisieren und in diese Richtung loszumarschieren. Mit dem vollen Einsatz der eigenen Ideen und Handlungsmöglichkeiten gibt es, grob gesagt, zwei Möglichkeiten: Es kann gelingen oder misslingen. In beiden Fällen ist Dankbarkeit die richtige Geisteshaltung. Gelingt das Vorgenommene, ist das sicher leicht, geht es aber schief, wird es schwierig. Gerade dann aber ist es edel, für die Lebenslektion auch dankbar zu sein. Das ist Demut, die dritte Säule des Erfolges.

Wie »Zielverwirklichung« Klarsicht und Befreiung schafft

Wem es gelingt, auch nur eine einzige Perle an der Mala zu verwirklichen, dem löst sich ein Meer von Karma auf. Wer also ein lohnend hohes Ziel wie Erreichung der eigenen Bestimmung anvisiert und den Weg dahin einschlägt, wer dazu die nötigen Gelübde ablegt, der ist ein edler Feindbesieger (Arhat).

Eine Fantasie

Wie wunderten sich die Leute, als Thomas Alva Edison nach über tausend Versuchen, eine Glühbirne zu erfinden, überhaupt nicht müde wurde, mit weiteren Versuchen zu scheitern. Als er dazu befragt wurde, sagte er: »Ich kenne über tausend Konstruktionen, wie eine Glühlampe nicht funktioniert, so weit ist kein anderer.« Später wurde aus diesem ehemaligen Zeitungsboten Edison der berühmteste Erfinder Amerikas, dem die Welt sehr viel verdankt.

Eine Geschichte

Einmal, lass es vor langer Zeit gewesen sein, war eine Militäreinheit im Dschungel in einen Hinterhalt geraten. Der Kommandeur der Truppe sah nur noch eine Möglichkeit zu überleben: Er musste eine Nachricht mit Lageplan an Garcia, den Oberbefehlshaber überbringen lassen. Dazu wählte er den Soldaten Manolo aus, der sein Adjutant war und bisher unverletzt geblieben war.

Der Befehl lautete: »Überbringen Sie diese Botschaft persönlich und auf kürzestem Wege an Garcia.« Jeder andere hätte gefragt, wo Garcia denn sei, wie er dahin kommen solle, wie er das organisieren solle und mit welchen Gefahren zu rechnen wäre. Jeder hätte das gefragt, aber nicht Manolo, der quittierte den Befehl, packte sein leichtes Marschgepäck und meldete sich in derselben Nacht ab. Manolo erreichte Garcia in fremdem Land während eines diplomatischen Einsatzes, übergab die in Ölpapier gewickelte Botschaft, wodurch die Kameraden im Dschungel gerettet werden konnten, und wurde von Garcia für den Einsatz mit einer Ehrennadel ausgezeichnet.

Kein Wort verlor Manolo über den beschwerlichen Weg, darüber, wie er in der ersten Nacht feindliche Linien überqueren musste, indem er durch einen Fluss ging, bis zum Hals im Wasser, das Gepäck auf dem Kopf, nicht wissend, ob es Krokodile gab. Oder darüber, wie er später als blinder Passagier auf einen fahrenden Eisenbahnzug aufsprang und sich an der Waggonseite festhielt, bis er auf das Dach klettern konnte. Und kein Wort verlor er bei Garcia über zwei Ganoven, die ihn anhielten und sein Gepäck durchsuchten und alle Wertsachen nahmen. Und auch nicht, wie die Ganoven über ihn in Streit gerieten und wie er davon profitierte, da er mit deren Waffen und Beute abhauen konnte. Ganz zu schweigen von Nässe und Kälte, die ihm zu schaffen machten, bevor er die Küste und einen Hafen erreichte, wo er auf einem Schiff eincheckte und über den Kapitän erst in Erfahrung bringen konnte, wo Garcia sich zurzeit aufhielt. Er glaubte unbeirrt an die Rettung seiner Kameraden in dem Dschungel, weil er an die Gerechtigkeit seines Einsatzes glaubte und daran, dass Gott ihn leiten werde. Und er richtete seinen Geist ganz fokussiert auf den nächsten Schritt aus oder auf eine spontane Reaktion, auf einen neuen Schicksalsschlag. Und er wusste immer, dass er dankbar sein konnte als Auserwählter, dem offenbar Sonderaufgaben im Leben gestellt wurden, für die er auch die nötigen Fähigkeiten mitbekommen hatte.

Manolo hat nach dem Krieg ein Restaurant eröffnet und serviert dort die exotischen Speisen des Landes, in dem er einst den Befehl erhalten hatte. Das Lokal nannte er »Taverne Garcia«.

51 Die einundfünfzigste Perle erinnert an »Ausrichtung des Geistes«

Das Prinzip

Hildegard von Bingen, Madame Curie, Mutter Teresa, das sind Beispiele für Geisteskräfte zum Wohle der Menschheit. Leonardo da Vinci, C. G. Jung, Albert Abrams, sie alle haben ihre Spuren im Gedächtnis der Menschheit hinterlassen. Zu allen Zeiten und in allen Kulturen lebten und leben solche Geistesgrößen. Einige feiern wir nach Tausenden von Jahren als Religionsgründer wie Jesus von Nazareth, der zum Christus wurde, wie Siddhartha Gautama, der zum Buddha wurde oder wie Mohammed, der zum Propheten wurde. Man kann es einem Menschen nicht ansehen, von welcher Geistesqualität er geboren wurde. Weder Schönheit noch Reichtum haben einen Zusammenhang mit dem Genius des Geistes. Drum mögest du, lieber Leser, bitte jetzt prüfen, ob du von außerordentlicher Geisteskraft bist, deren schlummernde Reserven du entdecken solltest. Es ist nicht für dich, es ist zum Besten des Ganzen.

Die Wirkung

Geisteskraft ist unabhängig vom Alter. Wer geistig jung ist, stellt Fragen ans Leben, der will wissen, was die Welt im Innersten zusammenhält, der hat keine Zeit, sich von vorgekauten Meinungen berieseln zu lassen, der wird Meister in einem Wissensgebiet, um danach Schüler zu sein in einem neuen Thema. Weisheit ist kein zu erlangendes Ziel, Weisheit ist ein Weg. Ein Test, ob er deiner ist: »!tztej tnnigeb tiehsieW eid ni geW reD«

Die positive Seite

Alles hat mindestens zwei Seiten, so auch der Weg des Älterwerdens: Wir werden kindisch oder weise. Weise zu sein bedeutet, aus all den vielen Fehlern gelernt zu haben und genau deshalb unseren Enkelkindern ein liebevoller Berater zu sein. Weisheit zeigt sich in der Rückmeldung durch die Kinder. Kinder lieben ihre weisen Großeltern und zeigen das auch. Kinder sind unser Weisheitsbarometer.

Wie »Ausrichtung des Geistes« Klarsicht und Befreiung schafft

Weisheit durch Geistesausrichtung ist erlernbar und wird jeden Tag gelehrt. Wer Fragen ans Leben stellt oder sich infrage stellt, ist auf dem Weisheitsweg. Wer nie Beobachter seiner selbst ist, wird schwerlich seine besonderen Fähigkeiten entdecken. Schade für die Welt, wenn ein Mensch seine Potenziale unentdeckt lässt, anstatt der Welt gerade mit seiner Individualität ein Geschenk zu sein.

Eine Fantasie

Wie wunderten sich die Leute, als sie entdeckten, dass Haushunde mit ihren Herrchen oder Frauchen so stark verbunden sein können, dass sie deren Situation bemerken, obwohl sie Kilometer von ihnen getrennt sind. Wenn Tiere das können, was sollte dann erst uns Menschen möglich sein, wenn wir unseren Geist ausrichteten? Sollten wir nicht endlich ein Tabu brechen und ort- und zeitlose Gedanken-Wahrnehmung nicht wenigstens für möglich halten?

Eine Geschichte

Einmal, lass es vor langer Zeit gewesen sein, wollte einer auf gar keinen Fall krank werden. Kurz darauf hatte er eine Lungenentzündung, die ihn ins Krankenhaus brachte. Derselbe wollte niemals arm werden, kurz darauf verlor er seine Arbeitsstelle. Dann machte er eine Umschulung mit und dachte an die Abschlussprüfung, die er unbedingt bestehen wollte, aber er glaubte, dass er wohl durchfallen würde.
Sein Budo-Lehrer sagte zu ihm: »Wie dumm, manche Leute stellen sich lieber das vor, was sie vermeiden wollen. Dabei setzen sie so viel Vermeidungsenergie frei, dass sie genau das Gefürchtete anziehen. Stell dir lieber vor, was du wirklich willst und wie du es letztlich

schaffst. Bedenke, du könntest den Nordpol zu Fuß erreichen. Dass du es kannst, darf keine Frage sein, nur, wie lange du dafür brauchst, ist offen.«

Der Mann sagte: »Gut, ich probiere es aus. Ich möchte, dass ich morgen eine neue Arbeitsstelle angeboten bekomme.« Aber das klappte auch nicht, und er sah sich wieder einmal bestätigt. Der Budo-Lehrer sagte: »Du musst es wirklich wollen! Ich zeige es dir. Ich werde dem Ersten, der mich fragt, eine möglichst große Hilfe sein.«

Eine Stunde später fragte ein anderer Budo-Schüler den Meister: »Ich suche eine sinnvolle Arbeit, falls du mal etwas hörst ...?« Der Meister stellte ihn bei seinem Budo-Internat als Hausmeister an und wurde mit ihm äußerst zufrieden.

Der Erste sagte: »So ein Glück habe ich nie.«

52 Die zweiundfünfzigste Perle erinnert an »Eindeutigkeit des Verhaltens«

Das Prinzip

Es kommt weniger darauf an, was wir tun, als vielmehr darauf, an welchem größeren Werk wir mitwirken. Dabei ist jede Tätigkeit gleichermaßen wichtig, wenn sie in dem Bewusstsein, Bestandteil eines höheren Werkes zu sein, geschieht. Der Straßenreiniger ist existenziell bedeutsam für die Stadt, der Hilfsarbeiter ist unabdingbar für die Produktion. Das, was wir tun, hat vier Botschaften: 1. Den Inhalt der Tätigkeit, 2. Den Zweck für das Ganze, 3. Die Beziehung zur Gemeinschaft, 4. Die Selbstoffenbarung.
Nehmen wir zwei Beispiele.
Der Arzt: Inhaltlich geht es um Helfen, Heilen, Hoffen. Zweck des Berufes ist Gesundung einleiten. Die soziale Beziehung ist edel, weil er ohne Ansehen der Person oder der Symptome Gutes tut. Der Beruf verrät über denjenigen, der ihn ausübt, dass er studiert hat, Prüfungen bestanden hat, gerne für andere da sein möchte und diszipliniert leben kann.
Der Politiker: Inhaltlich geht es um Regieren, Entscheiden, Dienen. Zweck des Berufes ist es, die soziale Ordnung zu sichern. Die Beziehung zum Volk ist ambivalent – was der einen Lobby gefällt, kritisiert das andere Lager. Sein Beruf offenbart, dass er in Zusammenhängen denkt, dass er Partei ergreift, gut debattieren kann und sich auch gegen Konfrontationen stark macht.

Die Wirkung

Die Geisteshaltung, aus der wir etwas tun, bedient entweder eine edle oder eine makelbehaftete Lebensphilosophie. Dazu gehören die drei Säulen einer Philosophie: Theorie,

Ethik und Ästhetik. Theorie ist das Wissen von und Verstehen der Wirklichkeit. Ethik ist die Kultur des Geistes und die zugrunde liegende Einstellung. Ästhetik ist die Art und Weise des Handelns und dessen Folgen.

Die positive Seite

Jedes Verhalten ist grundsätzlich zweideutig, es hat einen praktischen und einen karmischen Aspekt. Eindeutig wird Verhalten erst durch das Bewusstsein des Handelnden, wenn dieser etwas tut und die Folgen bedenkt oder etwas nimmt und die Quelle bedenkt oder etwas unterlässt und die Wirkung beachtet. Gut ist jedes Denken und Verhalten, das zu einer höheren Geistesqualität führt und damit den karmischen Kreislauf veredelt.

Wie »Eindeutigkeit des Verhaltens« Klarsicht und Befreiung schafft

Vier Stufen hat das, was wir Verhalten nennen. Erstens muss eine Aufgabe erkannt werden, zweitens muss dazu eine Entscheidung getroffen werden, drittens folgt daraus das angemessene Verhalten und jedes Verhalten hat Folgen, die es viertens zu tragen gilt. Innerhalb eines Augenblicks sind jedes Mal alle vier Stufen auf die Geistesqualität zu prüfen. Das allein führt zu bewusster Eindeutigkeit.

Eine Fantasie

Wie wunderten sich die Leute, als einer sagte: »Nein, ich weigere mich, das zu tun.« Selbst als man ihm Konsequenzen androhte, zeigte er Zivilcourage und ging dafür ins Gefängnis. Jahre später wurde sein Verhalten von einer erneuerten Gesellschaft als heldenhaft gelobt. Man bot ihm ein politisches Amt an, wenn er dafür über seine Erfahrungen in der Gefangenschaft schweigen würde. Er aber weigerte sich, das zu tun.

Eine Geschichte

Einmal, lass es vor langer Zeit gewesen sein, gab es ein Land, das durch eine Mauer in zwei Teile geteilt war, man nannte diese Ost und West. Einer war vor der Teilung im Osten geboren und lebte nach dem Mauerbau im Westen. Nach dem Studium bekam er eine gute Anstellung im Zollamt des Landes. Wegen seiner Kompetenz und vor allem wegen seiner Führungsqualitäten machte er in dieser Behörde eine beeindruckende Karriere. Ganz im Verborgenen hatte er immer noch gute Beziehungen zum Osten. Deshalb gab er Informationen hinter die Mauer weiter, von denen er wusste, dass sie einer Wiedervereinigung langfristig nützen könnten. Jahre später kam die staatliche Vereinigung, die Mauer fiel und getrennte Familien und Freunde konnten wieder zusammenfinden. Ihm aber wollte das vereinigte Land noch einen Prozess machen, denn seine Spionagetätigkeit ging aus den Unterlagen durch frühere Informanten hervor. Man bot ihm an, den Prozess, wenn er einen bestimmten Geldbetrag für den Wiederaufbau zahlen würde, fallen zu lassen.

Er sagte: »Nein, ich gehe vor Gericht. Dort sage ich die ganze Wahrheit, mit allen Namen und Aktionen, die mit mir zusammen stattgefunden haben.« Das Verfahren wurde ohne weitere Begründung eingestellt und niemals kam es zu Forderungen der Behörden an ihn. Heute ist dieser konsequente Ex-Zollbeamte ein international gefragter Berater, der jederzeit in den Spiegel schauen kann, weil er in wirren Zeiten das Rechte tat.

53 Die dreiundfünfzigste Perle erinnert an »Bewusste Themenausrichtung«

Das Prinzip

Warum sollte jemand sich für seinen eigenen Forschergeist Selbstbeschränkungen auferlegen? Letztlich gibt es keine andere Möglichkeit für Laien, Mönche oder Nonnen, als durch eigenes Erforschen der Wirklichkeit in Studium und Übung näher an höhere Erkenntnis heranzukommen. Das ist das große Ziel allen Forschens und Übens: die Erforschung des einen Geistes, der Entstehen und Vergehen bewirkt. Kein anderer kann das endgültig tun außer jeder selbst. Dazu können wir unseren Geist völlig selbstbestimmt und frei auf einen Kanon verschiedener Themen ausrichten, die alle um Erkenntnis und Erfahrung höherer Art kreisen.

Persönliche Entwicklung ist freiwillig! Niemand muss mehr verstehen, als die Schule ihm in der Jugend beigebracht hat. Der Rest ist bewusste Ausrichtung auf selbstgewählte Themen. Der Fokus solcher Forschung kann von Berieselung durch Medien über philosophische Auseinandersetzung bis hin zu spiritueller Übung gehen. Für den Feindbesieger, der die Prinzipien der persönlichen Entwicklung an den hundertacht Perlen der Mala ablesen kann, ist es erstrebenswert, das große Ziel der Buddhaschaft unablässig zu verfolgen und dafür zu lernen und zu üben.

Die Wirkung

Durch bewusste Ausrichtung auf unbekannte Themen sind es gerade die Forscher, die ihre Geisteskraft für die kollektive Entwicklung der Menschheit einsetzen. Dabei stoßen sie natürlicherweise grundsätzlich an alte Grenzen, die es mit neuen Ansätzen zu überschreiten gilt. So lösen sich Paradigmen auf, die uns in Schach gehalten haben, so schreiten wir voran zu Höherem. Es ist weniger schlimm, dass wir vieles noch nicht wissen, schlimmer ist, dass wir vieles wissen, was nicht stimmt.

Die positive Seite

Die Gedanken sind frei. Vor zweieinhalbtausend Jahren sagte der Buddha, dass seine Lehre in den Westen geht, wenn der Eisenvogel fliegt. Wow! Es ist längst soweit, der Eisenvogel fliegt schneller, höher, weiter, leiser, sicherer, komfortabler, bis das nächste Stadium erreicht ist. Feststoffantriebe sind bald der Witz von gestern. Es wäre heute schon möglich, aus Sand Benzin zu machen.

Wie »Bewusste Themenausrichtung« Klarsicht und Befreiung schafft

Hier eine Auswahl von Themen, die es zum Nutzen der Welt zu erforschen gäbe, für den, der sich berufen fühlt: Die Sprache der Tiere. Freie Energie aus dem Weltall. Heilung der Seele durch morphische Felder. Der Sieg des Friedens über den Krieg. Balance in der Welternährung. Heilung aus dem Geiste. Und: ________________ (dein Thema).

Eine Fantasie

Wie wunderten sich die Leute, als sie mit scheinbar unlösbaren Themen konfrontiert wurden. Warum gibt es im chemischen Periodensystem zwei Elemente nicht wirklich, Technetium und Promethium? Was ist schneller als Licht? Warum weiß eine Zen-Meisterin, die neun Jahre lang im Wald gelebt hat, mehr als jeder andere? Was bleibt übrig, wenn man alles entfernt?

Eine Geschichte

Einmal, lass es vor langer Zeit gewesen sein, bemerkte ein Intellektueller, dass es nur 81 natürliche, stabile chemische Elemente auf der Erde gibt. Also folgerte er, das Eine besteht aus einundachtzig Teilen und den unsagbar vielen Kombinationsmöglichkeiten daraus. Als mathematische Gleichung geschrieben: 1 : 81 = 0,0123456789. Was haben wir denn da? Unser Dezimalsystem! Es war für ihn der Einstieg in »Gottes geheime Formel«, die ihn zu weiteren großartigen Erkenntnissen über das »Primzahlkreuz« führte. Wie kann man sich nur so eng ausrichten, dachten einige, aber es ging noch weiter. Ein Philosoph, der mit ihm schon so manche geistige Auseinandersetzung geführt hatte, verband dessen Erkenntnisse mit seinen eigenen und kam auf die »Viergliederung« der Staatsführung für eine bessere Gesellschaft. Es war für einen Laien faszinierend, mit solchen Geisteskapazitäten zu sprechen, obwohl man sehr schnell nichts mehr verstehen konnte. Aber es kommt noch besser, »beide haben nicht zu Ende gedacht und sind gefangen in ihren Erkenntnissen«, sagte ein Mathematiker, der sein Leben den Zahlen gewidmet hatte. Dieser Mathematiker hatte unter anderem berechnet, warum eine Mala hundertacht Perlen hat. Dahinter, so sagt er, steckt die Gleichung $1^1 \times 2^2 \times 3^3 = 108$.

Nun könnte ein Laie meinen, dass $1^1 = 1$ sei, aber weit gefehlt! 1 ist etwas ganz anderes, sonst hätten wir diese Rechnung ja nicht. Nehmen wir einige Beispiele: Eine Welle ist eine Welle, 1 = 1. Potenziert sich eine Welle jedoch selbst, $\text{Welle}^{\text{Welle}}$, so entsteht die Brandung. Ein Gedanke ist ein Gedanke, potenziert sich ein Gedanke jedoch aus sich selbst heraus, entsteht eine Meinung. Eine Idee ist eine Idee, potenziert sich eine Idee jedoch selbst, entsteht ein Geistesblitz, und daraus kann ein völlig neues Produkt hervorgehen.

Eine buddhistische Mala hat hundertacht Perlen – nein, viel mehr, das steht symbolisch für 1^1 (völlige Befreiung) x 2^2 (alle Dimensionen) x 3^3 (Erlöschung aller Leidenschaften und Herzenstrübungen zu ewig währendem Glück).

54 Die vierundfünfzigste Perle erinnert an »Getragensein durch die Gesetze«

Das Prinzip

Jeder kann jede Dummheit begehen und damit gegen die drei Welten der Gesetze verstoßen. Jeder Verstoß hat jedoch Folgen, die der Gesetzesbrecher zu tragen hat. Die Hierarchie der drei Gesetzeswelten funktioniert nach dem Prinzip »Ober schlägt Unter«. Zu unterst sind die menschgemachten Gesetze, dem übergeordnet wirken die Natur-Gesetze und deren Krönung sind die Gesetze des Karmas.

Menschen aller Kulturen und Zeiten gaben sich Regeln für ihr Zusammenleben. Diese deontologischen Gesetze der Menschen erlauben dem Weisen ein autonomes Leben in der Freiheit der Verfassung, in der Kultur, die ihn trägt.

Die Naturgesetze sind im Groben wie im Feinen vorgegeben und tragen jeden, der sich ihnen hingibt. Panta rhei, alles fließt, also fließen auch die Naturgesetze, aber das ist nur in kosmischen Zeitabschnitten zu verstehen. Der Weise kennt und achtet die Gesetze der Natur und lässt sich ohne Verstoß von ihnen tragen.

Die Karmagesetze wirken im Verborgenen und sind nur für den erfahrbar, der auf tiefere Zusammenhänge schaut. Der Weise sieht sich getragen von karmischen Wirkprinzipien und bedenkt deren Auswirkungen. Der Weg ins Glück führt über die Ansammlung guten Karmas für die nächste Inkarnation.

Die Wirkung

Niemand kann sich die Zeit vertreiben. Die Wahrheit ist anders. Sekunde für Sekunde reiht sich die ewige Folge des Karmas zu einer unendlichen Kette von Gelegenheiten, es jetzt gut zu machen. Mach, was du gerade tust also gut, denn es gibt für diese Aufgabe keine zweite Gelegenheit. Belanglosigkeiten vertreiben nicht die Zeit, sondern nur die Lebensqualität auf dem Stufenweg zum Glück.

Die positive Seite

Wer immer nur Erdnüsse aß, kann natürlich nicht wissen, wie Mandeln schmecken. Wer das Bisherige für Glück hielt, weiß eben nichts von der nächsten Stufe, die von Weisheit und Liebe getragen wird. Im positiven Sinne geht es auch dann noch weiter zu höheren Stufen des Glücks. Und wenn du da angekommen bist, geh weiter!

Wie »Getragensein durch die Gesetze« Klarsicht und Befreiung schafft

Befolgung der Menschengesetze ist förderlich für die Gemeinschaft und wird durch Integration und Freiheit belohnt. Befolgung der Naturgesetze hat Folgen für die ganze Mitwelt und wird durch Leichtigkeit und gutes Gewissen belohnt. Die Befolgung der Karmagesetze hat Folgen für den Rang im Kreislauf des Entstehens und Vergehens und führt zu Inkarnationen in höheren Bewusstseinsbereichen, bestenfalls im Bewusstseinsbereich des Menschen, weil in diesem der Wunsch nach Leidbefreiung und Erleuchtung am stärksten ist.

Eine Fantasie

Wie wunderten sich die Leute, als ein dreijähriger Junge die Gegenstände eines verstorbenen Lamas erkannte, indem er nur die auswählte, die der Lama zu Lebzeiten benutzt hatte. Und wie ergreifend war die Situation, als er dann in kindlicher Manier nach einer von vier Gebetsketten griff und laut rief: »Meins, große Perle putt!«. Und tatsächlich war es den Mönchen bekannt, dass die große Buddha-Perle beschädigt war, wenn man genau hinschaute.

Eine Geschichte

Einmal, lass es vor langer Zeit gewesen sein, war es im Lande Swabidoo üblich, dass man sich bei jeder Begegnung freundlich begrüßte und gegenseitig kleine, warme Pelzchen schenkte. Man griff angesichts des Mitbürgers in die Gürteltasche und nahm

einfach ein warmes, weiches Pelzchen heraus, um es dem anderen zu schenken. Dafür gab der andere auch ein Pelzchen aus seiner Tasche und alle hatten freundliche Laune. Das sah eines Tages ein Kobold, der über dem Dorf in seiner Felsenhöhle wohnte.
Er nutzte eine Gelegenheit und nahm einen Swabidooda beiseite und sagte: »Hör mal, wie dumm bist du eigentlich? Du gibst immer als erster deine Pelzchen, bis mal einer keins gibt, dann nimmt dein Vorrat bald ab und die nutzen dich nur aus.« Das machte den Swabidooda sehr nachdenklich, und schon bei der nächsten Begegnung mit einem Bürger ließ er seine Pelzchen stecken. So kam es langsam zu einem zögerlichen Umgang mit der Pelzchenschenkerei. Einige fingen schon heimlich an, sich unter ihrem Kopfkissen zu Hause einen Pelzchenvorrat anzulegen und dadurch waren immer weniger Pelzchen im Umlauf.
Das beobachtete der Kobold aus der Höhle und nahm sich wieder einen beiseite. »Hör mal, ihr schenkt euch ja gar nichts mehr, gebt euch doch wenigstens einen kleinen Stein. Hier hast du einen Sack voller Steine aus meiner Höhle, die kannst du verteilen.« So kam es, dass man sich in Swabidoo bald kalte, spitze Steine gab, wenn man sich begegnete. Das führte zu großen Belastungen, denn die Gürteltaschen wurden immer schwerer. Ja, einige litten schon im Rücken und es gab die ersten Rückgrat-Verluste. Heute weiß man nicht einmal mehr, wo dieses herrliche Land Swabidoo gelegen hat und was aus ihren Bewohnern geworden ist. Irgendwie ist es schade, dass nicht wenigstens ein anderes Volk diese Tradition der Warme-weiche-Pelzchen-Begegnung übernommen hat.
Vielleicht könnte man wenigstens im eigenen Bereich ...? Oder vielleicht könntest gerade du ...?

27 Perlen zur Erlangung von Weisheit und Liebe

55 Die fünfundfünfzigste Perle erinnert an »Nächstenblindheit«

Das Prinzip

Dein Geist trägt in sich die Veranlagung zur Kultivierung des altruistischen Erleuchtungsgeistes. Dies ist die Grundlage für alle heilsamen Eigenschaften. Ebenso, wie die Erde die Grundlage für das Wachstum aller Pflanzen darstellt, bildet die Veranlagung zur Entwicklung des altruistischen Erleuchtungsgeistes die Grundlage für alle höheren Pfade, bis hin zur Buddhaschaft. Jeder kann die strebenden Wachstumskräfte auf unserer Erde beobachten. Selbst Felsen oder Wasser oder Schatten können diese Wachstumsenergien in den Samen nicht hindern, sich zu entwickeln. Genauso wie die Erde ein außergewöhnliches Streben nach Wachstum hervorbringt, ist diese Geisteshaltung mit einem außergewöhnlichen Streben nach Verwirklichung und Erleuchtung verbunden.

Die Wirkung

Im Gegensatz zur egoistischen Ausrichtung der Geisteskräfte gelobt der altruistische Erleuchtungsgeist, alle Wesen zu retten. Das geschieht auf mannigfaltige, subtile Art, gemäß den eigenen Talenten und Fähigkeiten. Wichtig ist nur, dass es geschieht. Damit öffnet sich der Blick desjenigen, der seinen Geist altruistisch ausrichtet, auf alle Wesen, besonders auf den Nächsten.

Die positive Seite

Wenn du eine buddhistische Mala mit hundertacht Perlen trägst, ist dies ein kraftvolles Zeichen für dein Streben nach Entfaltung des wunderbaren Erleuchtungsgeistes in Dir.

Wie »Nächstenblindheit« Probleme schafft

Du gehst mit Scheuklappen durch die Welt. Diese lassen nur einen begrenzten Blick zu und erzeugen den Eindruck, es gebe nur diesen einen Weg. Doch die Wirklichkeit kann nur mit einem Blick rundum und in die Höhe und die Tiefe erfasst werden. Die Scheuklappen geistig zu entfernen, den Blick frei zu machen, die Weite zu erfassen und dementsprechend angemessen zu handeln, das wäre die Lösung.

Eine Fantasie

Wie täuschte sich der ewig nörgelnde Medienkonsument, als er glaubte, in den Nachrichten ein Abbild des Weltgeschehens zu erhalten. Ach, hätte er sich doch einmal gefragt, warum in der Welt immer genau so viel passiert, dass man damit eine Viertelstunde Nachrichtensendung füllen kann! Mehr passiert wohl nicht. Dabei könnte schon nebenan ...?

Eine Geschichte

Einmal, lass es vor langer Zeit gewesen sein, saßen zwei Menschen zusammengekauert in einer Holzkiste. Von dort schauten sie schon lange durch ein kleines Astloch in die Welt und sahen eine Wiese mit Bäumen und manchmal eine Kuh. Einmal machte einer eine ungeschickte Bewegung und stieß mit seinem Ellenbogen seitlich ein Loch in die Kistenwand. Wie erschraken sich beide, als sie durch dieses neue Loch nach draußen schauten und Menschen sahen, die einen Weg entlanggingen. Sie hörten die Menschen reden und lachen und singen. Sie sahen auch deren Gesichter und manchen, der traurig oder fröhlich schien. Darüber waren beide so sehr erschrocken, dass sie sofort beschlossen ...

... das Loch in der Kiste wieder fest zu verschließen.

56 Die sechsundfünfzigste Perle erinnert an »Dünkel«

Das Prinzip

Du kamst in diese Inkarnation mit dem Potenzial zum Streben nach Erleuchtung. Du weißt, dass du in diese Zeit, in diesen Körper, auf diesen Planeten, an diesen Ort gekommen bist aufgrund guter karmischer Früchte aus vergangenen Leben. Damit hast du im Prinzip die allerbesten Voraussetzungen für eine Geisteshaltung, die niemals ihr hohes Streben aufgibt. Diese Geisteshaltung ist zum Besten des Ganzen mit dem Wohle der anderen fühlenden Wesen und deren Erleuchtung verbunden und wird bis zu deiner Vervollkommnung nicht degenerieren. Sie ist wie gutes Gold, das seinem Wesen nach immer Gold bleibt. Auch wenn man Erze bei über tausend Grad schmelzt und schmiedet, verliert das Gold darin niemals seinen Glanz. Bei dir jedoch ist dieser Goldanteil noch im befleckten Felsgestein verborgen und kann nicht zur Geltung kommen. Das, was du für elitäre Anlagen in dir hältst und nach außen zeigst, basiert auf einer Verwechslung des Höheren mit Geringerem. Im inneren Dialog zwischen Denken und Fühlen wird das verborgene Gold verwechselt mit wertlosem, oberflächlichem Glanz.

Die Wirkung

Wer im Sand spielt, wird nicht erkennen, wenn darunter eine Goldader liegt. In die Tiefe zu gehen, wo es sich lohnt, ist nur sinnvoll, wenn man die Landschaft kennt. Dazu ist es ratsam, sich einem erfahrenen Wegbegleiter anzuvertrauen. Manchmal geht solch ein kundiger Sherpa nur mit Badelatschen bekleidet in gebirgiger Landschaft voran, und du glaubst, mit deinen teuren Marken-Bergschuhen bestens gerüstet zu sein.

Die positive Seite

Stil und Etikette sind im gelebten Alltag ein wunderbares Mittel zur Disziplinierung des eigenen Geistes. Wenn schon Dünkel, dann bitte auch im Alleinsein. Wenn du also ganz alleine in einem abgelegenen Raum bist, verhalte dich so kultiviert und edel, als wäre ein wichtiger Gast anwesend.

Wie »Dünkel« Probleme schafft

Was bewirkt schon der aufrechteste Lotossitz, wenn auf dem Kissen doch nur ein schöner Kleiderständer sitzt? Gerade in der Stille der Meditation liegt eine einzigartige Gelegenheit, allen Hochmut, alle Eitelkeit und alle Überheblichkeit zu überwinden und dem Streben nach Erleuchtung unterzuordnen.

Eine Fantasie

Wie täuschte sich der Verkäufer, als er einen unscheinbar gekleideten Kunden übersah, um einen bestens gestylten Millionär zu bedienen. Am Ende war die Chance vertan, denn der Jetsetter war nur auf seiner täglichen Glamourtour, während der Normalbürger sein teuerstes Edelprodukt hätte kaufen wollen. Das tat er dann auch, aber woanders.

Eine Geschichte

Einmal, lass es vor langer Zeit gewesen sein, gab es einen Guru, der von vielen Schülern aus vielen Nationen und Kulturen sehr verehrt wurde. Bald sah man den Guru in den Medien in teuersten Kleidern auftreten und man erzählte, er habe über fünfzig der teuersten Autos der Welt in seinem Besitz. Und weil die Reden und Belehrungen des Gurus so unvergleichlich sinnvoll waren, schenkten seine immer zahlreicher werdenden Schüler ihm noch mehr Geld und Luxuskarossen und teure Uhren. Der Guru freute sich auch über seinen neunzigsten Luxuswagen wie über den ersten und strahlte diese Freude in die Welt. Lange hielten einige Neider dieses Verhalten eines erleuchteten Gurus für unwürdig, und man berichtete von dessen Dünkel. Jahre später las man in seinen Privataufzeichnungen, dass er seinen geliebten Schülern aus aller Welt die Freude am Geben erhalten wollte. Er selbst hatte alles, was zu besitzen sich lohnt, in seinem Geiste. Ja, hätte man ihm ein Fuder Heu geschenkt, es wäre ihm die gleiche Freude gewesen.

Er lehrte auf der zwanzigsten Stufe des altruistischen Erleuchtungsgeistes, sprach wie in einer wohlklingenden Melodie, die zum Fest des Dharmas wird. So entwickelt wird der Erleuchtungsgeist von den Schülern als wohlklingend empfunden, die Befreiung ersehnen. Es ist eine von allen geliebte Melodie, die mit einem Dharma-Fest verbunden ist. Diese festliche Melodie verkündet den Schülern die vier Erkenntnisgrundlagen der Befreiung mit den Worten:

»Alles Gestaltete ist unbeständig.
Alles Befleckte ist leidhaft.
Alle Phänomene sind ohne Selbst.
Nirwana ist Frieden.«

Zusammen werden das Erkennen und das Lehren als ein Fest des Dharma gefeiert.

57 Die siebenundfünfzigste Perle erinnert an »Rausch«

Das Prinzip

Wenn alle Geräusche der Welt sich im Weltall vermischen, dann bleibt ein Rauschen. Wenn alles in allem untergeht, das ist Rausch. Wenn alle Sinne mit Leidenschaft aufnehmen, auch das ist Rausch. Im Chaos des Rauschens fehlt die Kontrollinstanz. Es ist, als hätte ein Orchester keinen Dirigenten und keine Noten, aber die besten Musiker. Und doch wohnt jedem Chaos eine Ordnung inne, die uns zur Verfügung stünde, wenn ein Dirigent die geeigneten Noten verteilen könnte. Als eine Kraft von außen wirkte er wie ein Magnet, der einen wüsten Haufen Eisenspäne in einem einzigen Moment gleichmäßig ausrichtet. Was aber, wenn das Chaos im Geiste herrscht? Und was, wenn in der Folge davon ein Gefühlsrausch entsteht? Was könnte dann, einem Magneten gleich, für neue Ausrichtung sorgen? Wenn es eine solche Kraft gibt, welche wäre das? Die Antwort entnehmen wir dem alchemistischen Prinzip »Trennen – Reinigen - Zusammenfügen«. Dieses auch Spagyrik genannte Prinzip der Erhöhung bezieht alle drei Bereiche mit ein: Körper, Geist und Seele. Auf der Körperebene wird die Materie in ihre Einzelbestandteile zerlegt. Auf der Geistebene werden die Wirkungen in ihre Grundfesten zerlegt. Auf der Seelenebene wird das morphische Feld in seine Informationen zerlegt. So getrennt können die Bestandteile gereinigt werden, doch es sei angemerkt, dass es ohne geistige Anstrengung kaum zu machen ist. Aber es lohnt sich, den Kampf aufzunehmen. Es ist dieser Kampf, an den uns die siebenundfünfzigste Perle erinnert.

Die Wirkung

Von Menschenhand verdreckt, fließt ein großer Fluss durch das Land und nimmt alles auf, was man in ihn hineinwirft. So rauscht er als geheiligte Lebensader durch die Jahrtausende. Die Spagyrik der Natur gibt ihn uns Menschen immer wieder hin, bis wir es erkennen und würdigen. Das Dreckwasser verdunstet, steigt auf und regnet im Gebirge ab. Dort versickert es ins Mineralreich oder windet sich in unzähligen Mäandern ins Tal. Unten, bei den Menschen, ist es wieder klar und rein und trägt die Botschaft in sich, aber nur für den, der sie versteht.

Die positive Seite

Sich ganz für eine gute Sache einsetzen zum Wohle anderer fühlender Wesen, dafür brennen wie ein gutes Feuer, ohne Rauch, ganz konzentriert und trotz aller Anstrengungen dabeibleiben – das ist der Rausch der völligen Hingabe an den achtfachen edlen Pfad, den Stufenweg zur Erleuchtung.

Wie »Rausch« Probleme schafft

Ekstase, Orgasmus, Orgie, Wellness, Leidenschaft – alles Rausch, der auch als gut empfunden werden kann. Sich im Rausch der Sinne verlieben, sich berauscht der Freude, dem Feiern, dem Fest hingeben, was könnte schöner sein? All das hat nur einen Makel, seine Endlichkeit. Und was eben noch berauschte, hinterlässt dann eine Katerstimmung.

Eine Fantasie

Wie täuschte sich das Volk, als für den Gegenwert des Goldes das Papiergeld ausgegeben wurde. Man druckte Papiergeld auch für das im Boden schlummernde Gold, das noch keiner je gesehen hatte. Aber es kam noch besser, man ließ das Geld sich selbst vermehren, ohne Arbeit, nur durch Zinsen fürs Nichtstun. So berauscht von der Bedeutung des Papiergeldes vergaß das Volk den Gegenwert des Geldes und landete unweigerlich in der Inflation.

Eine Geschichte

Einmal, lass es vor langer Zeit gewesen sein, gab es einen Klostervorsteher, der es besonders liebte, die Novizen durch glühende Reden zu unterweisen. Manchmal gab er sich in wilder Gestik und mit überschwänglicher Stimme wie im Rausch seiner Lehrrede hin. Einmal hielt er eine leidenschaftliche Rede über »Übung und Erkenntnis«. Als er seinen Vortrag beendet hatte, fragte er die jungen Mönchsanwärter: »Habt ihr das verstanden?«, und er hörte ein allgemeines »Nein«. Das nahm er sogleich zum Anlass, den Saal mit den Worten »Ach, was soll ich dann noch mit euch darüber reden?« schimpfend zu verlassen. Die Novizen hatten die Botschaft darin verstanden und beschlossen gemeinsam, morgen mit »Ja« zu antworten.

Am nächsten Tag hielt der Abt einen engagierten Vortrag zum Thema »Realität und Wirklichkeit«. Als er damit endete, fragte er in die Runde: »Habt ihr das verstanden?«, und die Novizen antworteten unisono mit »Jaaaaaa!«. Daraufhin ging er gestikulierend aus der Zendo und sagte: »Dann ist ja nichts mehr zu besprechen.« Jetzt hatten die Novizen einen neuen Plan, sie würden teils mit »Ja«, teils mit »Nein« antworten.

So kam es am nächsten Tag nach dem Vortrag des Meisters zum Thema »Kopieren, kapieren, kultivieren« wieder zu seiner Frage »Habt ihr das verstanden?«. Und jetzt antworteten die einen so, die anderen so. Der Meister lächelte ganz ruhig und sagte zu der Gemeinschaft: »Gut, dann sollen die, die es verstanden haben, es denen erklären, die es nicht verstanden haben!«, und verschwand.

Am nächsten Tag hielt der Meister einen Vortrag zu »Im Garten der Sinne«. Noch bevor er fragen konnte, ging es los: Tumult, Diskussion, Palaver, Streit, Gebrüll. Der Meister staunte und schrie: »Ruhe, ihr Mönche, ich will es euch erklären!« Alle, aber wirklich alle lachten voller Freude.

58 Die achtundfünfzigste Perle erinnert an »Starrsinn«

Das Prinzip

Still und starr ruht der See der Sinne, nichts fließt mehr. Wenn einmal die Körpersäfte (lat. humor) erstarrt sind, dann haben auch die Sinne keine Vitalität mehr. Eines Tages wird das Denken auf eine immer enger werdende Bandbreite von Gewohnheiten und Meinungen reduziert, dann entsteht Erstarrung. Das ist eine echte Gefahr, je älter, desto starrsinniger wird man. An den Visionen, die einer hat, kann man die Fließkräfte des Geistes ablesen. Früher hatte man noch Flausen im Kopf, da dachte man noch, die Welt verändern zu können. Aber dann kamen die ganzen Enttäuschungen über andere Leute, die unerfüllten Wünsche und die Verletzungen der Gefühle, die alles zum Stillstand brachten. Übrig bleiben ein paar unumstößliche Ansichten über die Welt und die Menschen. Mit zunehmenden Lebensjahren hat man immer weniger Geisteswerkzeuge zur Verfügung und jede Anforderung wird mit den verbleibenden gelöst. Ein solcher Alterungsprozess ist eigentlich völlig inkongruent zur Entwicklung der Welt. Das Wissen der Menschheit verdoppelt sich zurzeit alle fünf Jahre. Die Technik entwickelt sich schneller als die Einsatzdauer der Geräte. Auch die psychologischen Methoden entwickeln sich zunehmend dynamischer zu neuen Wegen der Kurzzeittherapie. Was uns alt werden lässt, lange bevor die ersten Falten die Haut zeichnen, ist Starrsinn. Eine wirksame Medizin dagegen ist Humor.

Die Wirkung

Wer sein Leben lang nur Erdnüsse aß, weiß natürlich nicht, wie Mandeln schmecken. Aber es gibt sie, die Mandeln, die unentdeckten Möglichkeiten, die nie genutzten Chancen, die uns weiterbringen könnten. Wer glaubt, das interessanteste Erlebnis seines Lebens bereits hinter sich zu haben, der ist vom Starrsinn befallen und wird wohl leider recht behalten.

Die positive Seite

Warum muss eigentlich jede neue Generation wieder ihr eigenes Lehrgeld bezahlen? Warum können nicht wir Starrsinnigen den Jungen sagen, worauf es ankommt? Dann könnten die jungen Leute sich viel Leid ersparen und die Welt käme schneller voran. Manchmal wäre Starrsinn sicher gut, aber zu erkennen, in welchen Situationen das wäre, das ist eine Kunst, die einen dynamischen Geist erfordert.

Wie »Starrsinn« Probleme schafft

Eines der am gerechtesten verteilten Güter unter uns Menschen scheint die Intelligenz zu sein, denn jeder meint, davon genug zu haben. Selbst wenn wir annehmen, dass das stimmt, bleibt doch die Frage, warum sich die geistige Dynamik oftmals einer Parabel gleich entwickeln muss, deren Zenit in der Lebensmitte liegt?

Eine Fantasie

Wie täuschte sich der Wissenschaftler, als er die Astrologie wieder einmal kritisierte. Immer wieder behauptete er, dass die Sterne gar keinen direkten Einfuss auf die Geburt eines Menschen hätten. Und zum wiederholten Male erklärte ein Astrologe ihm, dass die Sterne – genauso wie ein Thermometer die Temperatur – eine Struktur nur zeigen, sie aber nicht machen. Der Wissenschaftler aber blieb bei seiner Kritik.

Eine Geschichte

Einmal, lass es vor langer Zeit gewesen sein, kam ein Kutscher mit seinem Gespann in eine fremde Gegend. Er hatte seinen Pferden schon eine Menge zugemutet, da er es mit der Auslieferung der Waren eilig hatte. Morgen Mittag schon sollte er zum ersten Mal den königlichen Hof beliefern. Deshalb war ihm dieser Auftrag besonders wichtig, vielleicht konnte er, wenn er seine Sache gut machte, ein königlicher Hoflieferant werden. Zum Glück kam ihm in der Mittagssonne ein Bauer entgegen, der einen bepackten Esel führte.

Den fragte er, wie weit es wohl noch sei bis zur städtischen Burg des königlichen Hofes. Der Landsmann sagte: »Wenn du diese Straße sehr langsam geradeaus fährst, brauchst du wohl vier Stunden, bis du ankommst. Fahre langsam, dann bist du heute Abend da.«
Der Kutscher bedankte sich freundlich und gab seinen Pferden frischen Hafer in den Geschirrsack. Dann zog er an den Zügeln und trieb die Pferde weiter zügig über das Kopfsteinpflaster. Der Wagen rappelte und sprang sogar manchmal mit allen vier Speichenrädern durch die Luft. So wäre er wohl schon in drei Stunden in der Stadt, dachte sich der Kutscher, aber das Glück verließ ihn schon nach einer Stunde. Ein Achsenbruch am Vorderrad machte seinen Hoflieferantentraum mit einem Mal zunichte. Es dauerte zwei Tage bis ein Stellmacher aus der Stadt, übrigens ein Hoflieferant, ein neues Rad aufgezogen hatte. Der Stellmacher sagte ihm, nachdem er einen guten Lohn erhalten hatte: »Wenn du jetzt langsam fährst, dann bist du schon in drei Stunden da.«

59 Die neunundfünfzigste Perle erinnert an »Zorn«

Das Prinzip

Zorn ist kalt, Wut ist heiß. Wut kommt aus dem Bauch. Zorn kommt aus dem Kopf. Beiden Energien ist gemeinsam, dass sie erst implodieren, um dann zu explodieren. Es ist, wie wenn man, um einen Stein nach vorne zu werfen, erst einmal nach hinten ausholen muss. Bei der Wut bilden mehrere nach innen gerichtete Empfindungen ein vermischtes Gefühl, das dann über Worte oder Handlungen unkontrolliert nach außen geht. Beim Zorn bilden mehrere nach innen gerichtete Gedanken ein gemischtes Urteil im Geiste, das dann über Worte oder Handlungen nach außen geht. Aus Zorn kann leicht Wut werden, wenn die kalten Gedanken in die Hitze der Gefühle abfallen. Seltener geschieht das Umgekehrte, dass die Hitze der Emotionen in die Gedanken aufsteigt und dort abkühlt. Beide Kräfte sind in der Theorie getrennt beschreibbar, wie hier, jedoch in der Praxis immer auch miteinander in Korrelation. Deshalb nennen wir diese chaotische Energieaufladung insgesamt Zorn.

Die Wirkung

Ein Kampfsportler hält frei von Zorn die Etikette und die Regeln ein, wenn er sich voller Kampfgeist und Siegeswillen mit anderen misst. Wer aber in der privaten oder beruflichen Begegnung mit anderen zornig wird, der verletzt Etikette und Regeln des Zusammenlebens. Zorn kann sogar zum Charakter werden und sich als Grundstimmung im Geiste einnisten. In Folge davon wirkt Zorn wie Gift für das ganze soziale Umfeld.

Die positive Seite

Zorn kann gute Kräfte freisetzen, wenn, wie in der Bibel berichtet wird, Jesus mit der Peitsche die Geldwechsler aus dem Tempel von Jerusalem vertreibt. Dies allerdings ist die Peitsche der Liebe, die ein Erleuchteter für die Gerechtigkeit schwingt. Es ist ein aktiver Protest, für eine gute Sache. Heute nennen wir das auch Zivilcourage. Tätige Liebe kann eine gewaltige Form annehmen, die nur so aussieht wie Zorn.

Wie »Zorn« Probleme schafft

Wenn Götter zürnen, schicken sie eine Welle oder ein Feuer über ganze Landstriche hinweg, die alles beschädigen, was ihnen im Wege steht. Das Wesen des Zornes ist die alles vernichtende Wirkung, die über das partielle Ziel weit hinausgeht.

Eine Fantasie

Wie täuschte sich der Arzt, der eine deformierte Krebszelle für einen ungeheuerlichen Feind hielt. Das sicherste Mittel, diesen Feind zu vernichten, wäre die Atombombe. Und so machte er es dann auch, mit Chemie und Bestrahlung. Damit hätte man auch Wälder entlauben und alles Leben vernichten können.

Eine Geschichte

Einmal, lass es vor langer Zeit gewesen sein, bat der junge Mönch Koshi seinen älteren Geistesbruder Kosan, ihm zu helfen, seinen Zorn zu überwinden. Der erfahrene Mönch Kosan sagte zu ihm: »Also gut, dann zeige mir mal deinen Zorn.«

Koshi war verwirrt, er wusste nicht, wie er ihm seinen Zorn zeigen sollte, und sagte: »Ich habe jetzt keinen Zorn, aber wenn ich an meine Mutter denke, dann kommt er!« Kosan machte ein fragendes Gesicht und sagte: »Denke mal an die schlechteste aller Mütter. Und wenn du damit fertig bist, dann denke mal an die beste aller Mütter.« Koshi befolgte die Anweisung. Dann sagte er: »Na und, es macht überhaupt keinen Unterschied.« Kosan sagte: »Merkst du, die beste aller Mütter schenkte dir das Beste, was du hast, dein Leben. Und die schlechteste aller Mütter ist anders, als du es gerne hättest. Es macht keinen Unterschied, wenn der große Koshi an seine Kindheit denkt. Aber der kleine Koshi, der noch in die Windeln macht, der strampelt und wird zornig. Mit wem rede ich gerade?«

Koshi verneigte sich respektvoll und sagte: »Danke, Kosan, du sprichst mit dem erwachsenen Koshi, der mit Dankbarkeit an seine Mutter denkt.« Dann drehte er sich um und ging lachend in die Küche, um das Geschirr zu spülen.

Teehaus im Zengarten Schloss Liebenau, erbaut von Dr. Wolfgang Hess (www.zenkloster-in-liebenau.de)

60 Die sechzigste Perle erinnert an »Egoismus«

Das Prinzip

Es gibt neun Überzeugungen, die die Herzenstrübung des Egoismus deutlich werden lassen: Ich habe recht, ich werde gebraucht, ich bin erfolgreich, ich bin anders, ich blicke durch, ich tue meine Pflicht, ich bin glücklich, ich bin stark, ich entspanne.

Dieses Enneagramm bezeichnet den Kanon eines egozentrischen Selbstbildes. Das ist das Gegenteil von einem alterozentrierten Erleuchtungsgeist, der in demjenigen kultiviert werden kann, der damit geboren wurde. Das gilt es als Erstes zu erkennen, ob jemand mit der Grundlage des alterozentrierten Erleuchtungsgeistes geboren wurde, denn das ist die erste Voraussetzung auf dem Stufenweg zum wahren Glück. Wie schade für die Welt wäre es doch, wenn jemand mit einem langen Seil geboren worden wäre und sein Leben lang doch nur in einem flachen Brunnen schöpfte.

Die Wirkung

Quod licet jovi, non licet bovi – was dem Jupiter geziemt, geziemt dem Ochsen noch lange nicht. Im übertragenen Sinne heißt das auch: Was dem Erleuchtungsgeist möglich ist, das kann der unerweckte Geist noch lange nicht vollbringen. Wer aber mit dem Geschenk des wachen Geistes ausgestattet ist, der sollte tun, was solch Auserwählten möglich ist: zum Wohle des Ganzen, über die egoistischen Ziele hinaus, zum Wachstum anderer fühlender Wesen beitragen.

Die positive Seite

Wenn du willst, dass es auf der Welt besser wird, sorge zuerst dafür, dass es bei dir besser wird. Egoismus kann so nützlich sein, wenn er dazu genutzt wird, aus Laien Profis zu machen. Denn es gibt kaum etwas Schädlicheres als semiprofessionelle Verbesserung der Welt.

Wie »Egoismus« Probleme schafft

Für eine Botox-Spritze müssen sechzig Tiere ihr Leben lassen. Für die Erzeugung von einem Kilo Fleisch werden zweieinhalb Kilo Getreide verbraucht. Würden wir die Quelle von allem bedenken, was wir zu uns nehmen, wie könnten wir noch fröhlich sein? Dann müssten wir aber auch die Konsequenz ziehen, uns selbst nicht als durch Gott bewirkt zu denken – alles hat seinen Preis.

Eine Fantasie

Wie täuschte sich das Ehepaar, als sie dachten, ihr Leben sei wichtiger als das des ungeborenen Kindes, und es abtreiben ließen. Für ein minimales Stückchen mehr Lebensstandard vergingen sie sich an einem großen Teil ihrer Lebensqualität. Sie wurden nie mehr glücklich.

Eine Geschichte

Einmal, lass es vor langer Zeit gewesen sein, kam ein Mönch mit seinem Meister auf dem Weg zum Kloster durch ein kleines Dorf. Es regnete in Strömen. Da sahen sie, wie ein junges Mädchen, das mit einem seidenen Kimono bekleidet war, unter ihrem Bambusschirm am Wegrand stand. Würde sie jetzt auch nur einen Schritt auf die lehmbedeckte Straße tun, würde sie schmutzig. Ohne Zögern ging der Meister zu ihr hin, sprach kurz mit ihr, nahm sie auf seine Arme und trug sie über die Straße zur anderen Wegseite.
Am Abend, nach der Meditation, konnte der Schüler nicht mehr an sich halten und fragte seinen Lehrer: »Meister, du hast gesagt, wir Mönche sollten uns während der Ausbildung von den Mädchen fernhalten, besonders von den jungen und hübschen. Und du? Was machst du? Du trägst sie auf deinen Armen über die Straße! Wie verträgt sich das mit deiner Lehre?« Der Meister lächelte und sagte: »Ich habe sie über die Straße getragen und dort abgestellt. Du trägst sie immer noch.«

61 Die einundsechzigste Perle erinnert an »Dummheit«

Das Prinzip

Zweifach kommt die Dummheit daher. Zum einen gibt es die Dummheit, deren Folgen der Dumme selber zu tragen hat und zum anderen die Dummheit, deren Folgen andere betreffen. Wer sich gegen besseres Wissen an den Gesetzen der Wirklichkeit versündigt, der begeht eine Dummheit. Das geschieht ständig, weil einzelne Menschen unachtsam handeln. Viel größere Ausmaße aber hat die kollektive Dummheit einer Institution, eines Volkes oder der gesamten Menschheit, die Paradigmen annehmen, die sich Generationen später als Dummheit herausstellen. Solche Paradigmen zersetzen die Wissenschaften ebenso wie ganze Regierungen oder Organisationen von innen heraus. Was aber noch bedenklicher stimmen könnte, Dummheit ist erlernbar und wird täglich gelehrt. Dafür drei Beispiele:

Universitäten lehren ihre Chemiestudenten das Periodensystem, das die Elemente nach der Anzahl der im Atomkern vorhandenen Protonen aufsteigend anordnet. Diese Lehre ist falsch, weil zwei Elemente (43 und 61) tatsächlich nicht in der Welt vorkommen.

Regierungen genehmigen Endlager für Atommüll, die faktisch keine Endlager sein können, da die Halbwertzeit der Radioaktivität viel länger ist als die Phase, für die die Sicherheit des Bergwerkes vorausgesagt werden kann.

Organisationen verkaufen den Menschen einen höheren Lebensstandard durch Mobiltelefone. Das ist dumm, weil durch die Strahlenbelastungen die Lebensqualität allgemein leidet.

Heute lachen wir über die Dummheiten von gestern, wohl wissend, dass wir morgen über die von heute lachen werden.

Die Wirkung

Wir verbrämen Dummheiten gerne, indem wir ihnen neue Namen geben. Dadurch lassen sich große Menschengruppen zufriedenstellen. Wenn es von Herrn Professor Doktor Direktor kommt, im Fernsehen war und in der Zeitung stand – dann muss es ja stimmen! Mit gesundem Menschenverstand könnte jeder innerhalb einer halben Stunde mindestens eine persönliche Dummheit entlarven, die er bis eben noch geglaubt hat. Leider haben viele dafür nicht die Zeit – welch eine Dummheit.

Die positive Seite

Dummheit schützt vor Angst, denn wer seine Symptomlage nicht begreift, der bleibt unbedarft, wenn andere an ihm herumdoktern. Dummheit macht erfolgreich, denn wer zu dumm ist, um zu merken, wenn er sich blamiert, der gewinnt oft durch Dreistigkeit und wird durch seinen Erfolg bestätigt. Dummheit hält jung, denn wer dumm ist, glaubt, dem Schicksal mit Lifting, Fettabsaugen, Botox und andere Errungenschaften ein Schnippchen schlagen zu können. Dummheit verschafft viele Freunde, weil Feiern leichter ist als Denken.

Wie »Dummheit« Probleme schafft

Dummheit bestimmt das Niveau einer Begegnung. Ein Dummer ist gefangen in den Grenzen seiner Möglichkeiten, deshalb bleibt den Klügeren nichts anderes übrig, als auf den Dummen einzugehen oder ihn zu meiden. Die Dummen können sich leider nicht nach Belieben auf das Niveau des anderen begeben. Daher bildet die Dummheit seit unzählbaren Zeiten die Gefängnismauern für die geistige Entwicklung der gesamten Menschheit.

Eine Fantasie

Wie täuschte sich der Dumme, als er merkte, dass die Anwesenden seinen eben erzählten Witz anscheinend nicht verstanden. Umso mehr lachte er für alle mit und setzte dann noch einen drauf, aber einen, wo auch jeder hier verstehen tut und rot werden tut.

Eine Geschichte

Einmal, lass es vor langer Zeit gewesen sein, ging einer zu einer Behörde, um Sozialhilfe zu beantragen. Vor der Tür mit seinem Buchstaben wartete eine lange Menschenschlange. Er ging stolz und wichtig an allen vorbei und sagte laut: »Ich bin eine höhere Persönlichkeit, darf ich mal?« Während einige sich noch verdutzt ansahen, machte er schon die Tür hinter sich zu. Derselbe musste kurz darauf wegen Mehrfachdiebstahls ins Gefängnis. Er kam in eine der ältesten Justizvollzugsanstalten des Landes mit alten, festen Regeln. Er aber lehnte es ab, die Anstaltskleidung zu tragen, deswegen ging er nackt. Auch in Einzelhaft blieb er wochenlang nackt, bis er seinen eigenen Trainingsanzug anziehen durfte. Er lehnte es ab, das Anstaltsessen zu essen, deswegen hungerte er. Trotz angedrohter Zwangsernährung verweigerte er die Nahrung, bis er seine Reformhaustüte bekam. Er lehnte jede Arbeit ab, deswegen ging er wochenlang in Einzelhaft. Trotz angedrohter Haftverlängerung lehnte er es ab, niedere Arbeiten zu leisten, bis er eine Stunde Einzelsport im Hof zugestanden bekam. Er galt bei allen Mitgefangenen als dumm. Er galt bei den Wärtern als dumm. Er selbst hielt sich auch nach der Haft für eine höhere Persönlichkeit. Alle, die ihn kennen, sagen, dass er für sein Alter sehr gut aussieht. Manche fragen sich: »Wie macht der das bloß?«

62 Die zweiundsechzigste Perle erinnert an »Zweifel«

Das Prinzip

Wenn zwei Denkrichtungen das Bewusstsein bewegen, dann herrscht ZWEIfel, und es fehlt die eine Sicht, die EINsicht, die der Wirklichkeit entspricht. Die Wirklichkeit darf nicht mit der Wahrheit verwechselt werden. Wahrheiten ändern sich ständig, heute ist es so, morgen so. Die Wirklichkeit ist das, was wirkt, deshalb heißt sie Wirklichkeit. Nehmen wir einen Tisch, was ihn bewirkt hat, sind sich ergänzende Faktoren, ein Designer, ein Tischler, Holz, Werkzeug, ein Baum, der Regen, die Sonne und vieles mehr. Der Tisch ist aber frei von einem eigenen Selbst. Das ist die Einsicht in die Wirklichkeit des Tisches und aller anderen mechanischen Dinge, die wir Menschen je hervorgebracht haben.

Jetzt betrachten wir, bewusst im Zweifel, etwas Geistiges, beispielsweise eine Philosophie oder eine Religion. Wo Zweifel aufkommen, nähert man sich ihnen lieber als Forscher. Sei dir selbst ein Licht, frage, untersuche, prüfe die Lehre. Wenn du auch nur einen Punkt in ihr findest, den du für verwerflich oder falsch hältst, dann zweifle, bis zur tiefen Einsicht. Später, mit deiner selbst errungenen Einsicht, kannst du deiner Erkenntnis folgen, dann stimmt sie mit deiner Seele überein. So kommen wir vom Zweifel zur Einsicht.

Die Wirkung

Zweifel heißt, zwei Schritte zu prüfen, um den richtigen Schritt voran zu machen. Zweifel kann sehr nützlich sein, denn er verlangt vom Zweifler eine Entscheidungsfindung von höchster Qualität. Zweifel ist der Anspruch, den das Leben an uns stellt. Wenn wir ihn erfüllen, erlangen wir Einsicht in das Wesen der Dinge. Im Zweifelsfalle gibt es drei

Möglichkeiten: den einen oder den anderen Aspekt als entscheidungswirklich zu erkennen oder nicht zu handeln.

Die positive Seite

Zweifler fragen: »Soll es so weitergehen?«, und kommen zu der grundlegenden Erkenntnis »No more – know more!«. Es sind die kreativen Zweifler, die uns weiterbringen, die, was gestern gut war, heute infrage stellen. Es sind die, die sich nicht scheuen, sich selbst grundsätzlich infrage zu stellen, um das, was immer sie machen, besser zu machen.

Wie »Zweifel« Probleme schafft

Es gibt zwei Grundhaltungen, die uns beide vom eigenen Denken befreien: alles zu bezweifeln oder alles zu glauben. Wer prinzipiell zweifelt, der wird die Wirklichkeit verfehlen. Wer aber alles glaubt, wird Opfer der Täuscher, die ihn ausnutzen. Der mittlere Weg scheint die angemessene Balance zu bieten zwischen Zweifel und Einsicht.

Eine Fantasie

Wie täuschte sich der blinde Fürst, der seinen leiblichen Sohn nach dessen Rückkehr aus dem Krieg für einen Erbschleicher hielt, weil er so raue Hände hatte. So gab er dem Falschen sein Land, weil er dessen fürstliche Hände erfühlte, die ganz adelsgemäß wohl noch nie gearbeitet hatten.

Eine Geschichte

Einmal, lass es vor langer Zeit gewesen sein, forderte der Intendant am Stadttheater von seinem Ensemble, sie sollten für die nächste Spielzeit das Stück »Emilia Galotti« zur Aufführung bringen. Ein Schauspieler zweifelte an der Machbarkeit dieses schwierigen Stückes für die Besetzung. Deswegen wurde er zum »Pessimistischen Propheten« abgestempelt und hatte von vornherein verloren. Der Intendant sagte ihm deshalb: »Es ist so, wenn du recht behältst, denken alle anderen, du bist schuld am Misserfolg, weil du von Anfang an gezweifelt hast. Wenn es aber trotz deiner Zweifel ein Erfolg wird, denken alle, du hättest motivierter sein können, anstatt zu zweifeln, dann wäre die Saison noch besser geworden. Du hast damit leider alle deine Chancen verspielt.«

Der Intendant trennte sich von ihm und sagte dem Rest des Ensembles: »Ihr könnt uns mit diesem anspruchsvollen Stück aus der Provinz herausspielen, ich traue euch das zu.« Das ganze Ensemble wollte ihm beweisen, dass er recht hatte, und sie spielten es als Hommage an den Dichter Gotthold Ephraim Lessing. Es wurde ein Erfolg beim Publikum und bei der Kritik.

63 Die dreiundsechzigste Perle erinnert an »Falsche Sichtweise«

Das Prinzip

Der Mond ist nicht im Wasser, er spiegelt sich nur darin. Die Sonne geht nicht unter, die Erde dreht sich von ihr weg. Wir Menschen sehen meistens nur, was wir sehen wollen, und manchmal nicht einmal das. Aus der eigenen Sicht der Dinge treffen wir unsere Entscheidungen. Was aber sollen wir von der Qualität einer Entscheidung halten, wenn schon der ihr zugrundeliegende Blick auf die Dinge falsch ist? Das geschieht bei uns selbst, in der Familie und in der ganzen Gesellschaft. Da spekuliert einer mit Geld und verliert alles, weil er nicht gesehen hat, dass das Zinseszins-System selbst fatal ist. Da adoptiert eine Familie ein Kind und erlebt, wie das Kind Undankbarkeit entwickelt, weil sie nicht erkannt hatten, dass eine Adoption über Kulturen hinweg in sich schon problematisch ist. Da glaubt eine Gesellschaft den Medien und der Werbung und geht zur kollektiven Impfung, weil sich nicht herumgesprochen hat, wer, wie, womit dadurch auf wessen Kosten profitiert.
Manche kollektive Fehlsicht ist Grundlage unserer gut gemeinten Bemühungen, die genau deswegen im Desaster enden. Es ist ein großer Unterschied, ob man jemandem mit einer Lichtquelle in die Augen leuchtet oder ob man mit demselben Licht den Raum um ihn herum erhellt. Es ist der elementare Unterschied zwischen Verblendung und Erleuchtung.

Die Wirkung

Wer sich ein X für ein U vormachen lässt, sollte sich nicht wundern, wenn er nicht die erwartete Wirkung erzielt. Im alten Rom schrieben Geldverleiher auf Schuldscheine die vereinbarten fünf Prozent zu zahlende Zinsen als kleines v, die römische Zahl Fünf. Später wurden die Striche des kleinen v stillschweigend zu einem großen X verlängert – der römischen Zahl Zehn, was die Zinsen verdoppelte. Es wäre gut, das Ganze zu erkennen, besonders, wenn nur das Halbe sichtbar ist.

Die positive Seite

Jemand sah die Situation völlig falsch und blieb deshalb entspannt und zuversichtlich. Erst als er merkte, dass seine Annahme falsch war, stellte er sich ad hoc auf die neuen Fakten ein. Das sparte ihm seine Nervenkraft und gab ihm die Gelassenheit, jetzt spontan und richtig zu reagieren. So wird ein Nachteil manchmal zum Vorteil – manchmal.

Wie »Falsche Sichtweise« Probleme schafft

Pilzsammler wissen, was gemeint ist. Seefahrer wissen, was gemeint ist. Ingenieure wissen es. Piloten wissen es. Kriminalkommissare wissen es. Spione wissen es. Verliebte wissen nicht, was gemeint sein könnte. Lobbyisten wissen nicht, was gemeint sein könnte. Jugendliche wissen es leider noch nicht. Viele nette, ganz normale Menschen wussten es schon oft nicht und wissen es auch nächstes Mal nicht, zum Schaden für die ganze Welt.

Eine Fantasie

Wie täuschten sich zwei Straßenräuber, die in den nächtlichen Straßen der Großstadt Ausschau nach potenziellen Opfern hielten. Der, den sie auserwählt hatten, trug einen Anzug und dazu eine schwarze Aktentasche. Dem stellten sie sich in den Weg und bedrohten ihn, jedoch nur kurz, dann war alles vorbei. Das vermeintliche Opfer war Alfred G., Taekwondo-Großmeister/7. Dan. Er stellte nur kurz seine schwarze Tasche ab, an mehr konnten die Räuber sich später nicht mehr erinnern.

Eine Geschichte

Einmal, lass es vor langer Zeit gewesen sein, hatte ein alter Mann nach jahrelanger Privattüftelei ein Lotto-Tippsystem entwickelt. Dazu hatte er vierzehn Millionen Zahlenkombinationen empirisch untersucht und darin ein Muster entdeckt. Dieses System bot er im Bekanntenkreis zum Kauf an, um sich auf seine alten Tage noch etwas gönnen zu können. Er wäre so gerne einmal mit seiner Frau ans Meer gefahren, aber dazu hatte er wegen dieser Lottosache nie Zeit gehabt. Erstaunlicherweise wollte aber keiner sein System haben und schon gar nicht kaufen. Am meisten wunderte ihn, dass fast jeder das Argument anführte, dass er ja damit selbst reich werden könne, wenn es funktionierte. Damit sah er sich völlig missverstanden, denn er wollte ja niemandem die Zahlen für die nächste Ziehung verraten. Nein, er hatte ein Lottozahlen-Ziehungsmuster entdeckt, das mehrere Informationsebenen verknüpfte. Dabei spielte der Wohnort des Lottospielers, die Annahmestelle, der Abgabetag und die Lottospielerfahrung sowie das Alter des Glückssuchers eine wichtige Rolle. Er konnte also gar nicht selbst gewinnen, weil er dazu nicht im richtigen Ort wohnte. Das schien keiner einzusehen, denn immer wieder musste er diese dilettantischen Fragen beantworten. Er verstarb in seiner Heimat, ohne je am Meer gewesen zu sein.

64 Die vierundsechzigste Perle erinnert an »Rechthaberei«

Das Prinzip

Fliegen Vögel? Nein, so kann man das nicht sagen, denn es gibt ja auch flugunfähige Vögel wie Strauß, Emu und Huhn. Wer so redet, hat zwar recht, aber wenn er zweimal so redet, dann ist das Rechthaberei.

»Warum hast du das gemacht?« Wer so fragt, klagt an und bereitet damit sein Rechthaben vor.

Und dann ist da noch derjenige, der erklärt, warum er etwas gemacht hat. Das ist Rechtfertigung. Damit fertigt er sich ein Recht, es nächstes Mal wieder so zu machen, und das ist das Gegenteil von Lernen.

Einer sagte: »Wenn einer recht hat, dann soll er auch recht bekommen, aber ich habe noch keinen getroffen.«

Zu den Geistesgiften der Menschheit gehört auch das Habenwollen. Am liebsten haben wir Menschen recht. Habe ich recht?

Die Wirkung

Kann man Rechthaben lernen und üben? Wer so fragt, hat recht, man kann. Das vermittelt die Rhetorik. In Stimme, Gestik und Inhalt kann der begabte Rhetoriker glaubhaft machen, dass er recht hat, und das, ohne Widerspruch zu provozieren. Es gab schon Leute, die konnten das von ihrem Naturell her, ohne zu üben. Die sind kaum auszuhalten, die haben immer recht und werden mit der Zeit ganz einsam.

Die positive Seite

Recht haben ist die eine Sache, recht bekommen ist manchmal viel schwieriger. Hilfreich ist es, das Gericht zu überzeugen. Das Überzeugen hängt, wie das Wort auch ausdrückt, davon ab, wer die meisten Zeugen hat, derjenige bekommt recht. Millionen Menschen können sich nicht irren, die haben recht, wenn sie wissen, wer an ihrem Leid schuld ist.

Wie »Rechthaberei« Probleme schafft

Hier sind vier Aspekte, die überhaupt nicht zählen, wenn jemand recht hat:
Er begründet seine Ansichten absolut logisch, er argumentiert besser als andere, er schürt echte Ängste, er kennt die Lösung des Problems. Dies alles nützt überhaupt nichts, weil nur die Wirkung zählt. Recht ergibt sich ausschließlich aus der Erfassung der Wirkung.

Eine Fantasie

Wie täuschte sich der Arzt, der genau das tat, was er von seinem Professor gelernt hatte, ohne zu wissen, dass auch der von falschen Lehren überzeugt war. Sie hielten traditionsgemäß heiße Wickel bei einem bestimmten Symptom für angemessen, auch wenn man das später gerade für schädlich halten würde.

Eine Geschichte

Einmal, lass es vor langer Zeit gewesen sein, beklagte sich die Bäuerin Maria beim Pfarrer über ihren Mann: »Herr Pfarrer, mein Mann, der Hans, der hat mich geschlagen, das darf der doch nicht, oder?« Der Pfarrer sagte: »Maria, du hast recht, das darf der nicht!«
Am nächsten Tag wurde Hans, der Mann von Maria, auch beim Pfarrer vorstellig. »Hochwürden, Maria, meine Frau, ist fremdgegangen, das darf die doch nicht, oder?« Der Pfarrer sagte: »Hans, du hast recht, das darf die nicht!«
Das hörte an beiden Tagen die Haushälterin des Pfarrers und die meinte: »Herr Pfarrer, vorgestern war Maria da und hat sich über ihren Mann beschwert, und Sie haben ihr recht gegeben. Einen Tag später war Hans da und hat sich über seine Frau beklagt, und Sie haben ihm auch recht gegeben. Herr Pfarrer, Sie können doch nicht beiden recht geben, oder?« Der Pfarrer sagte zu ihr: »Liebe Frau Eingedenk, da haben Sie recht.«

65 Die fünfundsechzigste Perle erinnert an »Lässigkeit«

Das Prinzip

Weil wir Menschen sind, haben wir Willen, Können und Persönlichkeit in unserem Naturell. Diese naturellbedingten Anlagen werden von allen Sinnen weiterentwickelt und wachsen der Blütezeit des Lebens entgegen. Wenn ein Mensch dann auch noch das Geschenk einer fruchtbaren Umgebung mitbekommen hat, dann kann eines Tages seine Entwicklung wunderbare Früchte tragen. So, wie es die Jahreszeiten gibt, gibt es auch Lebenszyklen, die wir durchlaufen, um weiter wachsen und gedeihen zu können. Dabei ist es normal, wenn in der Lebensphase der Jugend der Willen zur charakterlichen Weiterentwicklung nachlässt, das ist die erste Lässigkeit. Doch er kultiviert sich wieder und geht mit neuen Motivationskräften in den nächsten Zyklus über, in die Jahre der Lehre, des Studiums, des Lernens. Dann kommen der Beruf, die eigene Familie und die Lebensaufgabe. Damit ist die Phase der Reifung erreicht, und es könnte eine weitere Stufe auf dem Weg ins Glück beginnen. Doch jetzt wird es gefährlich; schleichend und unbemerkt nistet sie sich ein, die zweite Lässigkeit. Sie wird im Kreise Gleichgesinnter ausgelebt und führt unmerklich zu einer Stagnation des Erleuchtungsgeistes. Manche merken das und fangen sich nach einer Zeit der Feiern und Partys, und sie entwickeln ein neues Feuer zum geistigen Wachstum. Leider besteht jetzt die Gefahr, endgültig in die dritte Lässigkeit abzudriften. Die kennen wir als Spießigkeit, Interessenlosigkeit, Vereinsmeierei oder Gewohnheit. Bis dahin kommen und gehen Freud und Leid, diese Lässigkeit jedoch, die ist für immer.

Die Wirkung

Sozial angepasst und geistig rege durchlaufen die meisten Menschen die ersten fünf Lebenszyklen. Die Kindheit, die Jugend, die Adoleszenz, das Erwachsensein, den Zenit der geistigen Entwicklung und dann ... gibt es zwei Möglichkeiten. Man kann jetzt nur noch kindisch oder weise werden. Die meisten Menschen werden ..., wie schade für die Familie, die Gesellschaft, die Welt, sie hätten auch weise werden können.

Die positive Seite

Lässigkeit hat ihr Gutes. Für die Lässigen arbeiten ganze Industrien in den Bereichen Freizeit, Sport, Medien, Gesundheit und Technik. Das ist ein immenser Faktor im Bruttosozialprodukt. Aus diesen Massenmärkten erwachsen natürlich immer weitere, neue Entwicklungen und Ideen zum Wohle der Lässigen.

Wie »Lässigkeit« Probleme schafft

Geboren werden Menschen mit altruistischem Erleuchtungsgeist ausgestattet und zur höchsten Verwirklichung fähig. Doch leider, leider wird die geistige Ausrichtung abgelenkt. Diese Ablenkung lässt das Gold im Gestein verborgen und ungenutzt schlummern. Wären sie lässig gewesen, hätte Beethoven nicht komponiert, Madame Curie nicht geforscht, Albert Schweizer nicht behandelt und Mutter Teresa niemandem geholfen. Schade für die Entwicklung der Welt.

Eine Fantasie

Wie täuschte sich der Bürger, als er seinen Schrebergarten betrachtete und ihn für sein bestes Werk hielt. Ach, wüsste er doch nur, was er ausgelöst hatte, als er seine Talente unter den Scheffel stellte und zum Durchschnitt wurde. Er wäre ein außergewöhnlicher Astronom oder Biologe oder Physiker geworden, so wurde er ein unbedeutender Parzelleninhaber.

Eine Geschichte

Einmal, lass es vor langer Zeit gewesen sein, wurde ein Schauspieler schon in jungen Jahren berühmt, weil er in eindringlicher Weise Charaktere auf die Leinwand brachte, die Menschen zu Tränen rühren konnten. Privat gab er sich lässig. Er rauchte filterlose Zigaretten, er spielte Gitarre am Lagerfeuer und er fuhr einen offenen Porsche. In der Presse wurde fast täglich von beiden Seiten seiner Persönlichkeit berichtet. Da war die Verkörperung der ernsthaften Charaktere im Film, und da war der lässige Lebemann. Die Jugend eiferte ihm nach in Kleidung und Musik und Lässigkeit. Er starb auch lässig, noch bevor er erwachsen wurde, bei einem kleinen Privatrennen in seinem Porsche. Denn sie wussten nicht, was sie tun.

66 Die sechsundsechzigste Perle erinnert an »Stolz«

Das Prinzip

Mit Stolz kompensieren wir etwas, das uns fehlt. Dieses Fehlende ist Liebe zum eigenen Sosein. Weil die stolze Person nicht merkt, dass es einen besonders liebesbedürftigen Menschen gibt, nämlich sie selbst, deshalb lenkt sie ihre Liebe auf andere. Das kaschiert sie jedoch erhobenen Hauptes mit Interesse an Schwächeren oder Hilfsbedürftigen. Wäre nicht der egozentrierte Hintergrund, dann könnte Stolz als edel gelten, so aber halten alle Kulturen den Stolz für sündhaft. Als edel gilt, wenn jemand besonders gute Eigenschaften oder Charakterzüge lebt und dafür lediglich dankbar ist. Nach außen wirken solche wunderbaren Menschen als bescheiden und kompetent. Aus dieser inneren Stärke heraus haben solche Meister des Lebens eine besonders angenehme Aura und strahlen etwas Liebenswertes aus.

So gesehen kann niemand stolz sein, einer bestimmten Nationalität anzugehören. Auch wenn manche Regierungen Kampagnen führen, um den Nationalstolz zu erhöhen, bleibt dieser dennoch eine kollektive Sünde, der die Unbedarften des Landes auf den Leim gehen. Später ist sie der Samen, aus dem eine Hetzkampagne gegen andere erwächst. Stolz ist verpackter Egoismus und deshalb zu transformieren.

Die Wirkung

Ein Mensch, der seine Selbstbewunderung durch einen überhöhten Habitus inszeniert, der wirkt auf andere eher peinlich. Leider merkt der so Gewordene das meistens nicht und zelebriert sich im Laufe der Zeit mehr und mehr ins Abseits. So verliert jemand durch seinen Stolz gleich zweifach, die Stimmigkeit in sich selbst und den Anschluss an die Gemeinschaft.

Die positive Seite

Edel sei der Mensch, hilfreich und gut. Das ist eine positive Beschreibung des gelebten Stolzes. Edel heißt, dieser Mensch hat Stil und Manieren. Hilfreich heißt, er ist stark genug, um für andere da zu sein. Gut heißt, er tut Gutes und spricht darüber. Manchmal hat das eine nachahmenswerte Vorbildfunktion und inspiriert andere zu selbstlosen guten Taten.

Wie »Stolz« Probleme schafft

Stolz erwartet im Geheimen einen Ausgleich für gute Taten durch Dankbarkeit. Die kommt aber nie oder nicht in ausreichendem Maß, deshalb wird der Stolz immer größer. Das kann zur Egoinflation werden, aus deren Kreislauf es kein Entkommen mehr gibt. Spätestens dann ist Stolz ein primärer Charakterzug, der Werte wie Demut, Dankbarkeit und Bescheidenheit überdeckt.

Eine Fantasie

Wie täuschte sich die Direktorin einer Schule, als sie glaubte, vom Lehrerkollegium und den Schülern wegen ihrer psychosozialen Kompetenz geachtet zu werden. Durch eine Indiskretion erfuhr sie eines Tages ihren Spitznamen, den sie an dieser Schule hatte. Man nannte sie »der General«.

Eine Geschichte

Einmal, lass es vor langer Zeit gewesen sein, wollte eine Dohle so sein wie ein Pfau. Ach, wie imponierte ihr der Gang des stolzen Pfaues, und wie unübertroffen war dessen Auftreten, wenn er sein Rad schlug und es erzittern ließ. Ja, so wollte die schwarze Dohle auch sein. Deshalb fing sie an, zu gehen wie ein Pfau und ihre Schwanzfedern dabei aufzurichten. Doch auch nach langem Üben des stolzen Pfauenganges fanden die anderen Tiere, denen sie begegnete, es nur unpassend und albern, wie sie daherstolzierte. Um solchem Spott zu entgehen, ließ die Dohle ihren Plan fallen, wie ein Pfau zu gehen. Doch auf einmal konnte sie den alten Dohlengang nicht mehr und fing an zu hüpfen. Das übertrug sich auf ihre Kinder und weitere Generationen, und so kam es, dass die Dohlen nur noch hüpfen konnten. Etwas abfällig nannte man sie irgendwann nur noch Hupfdohlen.

67 Die siebenundsechzigste Perle erinnert an »Emotionale Kälte«

Das Prinzip

Manche Menschen sind wie ein Salat, sie tragen ihr Herz im Kopf. Das wirkt sich so aus, dass sie über emotionale Dinge des Lebens eine Menge erfahren und gelernt haben, dies alles aber nur intellektuell im Kopf verarbeiten. So jemand weiß über die Liebe sehr viel, weil er vielleicht Bücher wie »Kamasutra« gelesen hat, aber er weiß es mehr, als dass er es fühlen könnte. Man hört schon mal, dass Partnerschaften erkaltet sind, das liegt dann an der emotionalen Kälte eines Partners. Derjenige selbst kann das kaum nachvollziehen, denn er ist freundlich, interessiert und gesprächsbereit. Nur leider hat er keine Vergleichsinstanz in sich, die emotional nachfühlen könnte, was Herzenssache wäre. Niemand wird so geboren, nein, so ist jemand geworden, weil es seine Art ist, sich vor Verbindlichkeiten gegenüber der Mitwelt zu schützen. In pathologischer Ausprägung nennt man das Alexithymie, »Stummheit der Seele«. Die gute Nachricht ist, Heilung ist möglich, der Zustand ist veränderbar durch eine Wiederöffnung des Herzens für emotionale Wärme. Das ist die Voraussetzung für Mitgefühl, für Mitfreude und für Einfühlungsvermögen auf dem Weg zum alterozentrierten Erleuchtungsgeist.

Die Wirkung

Emotionale Kälte bringt oft Sammellust mit sich. Gesammelt werden Informationen über bestimmte Interessensgebiete. Darüber weiß der Betroffene eine Menge, und ständig wird es mehr, ohne dass er irgendein Sendungsbewusstsein hätte. Es genügt ihm, die vielen Informationen zu haben, ohne sie mitteilen zu wollen. Angefüllt mit solchem Wissen, ist keine emotionale Beteiligung mehr möglich. Viel Wissen – kaltes Herz.

Die positive Seite

Wenn einer die neuen Medien zu nutzen weiß, dann jemand, der emotional keine Wärme vergeudet und stattdessen ganz auf Informationssammlung fokussiert ist. Über ganz viel Unbedeutendes weiß er viel, und an fremder Leute Angelegenheiten ist er wenig bis gar nicht beteiligt, wird also auch wenig abgelenkt vom Wissen.

Wie »Emotionale Kälte« Probleme schafft

Wenn ein kühler Kopf über die Hitze der Emotionen dominiert, erkaltet irgendwann auch das Herz. Manche Tätigkeiten sind mit kaltem Herzen besser zu erledigen, beispielsweise als Notarzt, als Schachspieler, als Testpilot. Wenn aber kalte Herzen Autorität bekommen, dann wird es gefährlich. Als Lagerleiter, als General, als Politiker, als Manager. Übrig bleiben kalte Gräber.

Eine Fantasie

Wie täuschte sich der Universitätsprofessor, der bei einem Zen-Meister erfahren wollte, was der Zweck von Zen sei. Der Meister lud ihn zum Tee ein und gab ihm eine Meditationsaufgabe: »Was bleibt, wenn man von Tee die beiden e wegnimmt? Wenn du sagst ›T‹, ist deine Antwort falsch, antworte!«

Eine Geschichte

Einmal, lass es vor langer Zeit gewesen sein, warf einer eine rostige Schaufel über den Zaun in Nachbars Garten. Der Nachbar ärgerte sich so sehr darüber, dass er sich auf die Schaufel stürzte und sie auffraß. Das bekam ihm gar nicht, und er wurde magenkrank wegen des schrecklichen Nachbarn. Deshalb zog er bald fort.

Es zog jemand anderes in das Haus, und der Tag kam, da wieder eine alte Harke über den Zaun geworfen wurde. Als der neue Nachbar sie fand, warf er sie zurück auf das andere Grundstück. So kam es zu einer ersten Begegnung der Nachbarn am Zaun. Der alte Anwohner schimpfte: »Sie haben wohl keine Manieren? Die Harke fiel nur aus Versehen über den Zaun, wir hatten sie schon gesucht.« Der neue Nachbar sagte: »Tut mir leid, dass ich sie falsch eingeschätzt habe. Dann will ich sie gleich mal etwas fragen. Wir wollen unseren Garten umbauen, weil wir keine Zeit haben zum Rasenmähen. Entweder halten wir einige Ziegen darauf oder wir stellen eine Richtfunkantenne auf ein Betonfundament, was halten sie für besser?« Der befragte Nachbar kam ins Stottern und sagte: »Am besten wäre es, ihren schönen Rasen zu erhalten. Die Rasenpflege könnte ich gerne für sie übernehmen, das ist doch unter guten Nachbarn kein Problem.« Schon in der darauffolgenden Woche machte der alte Nachbar seinen ersten Rasendienst. So lebten Hirn und Herz in nachbarschaftlicher Eintracht.

68 Die achtundsechzigste Perle erinnert an »Angst«

Das Prinzip

Angst ist eine Folge von Unwissenheit. Niemand befürchtet wohl, dass morgen die Sonne nicht aufgeht, denn sie geht ja seit ewigen Zeiten jeden Tag auf. Obwohl es unlogisch ist, dass etwas wieder geschieht, nur weil es schon abermilliardenmal geschehen ist, weiß doch jeder, dass morgen die Sonne aufgeht. Wichtig für den Alltagsverstand ist, dass Glauben zu Wissen wird, nur das besiegt die Angst.

Ein Test, ob du deine Angst verstehst: Wenn du genau wüsstest, dass es gelingt, was würdest du dann heute noch beginnen? Bitte richte dich einmal nach innen. Welche Idee kam dir zuerst in den Sinn? Geht es dabei darum, etwas Neues zu beginnen? Oder etwas Altes loszulassen? Oder etwas zu wagen? Oder etwas zu lassen? In allen Fällen ist das, was dich davon abhält, es zu tun, deine Angst, die dich beschützt oder dich behindert!

Jetzt müsste es eine Möglichkeit geben, zu erkennen, ob die Angst Schutz oder Hindernis ist. Die gibt es: Lass los! Fang an! Wag es! Lass es! Wenn du mindestens eines davon getan hast, wirklich getan hast, dann weißt du es! Und Wissen ist die Überwindung der Angst.

Die Wirkung

Der Bruder des Wissens ist die Dummheit. Die Entwicklung auf dem Pfad der Weisheit geht manchmal gut aus purer Dummheit. Aber das ist Roulette, wahre Entwicklung gemäß der eigenen Bestimmung basiert auf Wissen um die eigenen Talente und Möglichkeiten. Das, und nur das, ist Sieg über die Angst auf dem Weg zum Glück. Glück ist Weisheit plus Liebe, und Weisheit basiert auf Wissen.

Die positive Seite

Angst ist ein natürlicher Überlebensreflex. Ohne sie würden wir vergehen wie die Motten im Licht. Angst löst biologische Körperreaktionen aus, die bei Angriff oder Flucht helfen. Die Blutgerinnungsfaktoren steigen, die Verdauungsfunktionen gehen auf Null, damit die gesamte Energie in die Peripherie zu Armen und Beinen gehen kann.

Wie »Angst« Probleme schafft

Angst verhindert Selbstverantwortung. Dem Ängstlichen ist es lieber, wenn ein anderer zur Rechenschaft gezogen werden kann, weil er selbst ja nur auf Anweisung gehandelt hat. Deshalb ordnet er sich lieber unter, neigt zu Obrigkeitshörigkeit und unterstellt seine eigene Ethik. Solche Angst kann auch zur Charaktereigenschaft werden und dadurch Grundmotivation beim Handeln und Denken.

Eine Fantasie

Wie täuschte sich der Patriarch, als er nun auch noch für seine selbstgemalten Ölbilder von seinen Mitarbeitern bewundert wurde. Seit er das Malen zu seinem Hobby gemacht hatte, erhielt er überall Lob, außer von seiner Frau. Die meinte, seine Leute bewunderten ihn nur aus Angst um ihren Arbeitsplatz. Sie empfahl ihm, er solle das Malen lassen und lieber etwas tun, was seinen Talenten entspreche, wie sich um den Bau eines Waisenhauses bemühen.

Eine Geschichte

Einmal, lass es vor langer Zeit gewesen sein, hatte einer Angst, mit seinem Auto in den Serpentinen stecken zu bleiben. Deshalb rüstete er den Wagen komplett auf Winter um, ja, sogar Schneeketten nahm er mit, für alle Fälle. Während der Alpenpass-Überfahrt blieb er aber doch auf einsamer Gebirgsstraße stecken, weil an einer engen Stelle einer vor ihm mit Sommerausrüstung liegengeblieben war. Während er dort im Auto die Nacht verbrachte, schlossen Diebe seine Wohnung zu Hause auf und stahlen den Schmuck. Zwar war seine Wohnung gut gesichert und mit Zusatzschlössern versperrt, aber die Diebe knackten die Nachbarwohnung auf und holten die zum Blumengießen hinterlegten Schlüssel. Zum Glück wusste er das nicht gleich in dieser kalten Gebirgsnacht, und er konnte seinen Ärger auf den Vorderwagen konzentrieren.

69 Die neunundsechzigste Perle erinnert an »Sprache aus reinem Verstand«

Das Prinzip

Subjekt, Prädikat, Objekt – man könnte meinen, das sei eindeutiges Sprechen, aber nein, das ist bestenfalls eindeutige Grammatik. Sprache hat zwölf Ebenen des Sendens und Empfangens. Viel wichtiger als der reine Inhalt ist das »Wie spricht jemand?«.

Hier ein Blick auf unsere Arten, miteinander zu sprechen: Fürsorglich, kritisch, faktisch, angepasst, trotzig, frei. Das sind die sechs Ich-Zustände, aus denen heraus etwas gesagt werden kann. Bitte prüfe selbst, es sind nur diese sechs. Nun kommt es noch auf das »Wie ist das gemeint?« an, denn Sagen und Meinen können übereinstimmen oder in Ironie auseinanderfallen. Weil die Ironie alle sechs Ich-Zustände uneigentlich verwenden kann, haben wir es letztlich mit zweimal sechs, also zwölf Sprachebenen zu tun. Nur eine davon ist Sprache aus reinem Verstand, nämlich die eigentlich-faktische Sprache. Sie birgt kein Risiko, jemanden zu verletzen oder missverstanden zu werden, jedoch ist sie langweilig, bürokratisch und deshalb eher selten. Menschen spielen oft Psychospiele miteinander, sobald sie sprechen. Das macht entweder Freude oder bildet weiter oder es verletzt. Das sind gute Gründe, die eigene Sprache bewusster zu benutzen.

Die Wirkung

Sprechen unterliegt natürlichen Gesetzen, davon hier drei der ganz wesentlichen.

Erstes Gesetz: Wir wirken immer. Das klingt harmlos, ist aber eine gnadenlose Erkenntnis, denn es bleibt die Frage, wie ich wirke, wenn ich spreche.

Zweites Gesetz: Es braucht gleich wenig, um angenommen oder abgelehnt zu werden. Es sind gar nicht die weltbewegenden Sätze, die zur Katastrophe führen, manchmal sind es Kleinigkeiten, einzelne Wörter oder Zwischentöne, die einen Streit schüren.
Drittes Gesetz: Sprache geht ins Unterbewusstsein. Wir hören, was einer sagt, und parallel dazu lauschen wir, was einer sagen will. Dafür haben wir Menschen Antennen, die durch sieben Wände hindurch empfangen können.

Die positive Seite

Sprache kann sogar das Unsagbare verstehbar machen in Geschichten, in Dichtung, in Mythologie. Sprache geht weit über Worte hinaus. Wir kommunizieren auch nonverbal durch Gestik, Mimik, Haltung. Die höchste Form der Sprache ist »transverbal«. Hier reicht das Senden und Empfangen in die reine Informationsebene der morphischen Felder.

Wie »Sprache aus reinem Verstand« Probleme schafft

Problemlose Sätze klingen etwa so: »Wie spät ist es?« oder »Fröhliche Ostern!« oder »Schönes Wetter heute.« Problembehaftet sind solche Sätze: »Schlagen Sie Ihren Hund immer noch?« oder »Warum haben Sie das gemacht?« oder »Gucken Sie mal, was Sie da angerichtet haben!« oder »Naja ...?«

Eine Fantasie

Wie täuschte sich der Redner, als das Publikum applaudierte. Er merkte einfach nichts von der Erleichterung, die das Ende seiner Rede auslöste. Ein Zuhörer sagte im Foyer zu ihm: »Wenn sie heute nicht geredet hätten, was wäre dann anders in der Welt?« Er verstand nicht gleich, aber sagte: »Was sollte dann anders sein, nichts.« Der Zuhörer sagte noch: »Na, dann brauche ich Ihre Rede ja auch nicht schriftlich.«

Eine Geschichte

Einmal, lass es vor langer Zeit gewesen sein, ließ ein Kompaniefeldwebel seine Soldaten antreten, um eine Ansage zu machen. »Kameraden, der Staat hat ein neues Versicherungsprogramm für uns aufgelegt. Wer im Kampfeinsatz an der Front stirbt, dessen

Hinterbliebenen bekommen hunderttausend ausbezahlt. Das kostet nur vierundzwanzig pro Jahr. Wer das haben will, einen Schritt vortreten!« Niemand rührte sich von der Stelle, die ganze Kompanie blieb stehen.
Da beugte sich ein junger Leutnant von der Seite zum Feldwebel und sagte: »Herr Feldwebel, das war nicht deutlich genug, darf ich mal?« Der Feldwebel schüttelte den Kopf vor lauter Unverständnis und nörgelte: »Bitte, wenn sie meinen.« Also ging der Leutnant vor die Kompanie und sagte: »Kameraden, ihr habt gehört, was der Feldwebel vorgetragen hat. Was glaubt ihr, wen wird der Staat wohl eher an die Front schicken, Soldaten mit oder ohne Front-Versicherung? Wer abschließen will, vortreten!« Es war wie ein Schritt, als alle zusammen vortraten.

70 Die siebzigste Perle erinnert an »Grobheit«

Das Prinzip

Man kann an einem großen Feuer keine kleine Kerze anzünden, sie wird schmelzen. Umgekehrt ist das kein Problem. Das Grobe hat keinen Zugang zur Ebene des Feinen. Man kann in ein Gefäß grobe Steine legen und dann kleine Kiesel daraufschütten, sie rieseln in die Zwischenräume, und dann kann man noch feinen Sand hineinstreuen. So durchdringt das Feine das Grobe. Umgekehrt geht das nicht, die Steine bilden nur Schichten auf der Oberfläche der vorigen, ohne Durchdringung.

Feine Manieren eines Menschen können sich an grobes Getue anpassen, aber andersherum? Grobschlächtigkeit des Geistes kann von Feingeistigkeit tief durchdrungen werden. Grobgeistiges bleibt immer nur an der Oberfläche des Feineren. Das ist der Grund, aus dem Gespräche jeweils auf der Ebene des gröberen Gesprächspartners bleiben. Das ist auch der Grund, aus dem niemals feingeistige Philosophen Regierungschef werden können. An der Spitze eines Volkes muss über Gewaltmaßnahmen entschieden werden, und das verlangt grobes Handeln, denn der Durchschnitt eines Volkes entspricht der Grobheit und muss auch so regiert werden.

Die Wirkung

In der häuslichen Realität sehen wir das Feine, aber das entstand aus dem Groben. Wer etwas nutzt, bedenke die Quelle! Auch hinter der feinsten Küche in Form von Gegrilltem steckt das Grobe, die Schlachtung. Auch die feinsten Designermöbel aus Holz können nur durch die Fällung von Bäumen mit der Kettensäge entstehen. Lebensstandard basiert auf einer hybriden Veredelung in Stufen vom Groben der Ernte zur höchsten Verfeinerung.

Die positive Seite

Manche Umstände verlangen das Grobe. Man kann einen Fußboden schlecht mit der Zahnbürste schrubben. Manche Leser haben für die Informationsaufnahme nur eine Viertelstunde Zeit, da kann der Schreiber nicht jede Feinheit ausführen. Ein Hufschmied arbeitet mit anderen Maßstäben als ein Flugzeugmechaniker. Die Natur ist grob in Form von Wetter, von Gewalten, von Wachstumskräften, damit daraus das Filigrane entstehen kann.

Wie »Grobheit« Probleme schafft

Grobheit beginnt im Denken, realisiert sich im Reden und hat Folgen im Handeln. Der Geist folgt der Form, wie auch die Form dem Geist folgt. Dreifach können wir Schaden anrichten: Grobe Gedanken führen zu ungehobelter Sprache, und die wirkt in unangemessenem Handeln.

Eine Fantasie

Wie täuschte sich der Zoobesucher, als er beglückt von der Harmonie der gesamten Parkanlage mit den hübschen Tieren zufrieden nach Hause ging. Gut, dass seine Laune nicht durch die brutale Wirklichkeit hinter den Kulissen getrübt wurde. Alte, kranke Tiere, die in Gefangenschaft apathisch wurden, sowie vermenschlichte Tierwelten und Vögel mit gestutzten Flügeln, das hätte ihm sicher den Abend verdorben.

Eine Geschichte

Einmal, lass es vor langer Zeit gewesen sein, wurden Tiere in engen Waggons durch die Lande gefahren, um am Ende ihrer Reise geschlagen und getötet zu werden. Manche Menschen tun anderen Menschen nicht weniger an, wenn sie ihnen die Jugend rauben, sie ausbeuten oder zu Diensten zwingen. Gut zu wissen, dass es einen karmischen Ausgleich gibt. Und gut zu wissen, dass wir jetzt schon auf der besseren Seite des Karmas stehen können, so wie die vielen ehrenamtlichen Helfer. So wie die stillen Familienmitglieder, die für ihre Älteren da sind. So wie diejenigen, die gute Berufe ausüben, in denen sie sich beispielsweise um Kinder kümmern. So wie diejenigen, die sich in Krisengebieten engagieren.

Die Geschichte, wie einer vom Saulus zum Paulus wurde, spielt sich jederzeit ab, und auch heute. Der bekannteste aller japanischen Krieger, Miamoto Musashi, war einst der schlimmste und wegen seiner Grobheiten gefürchtetste Krieger. Er wurde berühmt wegen seiner Wandlung zum feinen Künstler und zum Philosophen, der die edlen Regeln der Samurai-Etikette aufstellte. Alle schlimmen Taten des bisherigen Lebens kann ein jeder in gutes Karma wandeln durch sofortige Hinwendung zum Edlen. Aber was ist edel? Edel ist »zum Besten des Ganzen«. Dafür gibt es einen besonders geeigneten Augenblick im Leben: jetzt!

71 Die einundsiebzigste Perle erinnert an »Aggression«

Das Prinzip

Aggression ist ein rechtswidriger Angriff eines Staates auf ein anderes Land. Das Prinzip dahinter beginnt allerdings schon beim Individuum. Ein Einzelner kaschiert seine Aggression jedoch häufig als engagierten Einsatz für eine edle Sache. Unter der Ägide einer hohen Ethik lässt sich vortrefflich gegen das Niedere kämpfen. Psychologisch betrachtet ist Aggression Teil eines Teufelskreises, in dem ein Mensch agiert. Er beobachtet, urteilt moralisch und ärgert sich über den mangelhaften Zustand. Das bezieht sich auf alles und jeden, ja sogar auf ihn selbst. Er genügt seinen eigenen hohen Ansprüchen an Perfektion nicht und leidet zuerst an sich selbst, dann am Rest der Welt. Was oft als Idealismus daherkommt, ist in Wirklichkeit Aggression und wird im Laufe der Zeit zu einem Charakterteil. Dann verrät sie sich auch in der Sprache, wenn es dem Betroffenen kaum noch möglich ist, einen Satz ohne ein Urteil darin zu formulieren. Aggression ist wie ein Splitter in der Seele, der dauernd schmerzt. Abhilfe kann es nur geben, wenn der Splitter gezogen wird und die Wunde heilen kann.

Die Wirkung

Aggression macht wütend. Das zeigt sich durch oberlehrerhaftes Gehabe, dadurch, dass der Aggressive andere mit erhobenem Zeigefinger belehrt. Seine gnadenlose Verurteilung richtet sich auch gegen ihn selbst. Man verlangt sich asketische Lebensweisen ab, die aber kaum zu erfüllen sind. So entsteht Frust als Dauerzustand. Das führt dazu, dass andere einen nicht mehr mögen, was wiederum Ärger auf allen Seiten hervorbringt.

Die positive Seite

Manchmal müssen alle Kräfte auf einen Punkt fokussiert werden, um zum tigergleichen Sprung anzusetzen. Zivilcourage verlangt das gelegentlich. Die Kunst ist es, zu unterscheiden zwischen Rettung und Einmischung. Rettung ist Bürgerpflicht, kommt aber sicherlich nicht alle Tage vor. Aber wenn, dann bitte aggressiv!

Wie »Aggression« Probleme schafft

Wie lange brauchte man wohl, um sich den Nächsten, der einem begegnet, zum Feind zu machen? Antwort: Das geht schnell. Wie lange brauchte man wohl, um sich denselben zum Freund zu machen? Das dauert lange. Aggression wirkt sofort und erzeugt unmittelbares Feedback. Und Aggression wirkt lange nach. Freunde kommen und gehen, Feinde sind für immer!

Eine Fantasie

Wie täuschte sich die gutsituierte Dame, die auf einen sehr charmanten Heiratsschwindler hereingefallen war. Und wie täuschte sich der Heiratsschwindler, der nicht damit gerechnet hätte, dass die prominente Gesellschaftsdame deswegen zur Polizei gehen würde.

Eine Geschichte

Einmal, lass es vor langer Zeit gewesen sein, war ein Prinz von der Schönheit der Waffen in der königlichen Armee fasziniert. Besonders die glänzenden Metalle mit den eingravierten Ornamenten und Wappen hatten es ihm angetan. Schon als Jugendlicher träumte er davon, die geniale Technik der Gewehre und Kanonen sinnvoll und zum Nutzen des Staates in Aktion zu sehen. Er wurde in der Handhabung der komplizierten Waffentechnik ausgebildet, und schon als junger Erwachsener galt er bei den Offizieren als besonders begabt. Bald durfte er die ersten Erfahrungen auf der Jagd nach Fasanen und Rotwild machen, und auch als Jäger erwies er sich als außerordentlich lernfähig. Sein Talent erlaubte es ihm, Tontauben ebenso wie Hasen oder Wildschweine zielsicher zu schießen. Ja, es wäre ihm eine Freude und Bestimmung gewesen, die Waffen des Landes zu befehligen. Und so kam er nach seiner Ausbildung zum Offizier folgerichtig in die Kompanieführung zu den Infanteristen. Er übernahm freiwillig das Kommando zur Eroberung des Nachbarlandes. Erst überfielen sie unter seiner Führung die Südgrenze und kämpften

sich bis zur Hauptstadt vor. Von dort aus erzielten sie dann den Umsturz, und das Land war eingenommen.
Zu Hause wurde er wegen dieser guten Werke als Held gefeiert. Es wurde ihm der Tapferkeitsorden am Bande verliehen, mit der Gravur »Wohltäter des Landes«. Er verstarb viel zu früh an den Folgen einer Darminfektion. Deshalb erlebte er den Unabhängigkeitskampf des annektierten Landes nicht mehr, der letztlich zu einer neuen Autonomie führte.

72 Die zweiundsiebzigste Perle erinnert an »Anerkennungsbedürfnis«

Das Prinzip

Unterbewusst führen wir ein Konto für Streicheleinheiten der Seele. Das funktioniert wie ein Geigerzähler, jedes Mal bei Anerkennung oder Lob tickt es. Das Konto wird aber auch jedes Mal belastet, wenn wir uns Kritik oder Missachtung ausgesetzt sehen. Unbewusst streben wir nach einem Plus auf diesem Seelenkonto. Von der Abhängigkeit von diesem Konto könnten wir uns befreien, wenn das Konto aufgelöst werden könnte. Wie aber löst man dieses Konto auf? Theoretisch beschrieben klingt es wie ein Spaziergang, aber praktisch ist das eher eine Gipfelbesteigung. Für einen Spaziergang braucht man kein besonderes Training, wenn man gesund ist. Für eine Gipfelerstbesteigung ist es jedoch ratsam, ein geeignetes Trainingsprogramm unter professioneller Leitung zu absolvieren. Das Training besteht aus vier Disziplinen: Überwindung von 27 Leidenschaften und deren Wandlung in 27 Geistesqualitäten, Überwindung von 27 Herzenstrübungen und Verwirklichung von 27 Eigenschaften. Wer damit durch ist, der ist befreit, auch befreit vom Anerkennungsbedürfnis, und steht anderen als professioneller Coach zur Verfügung. Das nennt sich das Bodhisattva-Prinzip.

Die Wirkung

Anerkennung hat sechs Formen: positiv oder negativ, verbal oder nonverbal, bedingt oder unbedingt. Am liebsten haben wir die Kombination positiv, verbal und nonverbal, unbedingt. Wenn das nicht geht, dann wenigstens verbal oder nonverbal, und wenn das auch nicht geht, dann wenigstens negativ. Es ist wohl immer noch besser, kritisch in der Existenz wahrgenommen, als missachtet zu werden.

Die positive Seite

Wir Menschen tun alles, auch jede Dummheit unter dieser Sonne, um als der Mensch wahrgenommen zu werden, der wir gerne wären. Und wer wären wir am liebsten? Ein Held, ein edler Ritter, eine Königin, eine Heilerin, ein Genie, ein Wohltäter, eine Kreative, eine Großherzige, ein Supermann, ein Gutmensch. Das zu sein, dazu treibt uns das Anerkennungsbedürfnis – hört sich gut an, aber wehe, wenn es unbemerkt bleibt ...

Wie »Anerkennungsbedürfnis« Probleme schafft

Wenn der Gipfel erreicht ist, geht es nur noch bergab. Wer wirklich auf dem Weg zum Gipfel ist, der hat es nicht nötig, diese Tatsache mit Worten oder Gehabe zu beweisen, die sind in solchen Fällen grundsätzlich deplatziert. Ein echter Gipfelstürmer wird von einigen Menschen am Wegesrand bemerkt, und die sagen es weiter, das spricht sich herum, noch bevor der Gipfel überhaupt in Sicht ist.

Eine Fantasie

Wie täuschte sich der Freizeitkapitän, der mit Kapitänsmütze und blau-weißer Blazerkombination mit seinem kleinen Hund an der Leine über die Strandpromenade flanierte. Er dachte, man bewundere ihn als maritimen Vertreter der Weltentdecker. Er merkte nicht, dass man über ihn schmunzelte, weil er mit seiner goldenen Uhr und dem Goldkettchen am Handgelenk für einen Abenteurer viel zu schick daherkam.

Eine Geschichte

Einmal, lass es vor langer Zeit gewesen sein, unternahm ein Philosophieprofessor eine Vortragstour vor Unternehmern zum Thema »Führungsethik und Geschäft«. Sein Chauffeur, der schon Dutzende Male diesen Vortrag seines Chefs in der hinteren Reihe mitgehört hatte, sagte bei einer Fahrt zur nächsten Veranstaltung nur so aus Spaß: »Das muss wohl ein gutes Gefühl sein, Herr Professor, nach dem Vortrag und der Fragerunde jedes Mal diesen Applaus zu bekommen. Ich wüsste gerne mal, wie das so ist.« Da sagte der Professor ohne Zögern zu seinem Fahrer: »Wissen Sie was, heute Abend halten Sie mal den Vortrag. Sie kennen den doch längst auswendig, dann wissen Sie, wie es ist.«
Der Professor bestand darauf, und so tauschten sie den grauen Anzug und die Schirmmütze des Chauffeurs und den dunkelblauen Zweireiher mit Einstecktuch des Professors.

Der Vortrag des »Professors« kam, wie immer, gut an, ja, vielleicht sogar besonders gut, er war so frisch heute. Dann kam die Fragerunde, und ein Teilnehmer meldete sich zu Wort: »Herr Professor, wie lauten denn Ihre persönlichen Führungsgrundsätze, von denen Sie im Vortrag sprachen?« Der Chauffeur hatte keine Idee, wie er darauf antworten sollte, doch nach einem kurzen Moment der inneren Sammlung ging der »Professor« wieder ans Mikrofon und sagte: »Wissen Sie was, das soll Ihnen mal jemand beantworten, der meine Führungsgrundsätze täglich bei der Arbeit zu spüren bekommt. Darf ich einmal meinen Chauffeur nach vorne bitten!«

73 Die dreiundsiebzigste Perle erinnert an »Feigheit«

Das Prinzip

Feigheit ist die Angst vor der Blamage. Es könnte ja schiefgehen, und alle schauen auf mich, dann lieber unauffällig bleiben oder eine gute Ausrede formulieren. Das ist der psychologische Grund hinter dem logischen Grund nach außen. Darum ist eine der wichtigsten Fragen, die man sich stellen kann, bevor man morgens aufsteht: »Was kann ich heute Verrücktes unternehmen, damit ich mich, wenn es schiefgeht, wieder mal so richtig blamiert habe?« Und wenn es wirklich schiefgeht? Na und, so komme ich wieder ein Stückchen weiter, denn manchmal klappt das Unglaubliche, und dafür lohnt es sich. Wie wird man Weltmeister in irgendeiner Disziplin? Indem man im Training über die eigenen Grenzen hinausgeht, um den idealen Punkt zu finden! Ein Sportschütze schießt hunderttausendmal daneben, bis er sich im Wettkampf auf seine Nerven verlassen kann. Ein Segler kommt im Training immer wieder vom Idealkurs ab, bis er die beste Linie gefunden hat. Ein Rennfahrer setzt im Training mehrere Rennwagen in die Leitplanken, bis er den Kurs beherrscht. Und wenn es an mir selbst eigentlich nichts Besonderes oder Bewundernswertes gibt für meine Mitarbeiter, Freunde oder meine Kinder? Dann ist es Zeit, endlich mal etwas Neues, etwas nie Gemachtes, etwas Schiefgehenswürdiges zu tun! Und wenn's schiefgeht, na und?! Und wenn's klappt ...?

Die Wirkung

Der eine hat nie Glück gehabt. Und der andere, der hat schon wieder Glück, so könnte man meinen. Die Wirklichkeit ist oft anders: Der eine war zu feige, seinen Mund aufzumachen, seine Erfindung einzureichen, seine Interessen zu vertreten. Und der Glückspilz, der ist zweimal auf die Schnauze gefallen und wieder aufgestanden, ist wieder angetreten und dann ... hat er Glück gehabt.

Die positive Seite

Feigheit sieht manchmal nur so aus. Auf den zweiten Blick war es Einsicht in die Folgen für andere, die jemanden von einer Handlung abgehalten haben. Feigheit zum Wohle anderer, das gehört zu einem altruistischen Weltbild. Wer sich aus solchen Motiven der Feigheit bezichtigen lässt, der hat Mut und einen klaren Geist.

Wie »Feigheit« Probleme schafft

Was einer aus Feigheit nicht tut, müssen andere für ihn tun. Nicht auszudenken, was der Welt verloren geht, weil einer seine Talente nicht auslebt, nur weil er zu feige ist. Andere werden die verpasste Tat ausführen, nur vielleicht mit weniger Begabung. So hat Feigheit auch Folgen für andere. Später bereut man, die mutigen Taten nicht begangen zu haben, dann allerdings ist es für dieses Mal zu spät.

Eine Fantasie

Wie täuschte sich der Räuber, als er vom Fahrrad aus einer alten Frau die Handtasche entreißen wollte. Die steckte geistesgegenwärtig ihren Schirm in seine Fahrradspeichen, und er stürzte der Länge nach hin. Und weil sie sich dann gleich vor ihn hinstellte und laut schrie, nahmen Passanten den Räuber in Gewahrsam.

Eine Geschichte

Einmal, lass es vor langer Zeit gewesen sein, wurde ein Arzt in der Nacht in einen anderen Stadtteil gerufen. Der Patient wohnte in einem Arbeiterviertel in einem schäbigen Hochhaus. Nachdem der Patient versorgt war, ging der Arzt wieder zu seinem Auto, das er vor dem Haus geparkt hatte. Etwa sechs Jugendliche standen an seinen Wagen gelehnt, tranken Bier aus Dosen und rauchten Zigaretten. Als der Mann bei seinem Wagen angekommen war, bildeten die Männer eine Gasse, sodass er die Fahrertür aufschließen konnte. Doch als er einsteigen wollte, fragten sie ihn nach Geld. Daraus entspann sich ein

Gespräch, in dessen Verlauf zunehmend bedrohliche Sätze fielen. Bald hatten sie den Arzt im Schwitzkasten und durchsuchten seine Medizintasche mit den gefährlichen Spritzen und Medikamenten. Da erkannte der Arzt einen aus der Bande als einen Patienten, dem er vor einiger Zeit durch einen Luftröhrenschnitt das Leben gerettet hatte. Er bat ihn, ihm zu helfen und den Überfall zu beenden. Der junge Mann aber sagte seinen Kumpanen, er kenne den nicht, und die anderen traktierten den Arzt erneut. Bis er endlich mit seinem Wagen davonfahren konnte, hatten sie ihm die Brieftasche herausgeprügelt, sein Hemd war zerrissen und er hatte fürchterliche Schmerzen von den Magenschlägen.

Später sagte er seinen Kollegen, das Schlimmste sei gewesen, dass der junge Mann, der ihn doch kannte, ihm ein Taschentuch gegeben hatte, um das Nasenbluten zu stillen, obwohl er dabei blieb, ihn nicht zu kennen.

74 Die vierundsiebzigste Perle erinnert an »Verführbarkeit«

Das Prinzip

Jeden Morgen steht irgendwo in der Welt ein Mensch auf, der die Kunst der Verführung beherrscht und sie erfolgreich anwenden will. Und jeden Morgen steht irgendwo in der Welt ein Mensch auf, der die Kunst der unablässigen Verfolgung des eigenen Weges verwirklichen will. Nur selten, aber manchmal doch, treffen diese beiden Lebenskonzepte aufeinander. Dann kommt es darauf an, wer sein goldenes Herz strahlender poliert hat. Beide sind zutiefst davon überzeugt, dass sie Gutes tun, dass sie auf dem edlen Menschenweg sind und dass sie es reinen Herzens tun, weil es ihre Bestimmung ist. Und irgendwo in den stillen Stunden der Besinnung sitzt jedem der beiden ein Erleuchteter lächelnd gegenüber und sagt: »More practise please. Polish your golden heart more and more. – Übe bitte weiter. Poliere dein goldenes Herz immer mehr.«

Wer verführt wen wohl eher? Der Verführer den Adepten zum Lustprinzip oder der Adept den Verführer zum Kairosprinzip? Der Wettbewerb läuft täglich neu, in aller Welt, an unterschiedlichen Orten, mit unterschiedlichen Konzepten, auf unterschiedlichen Wegen, mit unterschiedlichen Ergebnissen.

Wahre Meister fallen vom Himmel! Nur für sie leuchtet ihre Bestimmung (Kairos) wie ein Fixstern am Horizont, der ihnen zu jeder Zeit die Richtung zeigt. Alle anderen sind verführbar oder verführen selber. Wahre Meister sind auf dem Weg, auf dem es kein Kommen und kein Gehen mehr gibt.

Die Wirkung

Die Vorsilbe »Ver-« hat offensichtlich immer mit demjenigen zu tun, der spricht: Ver-antwortung, Ver-anlagung, Ver-trauen, Ver-führung. Ihre Bedeutung besteht darin, dass der Handelnde auch die Folgen seiner Handlung zu tragen hat. Verführbarkeit besteht nur in die Richtung, die als möglicher Weg in einem angelegt ist. Niemand könnte eine Katze zum Baden verführen.

Die positive Seite

Kann denn Verführung Sünde sein? Nein, denn wie könnte das Auge die Sonne sehen, wäre es nicht selbst kohärent zur Frequenz des Sonnenlichts. Verführbarkeit ist eine Folge der Kohärenz zu bestimmten Schwingungen, und für die gibt es keinen Schuldigen. Nur wahre Meister und Meisterinnen stehen außerhalb der Verführbarkeit und in Kohärenz zu vollkommener Befreiung.

Wie »Verführbarkeit« Probleme schafft

Auf Borneo fängt man Affen, indem man eine begehrenswerte Frucht in einer Tonamphore versteckt. Der Affe greift hinein und lässt die Frucht nicht mehr los. Die geballte Hand passt aber nicht mehr durch die Öffnung der Amphore. So hängt der Affe mit dem Arm fest. Das Problem bei der Verführbarkeit ist das Loslassen. Obwohl sich eine Reihe von Gelegenheiten bietet, loszulassen, verpasst der Verführbare den rechten Moment dazu.

Eine Fantasie

Wie täuschte sich der Ordensmann, als er noch glaubte, unverführbar zu sein. Durch diese Überzeugung gestärkt, legte er das volle Gelübde ab. Doch was war das? Diese einzigartige, außerordentliche, unplanbare, schicksalhafte Begegnung, wow, damit konnte keiner rechnen, das ist die einzig mögliche, besondere Ausnahme. Liebe auf Erden, größer als alle Himmel.

Eine Geschichte

Einmal, lass es vor langer Zeit gewesen sein, fragte die Direktorin eines Bordells im nahe gelegenen Kloster an, ob es möglich sei, einige interessierte Damen des Hauses mit buddhistischer Philosophie vertraut zu machen. Der Abt des Klosters Shin-Jin-Kutsu-Ji (»Höhle des wahren Menschen-Tempel«) wählte drei Mönche als Kandidaten für diese Aufgabe aus und sagte: »Mönche, geht zur ersten Belehrung in das Bordell und berichtet mir davon, dann wählen wir den geeigneten Lehrer aus.«

Einige Tage später berichteten die Mönche dem Abt. Der erste sagte: »Ich sprach über die Freude an der Wahrheit. Die grazilen Damen schauten sehr interessiert mit ihren schönen Augen, aber sie verstanden nicht wirklich. Sie brauchen wohl noch manche Belehrung.« Der Abt sagte: »Du bist kein geeigneter Lehrer. Du hast geträumt und tust es immer noch.«

Der zweite Mönch berichtete: »Ich sprach über Ethik. Über die Zuhörerinnen kann ich nicht viel sagen, ich habe sie nicht gesehen, weil ich bat, sie hinter einen Paravent zu setzen. So könnten die Damen noch viele Belehrungen erhalten.« Der Abt sagte: »Du bist kein geeigneter Lehrer. Du warst in Gefahr und bist es immer noch.«

Der dritte Mönch erzählte: »Ich sprach zu den Damen von ihrer Ästhetik. Sie verstanden sofort, als ich sagte, wenn eine Kuh Gras frisst, wird daraus Milch, und wenn eine Schlange dasselbe tut, wird daraus Gift.« Der Abt sagte: »Du bist kein geeigneter Lehrer. Du warst im Urteil und bist es immer noch.«

Die Mönche waren verwirrt, doch dann fragte einer den Abt, wie er die Aufgabe erledigen würde. Der Abt erhob sich von seinem Sitzkissen und ging in die Mitte der Mönche. Dort senkte er sich wie ein Blatt sanft zu Boden in den vollen Lotossitz, und alle hörten sein donnerndes Schweigen.

75 Die fünfundsiebzigste Perle erinnert an »Herrschsucht«

Das Prinzip

Herrschsucht ist kein genetisch oder vom Naturell bedingtes Charaktermerkmal, sondern eine erworbene Grundstimmung des Geistes. Die unschuldige Seele musste sich durch Stärke eine Position im Leben erkämpfen und hat es geschafft. Daraus hat sie gelernt, »man muss stark sein«, und das wurde dem Betroffenen zum Lebensprinzip. Wenn Sucht auch Suche ist, dann sucht dieser Charakter überall seine Führungsposition. Das macht ihn stark, aber auch unangenehm für andere. Wer ihm etwas sagen will, muss stärker sein als er selbst. Das wird es kaum geben, denn er ist laut, extrem und ungebührlich. Das Ziel für seine Herrschsucht findet er überall, beginnend in der eigenen Familie, besonders im beruflichen Umfeld und deutlich in größeren Zusammenhängen. Historisch betrachtet sind hierarchische Organisationen, ob nun Wohltätigkeitsorganisationen oder die Kirchen, ein prädestiniertes Feld für die Verwirklichung der Herrschsucht. Dort gibt sich der Hierophant unschuldig und freundlich, aber das täuscht, dahinter stehen seine Judikative und Exekutive. Wer einen solchen Herrschsüchtigen zum Freund hat, der braucht keine Feinde zu suchen, die sind immer in dessen Umfeld. Gleichzeitig ist in des Herrschers Organisation auch ein Stück Zuflucht; wenn es einmal um Kampf geht, dann gibt der Herrscher dem Schwächeren Rückendeckung, wenn dieser ein Freund ist. Alles andere wird bis zur Genugtuung bekämpft.

Die Wirkung

Wer mit einem Bären tanzt, kann nicht sagen »Ich bin jetzt müde, Herr Bär«, das bestimmt allein der Bär, wie lange getanzt wird. Die Herrschsucht ist an einfachen, kein bisschen subtilen Symptomen zu erkennen. Sie ist laut, ungehobelt, direkt und nervig. Ein Streitgespräch endet beim Herrschsüchtigen mit der Bemerkung: »Mit dem kann man sich aber gut unterhalten.«

Die positive Seite

Wenn mal »Land unter« ist, dann ist hoffentlich jemand anwesend, der völlig unvoreingenommen das Kommando übernimmt. Dann findet die Herrschsucht ihr Betätigungsfeld. Das sind Katastrophen, in denen keine Zeit mehr bleibt für »Entschuldigung« oder »bitte« oder »danke«, dann zählen nur noch Überblick und klare Anweisungen aus strategischer Sicht.

Wie »Herrschsucht« Probleme schafft

Außerhalb katastrophaler Bedingungen führt demokratische Positionsfindung zu höchster Entscheidungsqualität, die dann diktatorisch umzusetzen ist. Leider wird das leicht verwechselt, und es wird von oben herab diktatorisch entschieden und danach beginnt die demokratische Umsetzung mit Diskussion und Palaver. Leider ist das üblich und dennoch die schlechteste Form einer erfolgreichen Realisierung.

Eine Fantasie

Wie täuschte sich der Filmregisseur, als er für eine Szene am Hafen der Großstadt keinen Schauspieler mitreden ließ. Als der Überseedampfer endlich am Kai festmachte, diskutierte das ganze Ensemble noch immer über die Regieanweisung. Es war zu spät, die Szene war geschmissen, das größte Kreuzfahrtschiff der Welt konnte nicht noch einmal in den Hafen einlaufen. Hätte er die anderen nur erst mitreden lassen und die Szene dann wie beschlossen umgesetzt!

Eine Geschichte

Einmal, lass es vor langer Zeit gewesen sein, kam eine versprengte Soldatentruppe in ein abgelegenes Kloster. Der Kompanieführer, ein alter Feldwebel, erklärte dem Abt die Annektierung des Klosters. Dann befahl er dem Abt, für Essen und Trinken für seine Soldaten zu sorgen und den Tisch zu decken. Der Abt sagte ihm: »Sage mir, wer du

bist und warum du glaubst, dass wir euch versorgen sollten.« Der Feldwebel antwortete schnell und laut: »Du siehst doch, wer ich bin. Ich kämpfe als Soldat im Auftrag der Regierung für deine Freiheit und den Wohlstand des ganzen Landes, also bring Essen!«
Der Abt erwiderte: »Schau mal, du siehst auch, wer ich bin. Ich kämpfe als Mönch im Auftrag der Bevölkerung für deine geistige Freiheit und den sozialen Wohlstand des ganzen Landes. Beteilige dich also mit deinen Leuten an der Versorgung.« Der Feldwebel war erstaunt und fragte drohend: »Soll das ein Witz sein? Wir haben scharfe Waffen!« Der Abt blieb eindeutig. »Mir ist keineswegs nach Witzen zu Mute. Du beschützt das Land, also auch dieses Kloster, und wir beschützen eure Seelen, also jeden einzelnen Soldaten hier. So ist jeder wichtig für jeden. Wenn du das erkennst, sage ich dir gerne, wie wir die Arbeiten aufteilen.«
Die Soldaten blieben mehrere Tage im Kloster. Zwei von ihnen legten ihre Waffen ab und baten um Aufnahme als Novizen.

76 Die sechsundsiebzigste Perle erinnert an »Ungeduld«

Das Prinzip

Vielleicht ist Geduld eine der wichtigsten Säulen auf dem Stufenweg zum Glück. Siddartha Gautama konnte warten, fasten, denken. Wartenkönnen ist Geduld, Fastenkönnen ist die Fähigkeit, die Geduld auszuhalten, Denkenkönnen ist die Begabung der Wirklichkeitserfassung. Die Kultivierung dieser Zusammenhänge beginnt also beim Denken. Wer die Kette der bedingten Folgen erkennt, der kann zwei nützliche Aspekte darin verstehen. Erstens, dass es möglich ist, Ungeduld in Geduld zu verwandeln, und zweitens, dass diese Wandlung zum Wartenkönnen lohnende Folgen hat. Beseelt von diesem Wissen, können wir uns auch körperlich genügsamer geben und erlangen so Geduld. Wenn wir uns die Biografien großer Persönlichkeiten anschauen, dann fällt auf, dass sie alle, von Abraham Lincoln über Martin Luther bis Mutter Teresa, in Geduld geprüft wurden, ehe sie ins Gedächtnis der Menschheit eingingen. Es gibt zwei Arten, mehr Geduld zu lernen: entweder das Leben serviert uns laufend neue Geduldsproben oder wir üben es bewusst. Das bewusste Üben geht zum Beispiel indem wir völlig zweckfrei an einem Fluss sitzen und der Sprache des Wassers lauschen oder indem wir im Gras liegend Wolken vorbeiziehen lassen, bis sie vergangen sind. Geduld ist absolut authentisch, wenn wir denken können: »Auch das geht vorbei.«

Die Wirkung

Ungeduld ist »Wär's doch schon so weit«. Das hat nur leider einseitige Folgen, und zwar im Geiste des Ungeduldigen. Die kultivierte Form ist »Jetzt erhöhe ich die Wahrscheinlichkeit zum Besten des Ganzen«. Niemand weiß, ob es dadurch schneller geht, aber die Qualität der Geistesverfassung erhöht sich. So können Wünsche in Geduld transformiert werden.

Die positive Seite

»Was du heute kannst besorgen, verschiebe nicht auf morgen«, damit meint der Volksmund eine konstruktive Ungeduld, die zur Entwicklung der Dinge beiträgt. Wer sich zum Jagen tragen lassen will, dem sei eine dynamische Ungeduld gewünscht, um seinem Charakter einen Grundantrieb zu geben. Geduld ist etwas anderes als Lethargie, Ungeduld ist etwas anderes als Dynamik.

Wie »Ungeduld« Probleme schafft

Wer das Ziel treffen will, der muss sich in Ruhe kalibrieren, dann genau zielen und im richtigen Moment loslassen. Wer so agiert, der hat eine erhöhte Chance, das Ziel zu treffen. Unabhängig davon, ob das Ziel wackelt oder der Schütze, in jedem Falle ist Geduld die Kraft, die den Schützen ausrichtet.

Eine Fantasie

Wie täuschte sich der Novize, als er dachte, die Zeit der Rasur wäre nutzlose Zeit. Eines Tages erfuhr er, dass sein Meister jeden Morgen bei der Rasur eine neue Sutra auswendig lernte. So erkannte auch er bald, dass es keine nutzlose Zeit geben kann, sondern nur ungenutzte Möglichkeiten in der Zeit.

Eine Geschichte

Einmal, lass es vor langer Zeit gewesen sein, wollte ein Schüler wissen, wie er es zur Meisterschaft im Kampfsport bringen könne. Der Meister sagte: »Wenn du Karate-Do-Meister werden willst, musst du zwanzig Jahre lang hundert Griffe täglich üben. Wenn du Kendo-Meister werden willst, musst du zwanzig Jahre lang zwanzig Griffe täglich üben. Wenn du Kyudo-Meister werden willst, musst du zwanzig Jahre lang einen Griff täglich üben. Wenn du Zen-Meister werden willst, musst du zwanzig Jahre lang keinen Griff täglich üben.«

Der Schüler war erschüttert und fragte: »Und wenn ich mich besonders anstrenge oder zweimal täglich übe, wie ist es dann?« Der Meister sagte: »Dann dauert es zehn Jahre länger.«

77 Die siebenundsiebzigste Perle erinnert an »Sarkasmus«

Das Prinzip

Worte werden als beißende, herabsetzende Waffen gegen jemanden benutzt. Ziel ist es, den anderen zu verletzen, entweder als Retourkutsche oder aus Überheblichkeit. Unterstützt durch die entsprechende Körpersprache, wirkt Sarkasmus direkt auf die Befindlichkeit des Opfers. Sarkastische Äußerungen brauchen den anderen klein und dumm. Das ist der Eröffnungszug eines Psychospiels, bei dem es nur Verlierer geben wird. Das Opfer verliert an Respekt und Würde, der Angreifer verliert an Stil und Sympathie. Wo aber ist der Vorteil? Wenn es den überhaupt gibt, dann in der Ent-Täuschung. Es ist das augenblickliche Ende einer zwischen zwei Menschen bestehenden Täuschung. Endlich kommt durch die beißende Sprache die wahre Meinung zutage. Wer das oft genug praktiziert, landet leicht in der Ironie als Redemodus. Das macht nutzbringende Gespräche unmöglich und ist wegen seiner Oberflächlichkeit abzulehnen. Selbstironie kann manchmal noch entspannend wirken, Sarkasmus nie, denn der zielt auf Verletzung anderer und ist Spiegel der eigenen hilflosen Verletzlichkeit.

Die Wirkung

Sarkasmus in der Sprache wirkt auf vier Ebenen. Die Information: das, was gesagt wird, es ist aber anders gemeint. Der Appell: der andere solle sich ändern. Die Beziehung: man darf so miteinander umgehen. Die Selbstoffenbarung: man verletzt, weil man keine geeigneten Mittel mehr hat.

Die positive Seite

Manche brauchen es heiß! Vielleicht ist es genau die richtige Dosis, die jemand gerade in dem Moment verträgt, um endlich aufzuwachen! Die Kunst besteht darin, den seltenen geeigneten Augenblick für Sarkasmus zu erspüren, und dann los!

Wie »Sarkasmus« Probleme schafft

Wer eine gesunde Hand hat, der darf ruhig einmal Gift anfassen. Wer aber leichte Verletzungen an der Haut hat, sollte sich hüten, Gift zu berühren. Sarkasmus verletzt eine empfindliche Seele und hinterlässt sie anfällig für weiteres Gift durch Worte. Wenn der so Verletzte jetzt reagiert, ist die Gefahr groß, dass die Lage unangemessen eskaliert.

Eine Fantasie

Wie täuschte sich der Hooligan, als er sich über einen Rollstuhlfahrer lustig machte. Kurz darauf stand er wegen Randale vor Gericht. Als der Richter in seinem Rollstuhl hereinkam, merkte er sofort, dass der Angeklagte der Mann war, der sich im Stadion über ihn amüsiert hatte. Der Richter nahm sich trotzdem vor, neutral zu urteilen.

Eine Geschichte

Einmal, lass es vor langer Zeit gewesen sein, hörte der Führer einer Feuersekte, dass der Erwachte in der Gegend sei, um eine Predigt zu halten. Diese Gelegenheit wollte er nutzen, um öffentlich zu demonstrieren, dass seine Feuersekte in ihm den besseren Führer hatte. In der Halle meldete er sich mit Handzeichen aus der hintersten Reihe zu Wort und rief nach vorne: »Ich habe gehört, dass du Leute gegen ihren Willen handeln lassen kannst. Hat deine sogenannte Lehre das nötig? Oder könntest du auch einem erfahrenen Meister, wie ich es bin, der dir keine Chance zur Manipulation lassen würde, erklären, was der Kern deiner Lehre ist?«

Der Erwachte sagte ganz ruhig: »Deine Frage ist so bedeutsam, dass ich gerne mit dir darüber sprechen würde. Komm doch hier nach vorne.« Dabei machte er eine einladende Geste mit beiden Händen. Der Feuerguru ging mit kraftvollen Schritten nach vorne und stellte sich neben den Prediger hin. Der Erwachte sagte erfreut: »Das ist sehr freundlich von dir, sei doch so nett und komm auf diese Seite, dann sehen dich alle hier besser.« Der Feuerguru ging erfreut zur anderen Seite neben den Erwachten. Er wusste nicht, warum

das gesamte Publikum dabei lachte. Der Prediger half ihm zu verstehen: »Was meinst du, war meine Manipulation mit dir dazu geeignet, meine Lehre zu begründen?«
Der Feuerguru ging ohne Worte von der Bühne, drehte sich zum Buddha um und verneigte sich respektvoll. Alle verstanden und applaudierten.

78 Die achtundsiebzigste Perle erinnert an »Habsucht«

Das Prinzip

Habenwollen ist eine Anhaftung, die gleichermaßen als Nichthabenwollen im Geiste Platz nimmt. Zur Falle wird diese Dynamik, wenn sie zur Sucht wird. Dann finden beide Pole auch im Handeln der Person Ausdruck. Der eine Pol will Sicherheit haben in Form von materiellem Besitz oder in Form von Wissen. Der andere Pol will Sicherheit haben in Form von Abwendung des Leidens. Das führt leicht dazu, dass der habsüchtige Mensch um sich herum Mauern aufbaut. Das sind Mauern, hinter denen das Mitgefühl versteckt wird. Die Mauern bestehen aus Gewohnheiten und Prinzipien, die den Tag verlässlich regeln. Dabei bleiben Freundschaften auf der Strecke, weil auch Verbindlichkeiten abgebaut werden, die zu Dank verpflichten könnten. Das Nichthabenwollen bezieht sich auf Bindungen oder Dienste, die zum emotionalen Ausgleich führen könnten. Das macht den Habsüchtigen zunehmend emotional kälter, worin er seine Bestätigung findet, dass es gut ist, vorzusorgen. Daraus kann ein Zwang zum Horten werden. Der So-Gewordene merkt nun nicht mehr, dass er selbst als Epizentrum der Gefühllosigkeit implodiert ist.

Die Wirkung

Alles, was nach der Geburt angestrebt wird, ist freiwillig. Niemand muss erfolgreich sein, keiner muss reich oder gebildet sein, es ist freiwillig. Was wir haben wollen, ist vom Motiv bestimmt. Wer leben will, muss Atemluft haben, wer einen hohen Gipfel erklimmen will, muss Gesundheit kultivieren, und wer Erleuchtung anstrebt, der braucht die Kraft und den Willen, sich dafür anzustrengen. Wer bescheiden ist, kann sich schon über Kleines freuen.

Die positive Seite

Die institutionalisierte Habsucht nennen wir Museum. Und die Museen dieser Welt ziehen jede Woche mehr Besucher an als alle Fußballstadien zusammen. Damit tun Museen einen sehr guten Dienst an der Menschheit, denn sie erinnern an die Quellen und Wege, die zu unserem Lebensstandard geführt haben. Wenn das nicht ein wunderbarer Akt der Dankbarkeit ist.

Wie »Habsucht« Probleme schafft

Alles ist nur das, was es tut! Was tut Habsucht? Sie hält das Spektrum der Entfaltung für den Habsüchtigen eng, sie fokussiert viel auf wenig, sie nimmt ohne zu geben.

Eine Fantasie

Wie täuschte sich der Durchschnittsbürger, als er sich aufmachte, die echte Freiheit zu erleben. Er schnürte sein Gepäck und schwang sich auf sein Fahrrad. Als er die Heimat hinter sich gelassen hatte, kam er an einen Fluss und ahnte die große Freiheit am anderen Ufer. Er hätte sein Fahrrad samt Gepäck am Ufer zurücklassen müssen, um hinüberzukommen. Nein, das nicht, also kehrte er lieber um.

Eine Geschichte

Einmal, lass es vor langer Zeit gewesen sein, sammelte einer Zinnsoldaten. Er hatte schon verschiedene Armeen uniform- und farbengetreu zusammengestellt. Dann machte er sich daran, historische Schlachten bis ins Detail nachzubauen. Die Schlacht von Waterloo, die Schlacht im Teutoburger Wald mit Hermann dem Cherusker, die Schlacht von Issos anno 333. Damit war er vollauf beschäftigt, besuchte Messen, tauschte Figuren und Modelle und wurde in der Szene sogar ein wenig bekannt. Er wusste auch, welchen Wert seine Sammlung mittlerweile darstellte. Er wusste aber auch, dass seine vielen Arbeitsstunden und Recherchen niemals bezahlt werden konnten. Deshalb beschloss er, die Sammlung einem seiner drei Söhne zu vererben.
Der Erstgeborene sagte: »Vater, wenn du sie mir vererbst, verkaufe ich sie und mache etwas mit dem Geld.« Der Zweite sagte: »Vater, wenn ich sie übernehme, lagere ich sie ein und entscheide später mal.« Der Dritte sagte: »Vater, wenn ich sie bekomme, mache ich darüber eine Fotoserie.«

Da war er sehr enttäuscht über so viel Ignoranz und beschloss, die Sammlung zu behalten. Eines Tages war einer der Enkelsöhne zu Besuch, und Opa erklärte ihm gerade begeistert die Zinnsoldatenwelt. Der Enkel war zutiefst inspiriert und erzählte dem Opa, dass er gerade Jugendschachmeister geworden war. Dann stellte er eine Schacharmee zusammen, die an Echtheit nicht zu überbieten war: die Bauern, die Wachtürme, die Reiter, die Infanteristen, der König und die Königin, und das alles auf englischer und auf indischer Seite. Opa sagte in einem Moment der höchsten Entzückung: »Wir spielen Schach! Wenn ich gewinne, pflegst du die Sammlung weiter. Wenn du gewinnst, kannst du damit machen, was du willst.« Opa hatte nicht die Spur einer Chance. Der Fall war eindeutig geklärt, und beide hatten ihren Spaß.

79 Die neunundsiebzigste Perle erinnert an »Respektlosigkeit«

Das Prinzip

Respekt kommt von »re«, zurück und »spicere«, schauen, und bedeutet, Leben und Werk eines Menschen anzuschauen und zu würdigen. Zur Stunde der Geburt herrschen für jeden einmalige Möglichkeiten, ins Leben zu starten. Faktoren, die eine besondere Bedeutung dabei haben, sind: Geburtsort, soziale Familienverhältnisse, Tag und Stunde, Zeitgeist, politische Lage, Bezugspersonen, Konfession, individuelle Anlagen, karmische Früchte. Aus diesen multidimensionalen Bedingungen heraus entwickelt sich der Mensch zu seiner Persönlichkeit. Er wird durch Erfahrung lernen und aus Schaden klug werden und situativ das Beste daraus machen. Daraus entsteht eine Summe guter Taten wie auch ein Strauß von Verfehlungen. Die Jüngeren können sich an den gelungenen Taten der Älteren orientieren. Dieses Vorbild zu nutzen, ist äußerst sinnvoll, um möglichst viele Schmerzen zu vermeiden. Das ist das kraftvolle Prinzip des Respekts. In besonderer Weise verdienen die Eltern den höchsten Respekt in Form von Ehre und Andenken. Das ist die natürliche Ordnung der Liebe und die erste Stufe auf dem Weg zum Glück.

Die Wirkung

In allen Weisheitsbüchern der Welt steht von Respekt gegenüber den Eltern und den Älteren geschrieben. Nirgendwo steht, dass die Eltern die Kinder lieben müssten, nein, oftmals geht das auch gar nicht, aber dass die Kinder die Eltern ehren und respektvoll behandeln, das geht immer. Wer diese Ordnung verletzt, fügt sich selbst großen karmischen Schaden zu.

Die positive Seite

Wer die natürliche Ordnung der Liebe verletzt, verliert den Respekt der Gemeinschaft. Die schlimme Tat wird nach menschlichen Gesetzen bestraft, der Täter trägt die Folgen davon. Das Schlimme wird niemals respektiert und verlangt nach Ausgleich in einem deontologischen Kontext.

Wie »Respektlosigkeit« Probleme schafft

Mit gegenseitigem Respekt gewinnen beide Seiten etwas Kraftvolles hinzu, mit mangelndem Respekt verlieren beide etwas. Wenn Respekt und gemeinsame Interessen fehlen, funktioniert eine Gemeinschaft niemals. Der Tod jeder Gemeinschaft, ob Team, Firma oder Organisation, ist Respektlosigkeit und fehlende Vision.

Eine Fantasie

Wie täuschte sich der Unternehmer, als er dachte, seine Vision sei auch die Vision der ganzen Firma. Als man einen Mitarbeiter fragte, warum alle im Hause Marktführer werden wollten, sagte der: »Weil der Chef es so will.«

Eine Geschichte

Einmal, lass es vor langer Zeit gewesen sein, führte der Sohn der Familiendynastie van der Tulip das Unternehmen als Patriarch. Es gab ungeschriebene Gesetze, die allgemein beachtet wurden. So grüßte jeder den Patriarchen mit »Guten Morgen, Herr Doktor van der Tulip«, er erwiderte dann: »Morgen.« Bei Besprechungen war es verboten zu telefonieren, außer dem Patriarchen, der durfte das. Wenn jemand zu ihm gerufen wurde, sagte er etwas wie: »Müller, nehm' Se Platz.«

Eines Tages hatte er gerade wieder seine Jahresrede vorbereitet, als seine Tochter einen Schriftsteller zum Abendessen eingeladen hatte. Dem zeigte er stolz sein Redekonzept. Der Gast las den Redetext und sagte: »Das ist die schlechteste Rede, die ich seit Langem gelesen habe, wer hat Ihnen die geschrieben?« Der Hausherr war beleidigt und sagte, dass er seine Reden immer selber schreibe. Darauf fragte der Gast, ob er sich auch seine Haare selber schneide. Nun sah der Hausherr zwei Möglichkeiten, Hausverbot oder Schreibauftrag.

Der Philosoph sollte ihm eine Rede schreiben, der aber stellte eine Bedingung. »Gut, wenn Ihnen die Rede nicht gefällt, verlange ich nichts. Wenn Ihnen die Rede aber gefällt, dann folgt ein persönliches Beratungsprogramm für Sie.« Der Patriarch, so sagte man, müsse sich sehr verändert haben, weil er dieses Jahr eine Rede hielt, die wirklich ans Herz ging und alle motivierte. Weil die Rede so ein Erfolg gewesen war, begann danach das Patriarchen-Training. Van der Tulip nannte den Schreiber seinen »Hofnarr«. »Sie sind der einzige, der so mit mir redet! Aber ich muss zugeben, ein wenig haben sie manchmal recht.«

80 Die achtzigste Perle erinnert an »Geistige Unbeweglichkeit«

Das Prinzip

Wenn in einem Gebirge immer wieder Steine ins Tal rollen, bilden sich Rillen, die im Laufe der Zeit zu immer tieferen Furchen werden. Stetig weiter ausgehöhlt durch fließendes Regenwasser, werden sie zu tiefen Furchen und prägen die Landschaft. Die Gesamtheit dieser Furchen bildet eine Landschaft, aus der es auf dem Weg ins Tal kein Entrinnen mehr gibt. Alles folgt diesen eingeprägten Wegen. So ist es auch mit unserem Denken. Es ist nicht schlimm, dass wir dazu neigen, alte Denkmuster zu benutzen, schlimmer ist, dass viele davon uns von unserem weiteren Wachstum wegführen.

Es ist möglich, im Alter geistig beweglich zu bleiben, ja, sogar mit den Jahren den Zenit der geistigen Beweglichkeit zu verschieben. Wir können die geistige Unbeweglichkeit bewusst übersteigen und den ewig nörgelnden Besserwissern eine Absage erteilen. Geistig beweglich bleibt jemand, der noch staunen kann, der die Wunder der Natur noch sieht, der mindestens so viele Fragen am Tag stellt, wie er Jahre gelebt hat, und die Antworten darauf sucht. Durch geistige Unbeweglichkeit wird der Geist zu Staub, lange bevor wir gestorben sind. Die wahren Abenteuer finden im Geiste statt, sind sie nicht im Geiste, sind sie nirgendwo.

Die Wirkung

Warum erfinden die wenigsten Leute eine neue Zitronenpresse? Weil sie sich niemals Gedanken darüber machen, wie man eine Zitrone kreativ und auf eine noch nie da gewesene Weise auspressen könnte. Deshalb sehen ihre Wohnungen immer gleich aus, haben sie immer dieselben Hobbys, dieselben Zeitungen, denselben Tagesablauf, immer gleich. Eines ist sicher, wer weiterhin denkt, was er schon lange dachte, der wird auch morgen erhalten, was er schon lange verändern wollte.

Die positive Seite

Wer eine Fähre besteigt, geht wohl davon aus, dass der Fährmann den Weg ans andere Ufer bestens kennt. Was sollte der also mit neuen Gedanken auf alten Wegen? Am besten wäre, der Fährmann würde diesen Wasserweg über und unter Wasser, bei jedem Wetter und zu jeder Uhrzeit kennen. Aus Sicht der Passagiere ist hier Schmalheit des Denkens beim Kapitän genau richtig.

Wie »Geistige Unbeweglichkeit« Probleme schafft

Schade, wenn jemand so lange befördert wird, bis er die Stufe seiner Inkompetenz erreicht hat. Schade, wenn jemand zu schlau ist und deshalb unter seinem Niveau arbeiten muss. Schade, wenn jemand visionär denkt und von der Verwaltung gebremst wird. Schade, wenn jemand denken kann und folgen soll.

Eine Fantasie

Wie täuschte sich der große Jungvogel, der unter Hühnern groß geworden war. Erst, als er einmal aus Versehen vom Dach fiel und seine Schwingen ihn in den Himmel trugen, merkte er, dass er ein Adler war.

Eine Geschichte

Einmal, lass es vor langer Zeit gewesen sein, traf ein junger Schüler seinen Zen-Meister im Klostergarten. Gleich nutzte er die Gelegenheit, um diesen zu fragen, ob es eine Frage gebe, die ihm der Meister nicht beantworten könne.

Der Meister sagte: »Probiere es aus.« Der Schüler überlegte kurz und fragte: »Was ist das Wichtigste, was ich tun sollte?« Der Meister schaute den Schüler an. »Wer will das wissen?« Schüler: »Ich!« Meister: »Wer ist ich?« Schüler: »Ja, das siehst du doch, ich stehe doch vor dir!« Meister: »Wer steht da vor mir?« Schüler: »Ja ich, der Jonathan.« Meister:

»Jonathan ist dein Name, aber wer verbirgt sich dahinter?« Schüler: »Jetzt habe ich verstanden, Meister. Wer bist du denn?« Meister: »Das musst du mir sagen!« Schüler: »Ich? Ich muss jetzt das Laub fegen.« Meister: »Gut, das ist das Wichtigste.«

81 Die einundachtzigste Perle erinnert an »Groll«

Das Prinzip

Groll nennen wir es, wenn alte Schmerzen und Verletzungen aus der Vergangenheit wieder erinnert und ins Bewusstsein geholt werden. Dort werden sie wiedergekäut, um noch einmal verdaut zu werden. Das ist, wie wenn man in eine alte Wunde noch einmal hineinsticht. Das tut nicht nur weh, das tut doppelt weh. Dieses Grollen in der Seele wird meist als besonders einzigartig empfunden, so als wäre dieses Doppelschlimme nur einem selbst passiert. Die Wirklichkeit sieht eher so aus, dass niemand je erwachsen geworden ist, der nicht Leid, Enttäuschung oder Schwäche erfahren hätte. Nicht jeder muss zu seinen alten Wunden zurückgehen. Das macht den Unterschied, dass einige ihr altes Leid immer wieder tragen, wie ein Paket, in das sie immer wieder hineinschauen müssen, obwohl der Inhalt so hässlich ist. So wird Groll zu einer Grundstimmung, die immer wieder auch mit ähnlichen Situationen in Resonanz geht. Er ist wie ein altes Paar ausgelatschter Schuhe, die den befreiten Gang auf neuen Wegen beeinträchtigen. Raus aus den alten Schuhen und endlich wieder befreit laufen!

Die Wirkung

Lieber leiden als glücklich sein, könnte die Devise des Grollenden sein. Immerhin hat man im Leid ständig Gesprächspartner. Wahres Glück macht einsam, weil es nichts Schreckliches zu teilen gibt. Groll ist ein Garant für ausgiebigen Tratsch über andere Leute anstelle von Gesprächen mit anderen Leuten. Mit der Zeit bekommt man auch ein Grollgesicht. Spätestens ab vierzig Jahren ist es kein Zufall mehr, wie man aussieht, ab dann zeichnet auch der Groll die Gesichtszüge.

Die positive Seite

Über diese Welt kann ja wohl niemand wirklich gut reden, sagt der Groll. Es wäre also völlig unangemessen, die Schatten der Vergangenheit auszublenden. Groll erhält die Erinnerung an die Schuldigen, die ungestraft davonkamen. Groll wird so lange gepflegt, bis Genugtuung erreicht ist. Das ist das Gute am Groll.

Wie »Groll« Probleme schafft

Dass es niemals Chancengleichheit geben kann, lässt sich schon historisch belegen. Wie weit immer man in der Geschichte zurückgeht, waren da Menschen, die Menschen ausgenutzt haben. Und weil das so ist, muss man auch heute unbequem sein und protestieren, um endlich der Gerechtigkeit eine Chance einzuräumen.

Eine Fantasie

Wie täuschte sich der Lotteriegewinner, als er die Million auf dem Konto hatte und endlich kaufen konnte, was ihm fehlte: Haus, Auto, Klamotten, Urlaub. Aber da war noch immer die große Einsamkeit, trotz all der neuen Freunde.

Eine Geschichte

Einmal, lass es vor langer Zeit gewesen sein, kamen zwei Soldaten verwundet, aber immerhin lebendig aus dem Krieg nach Hause. Ihre Kameradschaft hatte irgendwie etwas Besonderes. Sie waren zusammen zur Schule gegangen, hatten in derselben Firma ihre Lehre gemacht und waren fast gleichzeitig zum Militär einberufen worden. Später trafen sie sich in Norwegen in einer Waffenfabrik wieder. Trotz Verletzung und Gefangenschaft kamen beide nach dem Krieg heimgekehrt in derselben Stadt beim selben Unternehmen unter. Von da an trafen sie sich gelegentlich auch privat mit ihren Frauen bei Geburtstagsfeiern. Doch wie Freunde wirkten sie nicht, denn sie blieben in gewisser Weise reserviert im Umgang miteinander. Eines Tages musste einer ins Krankenhaus, und der andere besuchte ihn nur, weil seine Frau darauf bestand. Am Krankenbett sagten die Frauen zu ihren beiden Männern, sie sollen sich jetzt einmal von Mann zu Mann aussprechen, sie gingen so lange einen Kaffee trinken. Als die Frauen ins Krankenzimmer zurück kamen, waren ihre Männer ein Herz und eine Seele und lachten über Nichtigkeiten. Niemals haben die Frauen erfahren, was den Knoten gelöst hatte.

Ganz im Geheimen, es war so: Der eine sagte: »Weißt du noch, als wir in der Kneipe waren und du den Kameraden erzählt hast, ich hätte beim Lied »Lili Marleen« geheult. Das stimmt überhaupt nicht, mir war nur was ins Auge geflogen.« Der andere sagte: »Ach so. Na dann ist ja gut, Entschuldigung.« Von da ab waren sie echte Freunde, und ihre Frauen wahre Engel, aber das haben die zwei nie begriffen.

27 Perlen zum Aufstieg zur Erwachung in Erkenntnis und Tugend

82 Die zweiundachtzigste Perle erinnert an »Rechte Erkenntnis im Denken«

Das Prinzip

Diese Stufe des altruistischen Erleuchtungsgeistes wird durch ethisches Verhalten erlangt, vergleichbar mit der Arbeit in einer Mine voller kostbarer Substanzen. Von Geburt an ist die Liebe zur Weisheit und zur philosophischen Einsicht in uns angelegt. Diese Mine könnte in dieser Inkarnation in ihrer ganzen Tiefe erschlossen werden. Die außergewöhnlichen Fähigkeiten, die hier lagern, treten dreifach hervor: als Wissen um die Wirklichkeit (Theorie), als das Beherrschen kultureller Anforderungen (Ästhetik) und als angemessenes Verhalten zum Besten des Ganzen (Ethik). Sie können in der Mine abgebaut werden, ohne dass diese sich erschöpfte. Wer diesen Schatz birgt, dessen Geist ist fähig, angemessen auf die vielfältigen individuellen Neigungen und Veranlagungen eines jeden Wesens zu reagieren. So kommen die wertvollen Substanzen aus der Dunkelheit der Mine ans Tageslicht und entfalten im Alltag auch für andere ihre gute Wirkung.

Die Wirkung

Es stehen dem Adepten auf dieser Stufe alle Erkenntnisse zur Verfügung, die zur völligen Läuterung von allen leidenschaftsverbundenen Faktoren nötig sind. Zudem sind die Kräfte vorhanden, die geeignet sind, in Erinnerung an frühere karmische Erfahrungen die Beendigung der geistigen Befleckungen herbeizuführen.

Wie »Rechte Erkenntnis im Denken« durch Weisheit zum Erwachen führt

Als Freund der Weisheit durchdringt der Adept mit diesem Geist alle Täuschungen über die Wirklichkeit. Dadurch enthüllen sich ihm Zusammenhänge, die weder gelernt noch erfahren werden mussten und doch vorhanden sind. Zusammen mit seiner Fähigkeit, in geeigneter Weise zu formulieren, stehen die guten Erkenntnisse durch ihn allen Wesen zur Verfügung, die dafür offen sind.

Eine Fantasie

Ach, wenn du nur wüsstest, welch kostbare Erkenntnisse dir in deinem Erleuchtungsgeist zur Verfügung stehen. Du könntest noch wirkungsvoller alle leidenschaftsverbundenen Faktoren überwinden und in karmischen Zusammenhängen denkend den Weg zum vollkommenen Erwachen erkennen.

Eine Geschichte

Den entwickelten Erleuchtungsgeist erkennen wir bei einem Arzt an fünf Aspekten seiner Praxis.

Analytische Intelligenz:
Der Arzt versteht die schriftlichen und bildlichen Abhandlungen der medizinischen Wissenschaften. Auf dieser Grundlage überschaut er Leben, Tod und Behandlung.

Verpflichtungen medizinischer Ethik:
Der Arzt lebt eine respektvolle Haltung gegenüber seinen Lehrern, seinen Mitstudenten und den Studientexten, er praktiziert in Mitgefühl für das unerträgliche Leiden der Patienten und deren Angehörigen, er ist frei von Ekel bei der Konfrontation mit Eiter, Blut, Urin, Kot, Schorf usw.
Er verehrt alle archetypischen Bewahrer der Linie der medizinischen Wissenschaften als Beschützer, und er würdigt alle Instrumente und Geräte als symbolische Wahrzeichen für seine Lehrer.
Er verpflichtet sich, alle Arzneimittel als kostbare Juwelen, Nektar und heilige Substanzen wertzuschätzen.

Geschicklichkeit von Körper, Sprache und Geist:
Er entwickelt Geschick im Umgang mit seinen Händen und seinem Körper sowie im Umgang mit seiner Sprache und seinem Geist.
Daraus entsteht eine geschickte Anwendung therapeutischer Techniken und eine vertrauensvolle verbale Kommunikation mit Patienten und Kollegen.
Er entwickelt seine Kenntnis von Diagnose und Behandlung.

Ausdauer und Kenntnis der Sitten und Gebräuche:
Er zeigt Ausdauer in seiner eigenen Weiterbildung und Persönlichkeitsentwicklung. Und er zeigt Geduld im Dienst und im Umgang mit Patienten. Das alles gilt auch für den Umgang mit den Mittellosen und Armen.

Wissenschaft und Spiritualität:
Er kann bewusst unterscheiden zwischen den kurzfristigen Zielen der weltlichen Wissenschaften und den langfristigen Zielen der spirituellen Lehren.

Als Ergebnis wird er in diesem Leben, in diesem Beruf Glück erfahren und in einem zukünftigen Leben vollständige Erleuchtung und Buddhaschaft erlangen.

83 Die dreiundachtzigste Perle erinnert an »Rechte Gesinnung im Herzen«

Das Prinzip

Hier ist der Adept auf dem Weg des Erwachens auf einer Stufe von hoher Verwirklichung angekommen, die wir »das große Meer der unerschütterlichen Geduld« nennen können. Wie ein großes Meer ist der Erleuchtungsgeist jetzt weit und unerschütterlich, auch wenn Unerwünschtes auf ihn einstürzt. Alles Schädliche versinkt in den unermesslichen Tiefen und Weiten des Ozeans und wird dort in grenzenlosen Zeiträumen gereinigt und umgewandelt. Diese wunderbare Fähigkeit entsteht durch die Vollkommenheit der Gesinnung im Herzen. Innere und äußere Umstände oder Gefahren können die Gesinnung nun nicht mehr erschüttern. Selbst wenn das Unerwünschte, von innen oder außen her kommend, hohe Wellen schlägt, kehrt der Ozean nach diesem Sturm zu seiner spiegelgleichen ruhigen Befindlichkeit zurück. Das Meer der Emotionen findet in der rechten Gesinnung des Herzens seine Projektion.

Die Wirkung

Der Ozean füllt in offener Weite seinen Platz aus, er strahlt aus seiner eigenen Tiefe Klarheit aus und spiegelt die Welt im Außen in unendlich vielen, juwelenartigen Lichtpunkten. An seinen Ufern möchten sich viele ausruhen, die davon auf angenehmste Art angezogen werden.

Wie »Rechte Gesinnung im Herzen« durch Weisheit zum Erwachen führt

Wie alle großen Flüsse auf ihrem langen Weg einem großen Ozean zustreben, so sammeln sich alle Aspekte der rechten Gesinnung im großen Meer der Gefühle. Dort kann das Unerwünschte versinken und in den erforderlichen Zeiträumen gereinigt und gewandelt werden. Immer entstehen daraus der klare Horizont und das weite Herz, die zusammen den Ozean der Weisheit bilden.

Eine Fantasie

Ach, wenn du nur wüsstest, welch großes Meer der rechten Gesinnung in deinem Herzen ruht. Ein Meer der Geduld und Güte, an dessen Ufern sich viele ausruhen würden, wenn sie dessen Existenz deutlicher erkennen könnten. Du könntest alle Nebel auflösen, die den Blick zum Ozean verhüllen, indem du selbst diesen Ozean in deinem Herzen wie Juwelen zum Funkeln bringst.

Es könnte wirklich wahr sein, dass der Ozean der rechten Gesinnung in dir alle Unbilden des Lebens, alle Enttäuschungen, alle Verletzungen und alle Schmerzen, die du je empfunden hast, aufnimmt und in den Tiefen reinigt und wandelt.

Eine Geschichte

Einmal, lass es vor langer Zeit gewesen sein, war Fried Martin als Entwicklungshelfer bei einem Indianerstamm im Amazonasgebiet tätig. Die Stammesgemeinschaft schätzte seine Arbeit sehr, und es entstand ein Gefühl der gegenseitigen Verbundenheit. Längst hatte man ihm die Kleidung und den Schmuck des Stammes angeboten, und Martin trug sie mit gutem Gefühl. Bei einem großen Fest überreichte der Häuptling ihm ein Holzmedaillon und erklärte ihn zum Stammesmitglied. Diese Zeremonie wurde zum ersten Mal in der Stammesgeschichte einem Weißen zu Ehren. Martin war sich dessen bewusst und sehr dankbar.

Eines Tages wurde dieses Indianerdorf von Räubern überfallen und einige Stammesmitglieder getötet, Hütten wurden angezündet und Martin wurde gefangen genommen. Man wollte von Martin wissen, wo sich die Frauen versteckt hielten, denn irgendwie hatte der Häuptling es geschafft, Frauen und Kinder rechtzeitig aus dem Dorf schaffen zu lassen. Martin wurde gefoltert. Man steckte ihm Splitter unter die Fußnägel und schnitt ihm

mehrere Finger ab. Martin ertrug diese Qual. Auch wenn er gewusst hätte, wo die Frauen waren, hätte er nichts verraten.
Als ich Martin das erste Mal im Johanniterhof im Schwarzwald traf, wirkte er auf mich sehr exotisch mit seinem bunten Umhang und dem Holzkreuz am Lederband. Nachdem ich ihn fragte, warum er verstümmelte Hände habe, erzählte er mir die Geschichte. Ich fragte ihn: »Martin, bist du nicht voller Hass auf die Folterer?« Martin sagte ohne Zögern: »Nein, Gott hat mir die Kraft gegeben, dem Stamm zu helfen, und die Stärke, solche Schmerzen auszuhalten. Immer wenn es zu schlimm wurde, hat er mich in Ohnmacht fallen lassen, so konnte ich das ertragen.«

Martin, ich verneige mich vor dir. Bitte, gib mir gelegentlich weitere Belehrung, wenn ich soweit bin.

Dein Korai

84 Die vierundachtzigste Perle erinnert an »Rechte Tugend im Reden«

Das Prinzip

Der Erleuchtungsgeist auf dieser Stufe nimmt lebendige Gestalt an in Körper, Rede und Geist. Dadurch ist er eine Schatzkammer voller Verdienste und ursprünglicher Weisheit, der zwei nicht-verunreinigten Anhäufungen. Es sind Schätze, die für andere wirken und damit Teil der großen Erleuchtung sind. Aus dieser wunderbaren Schatzkammer gehen auch die geeigneten Methoden hervor, um den spirituellen Pfad zu verwirklichen und zu lehren. Verbunden mit der ursprünglichen Weisheit ergänzen sich Didaktik in den Lehrinhalten, Dialektik in den Belehrungen, Rhetorik in der Überzeugungskraft und Methodik in der individuellen Begegnung zu einem großen Lehrweg, um die Schüler angemessen zu erreichen.

Die Wirkung

Aus der Tiefe des reinen Wirkens des Geistes bist du im Samadhi der Sprache jenseits von Reden und Schweigen. In ihm kannst du wahre Erkenntnis durch Worte erlangen und übertragen, die Worte schaffen eine direkte Verbindung zur Wirklichkeit. Buddha sagte: »In den neunundvierzig Jahren meiner Lehrtätigkeit habe ich nicht ein einziges Wort gepredigt.«

Wie »Rechte Tugend im Reden« durch Frieden im Außen zum Erwachen führt

Demosthenes wurde vom Stotterer zum größten Redner seiner Epoche. Die Rede kann kultiviert werden, Worte können wirksam genutzt werden, Argumente können angemessen überzeugen, die Debatte kann zur Kunst erhoben werden. Das Gegenteil davon, nämlich alltägliches Gerede, kann durch Einsicht und Übung vermieden werden. Worte sind wie kleine Hämmerchen, die eine Klaviersaite anschlagen und zum Schwingen bringen, es kann daraus eine wunderbare Musik werden.

Eine Fantasie

Ach, wenn du nur wüsstest, welch ein großer Dirigent in deinem altruistischen Erleuchtungsgeiste schlummert. Er hat ein begabtes Orchester in dir, er hält den Dirigentenstab bereit, er steht am Pult und wartet auf die neue Partitur der Rede. Öffne deine Schatzkammer und überreiche ihm deine edle Sinfonie. Er kann sie für dich und alle anderen zum Klingen bringen.

Es könnte wirklich wahr sein, dass auch du schon von Worten verletzt worden bist, dass du irritiert den Kopf geschüttelt hast, weil du nicht glauben konntest, was du da zu hören bekamst. Du weißt also, wie Sprache wirken kann, du weißt, wie unselig Worte wirken können, auch wenn sie zehnmal anders gemeint waren.

Eine Geschichte

Einmal, lass es vor langer Zeit gewesen sein, fragte ein Schüler seinen spirituellen Lehrer: »Meister, ich will ab sofort nicht mehr lügen, wenn ich rede. Wie soll ich das nur hinkriegen?« Der Meister schaute ihn streng an und sagte: »Das ist gelogen! Was willst du wirklich?« Der Schüler wurde verlegen und kleinlaut: »Mist, eigentlich will ich besser debattieren lernen.« Der Meister schaute ihn jetzt freundlich an. »Gut, bedenke, dass es für das Wort ›nicht‹ keine Entsprechung im Intellekt gibt. Deshalb ist die Wahrheit immer das, was ohne ›nicht‹ übrig bleibt. Aber ich glaube, das verstehst du nicht, so ein schlechter Lügner ist dafür nicht schlau genug.«

85 Die fünfundachtzigste Perle erinnert an »Rechte Tugend im Handeln«

Das Prinzip

Der Erleuchtungsgeist auf dieser hohen Entwicklungsstufe wirkt wie eine gute Medizin zur Heilung der beiden Krankheiten, die durch hinderliche Leidenschaften und durch die Hindernisse bei der Wirklichkeitserfassung entstehen. Er tritt über gelebte alltägliche Handlungen in Erscheinung und wirkt, weil er sich im täglichen Leben und im Umgang mit Schülern ganz an den systemischen Zusammenhängen orientiert, heilend auf dem Pfad der Erleuchtung. Durch Einsicht in die Wirkung und die Folgen jeglicher Tat ist die Lebenspraxis der rechten Tugend mit der vollkommenen Weisheit verbunden und strebt wohldosiert zum Besten für das Ganze.

Die Wirkung

Aus dieser Vertiefung heraus sind die geistigen Hemmungen für Handlungen (Nivaranas) Müdigkeit, Gewissensunruhe, Gier, Übelwollen sowie Zweifel erloschen. Im Umgang mit sich und der Welt sind stattdessen die fünf Handlungsglieder Gedankenerfassung, diskursives Denken, Verzückung, Glücksgefühl und Sammlung vorhanden. Dies macht den Adepten auf dem Weg des Bodhisattvas zu einem edlen Vorbild und Lehrer durch die sichtbaren Handlungen.

Wie »Rechte Tugend im Handeln« durch Frieden im Außen zum Erwachen führt

Rechtes Handeln ist Weisheit in Aktion. Das bedeutet, sich selbst bewusst zu sein, in welchem Zustand man gerade ist, und aus diesem Bewusstsein heraus das Angemessene zu tun. Das ist der positive Samadhi der Tat als Grundlage des alltäglichen aktiven Lebens. In ihm sind wir eins mit jeder Handlung, welche das auch immer sei. Das ist der eigentliche Weg zum Frieden inmitten aller Befleckungen und inmitten des alltäglichen Stresses.

Eine Fantasie

Ach, wenn du nur wüsstest, zu welchen guten Handlungen du fähig bist, weil dir alles zur Verfügung steht, um das nötige Training zu absolvieren. Der Samadhi der positiven Handlungen ist frei von karmischen Folgen, weil er ohne Absicht und Anhaftung erreicht wird. Dies ist die Erfüllung deines Gelöbnisses, alle fühlenden Wesen zu erretten.

Es könnte wirklich wahr sein, dass auch du schon gemerkt hast, welche Spuren von Leid du durch dein Handeln hinterlassen hast. Heutzutage weißt du, dass dich deine Leidenschaften und die mangelnde Wirklichkeitserfassung dazu gebracht haben. Jetzt bist du angekommen in einer Geistesqualität, die das erkennt und im positiven Handeln umsetzen kann.

Eine Geschichte

Einmal, lass es vor langer Zeit gewesen sein, erklärte der Großvater von der Elbe seinem Enkelsohn, wie er nach dem Ersten Weltkrieg Monist geworden war und sich den Lehren des Philosophen Ernst Heckel angeschlossen hatte. Dazu gehörte der Glaube an die Natur, an den Zufall und an die endgültige Vergänglichkeit mit dem Tod. Deshalb fragte der Enkelsohn: »Opa, du bist jetzt zweiundneunzig Jahre alt, du wirst voraussichtlich vor mir sterben. Weißt du denn, wohin du mit dem Tode gehen wirst?« Der Großvater sagte: »Mein Junge, ich weiß es nicht, ich vermute, das war es dann.« Der Enkel fragte weiter: »Opa, wenn du es schon nicht weißt, kannst du mir dann wenigstens ein Zeichen von dort geben, falls es möglich sein wird?« Da sagte der Opa: »Ist gut Junge, das machen wir!« Dann nahm er das Glas Wein, das vor ihm stand, und trank es in drei Schlucken aus. »AHHH, MHHH, GUUUT!« Kurze Stille. Plötzlich lachte der Enkelsohn und beschloss, ab und zu einmal ein Glas Wein zu trinken, damit sein Opa sich bei ihm melden könnte.

86 Die sechsundachtzigste Perle erinnert an »Rechte Tugend im Leben«

Das Prinzip

Der Erleuchtungsgeist besitzt vollkommene Kraft und bringt den Adepten selbst und dessen Schüler zur vollen Reife. Deshalb wird diese Stufe der Verwirklichung »die sonnengleiche Kraft, die zur vollkommenen Reife führt« genannt. Wie die Sonne mit ihrem Licht und ihrer Wärme alle Pflanzen auf der Erde heranreifen lässt, führt dieser altruistische Erleuchtungsgeist zum Heranreifen aller tugendhaften Anlagen. Diese Kraft überträgt sich auch auf die Entwicklung des Geistkontinuums aller anderen Menschen, die dafür empfänglich sind. So reifen beide Seiten, die des Bodhisattvas und die der anderen, durch diese Kraft weiter zur Vollendung in der Lebensführung. Es ist die Kraft von Körper, Rede und Geist, die ein prospektiver Bodhisattva weiter üben und kultivieren muss, bis sie zur echten Kraft eines Buddha wird, einer der zehn vollkommenen Kräfte eines Buddhas.

Die Wirkung

Getragen durch die zehn Kräfte eines Buddhas gelingt rechtes Leben durch diesen Kanon der Erkenntnisse: Erkenntnis dessen, was die Wirklichkeit ist, Erkenntnis der karmischen Folgen von Taten, Erkenntnis der individuellen Vielfalt der Neigungen jedes einzelnen Wesens, Erkenntnis der vielfältigen Veranlagungen eines jeden Wesens, Erkenntnis über höchste oder nicht-höchste Begabungen eines Wesens, Erkenntnis der geistigen Pfade zu individueller persönlicher Befreiung, Erkenntnis dessen, wie man sich von den zu überwindenden Leidenschaften läutert, Erkenntnis über frühere Ereignisse im karmischen

Kreislauf, Erkenntnis des Kreislaufs von Tod und Geburt, Erkenntnis der Beendigung der Herzenstrübungen.

Wie »Rechte Tugend im Leben« durch Frieden im Außen zum Erwachen führt

Im Bewusstsein, dass alle fühlenden Wesen gerne leben, wird dem Töten und Tötenlassen abgeschworen. Im Bewusstsein, dass durch fehlgeleitete Sexualität Familien und Kindern geschadet werden könnte, wird auf einen schadlosen Umgang damit geachtet. Im Bewusstsein, dass Drogen den klaren Geist trüben können, wird die Einnahme solcher Substanzen vermieden. Im Bewusstsein, dass die Güter der Welt ungleich verteilt sind, wird Großzügigkeit mit den eigenen Mitteln geübt. Im Bewusstsein, dass Sprache verletzende Wirkung haben kann, werden eigene Worte vorsichtig abgewägt.

Eine Fantasie

Ach, wenn du nur wüsstest, wie nah du an der rechten Art der Tugenden lebst. Leicht könntest du dein goldenes Herz noch ein wenig mehr polieren und so zu makellosem Glanze bringen. Wenn du auch nur eine der fünf oben genannten Tugenden lebtest, wie leicht wäre dann die nächste zu erreichen.

Es könnte wirklich wahr sein, dass du schon darüber nachgedacht hast, welche Möglichkeiten der weiteren Vervollkommnung du in dir trägst. Dabei hast du vielleicht die Falle entdeckt, in der du steckst oder die Begrenzung, die dich einengt. Und eben aus dieser Erfahrung mit dir selbst erscheint die Lösung.

Eine Geschichte

Einmal, lass es vor langer Zeit gewesen sein, dachte ein Großstadtkind, dass ein Rind viereckig ist, weil es im Supermarkt so verkauft wird. In der Schule dachten die Klassenkameraden, dass Milch in der Fabrik hergestellt wird, wie Limonade. Der Lehrer dachte, dass er dumme Schüler in der Klasse hätte, weil nur wenige seinen Rechenkünsten folgen konnten.

Der Schuldirektor dachte, dass er mit dreißigjähriger Berufserfahrung automatisch ein Vorbild für das Kollegium sei. Da übernahm ein neuer Lehrer vom Lande die schwierigste

Klasse. Als er in die erste Stunde kam, war die Tafel mit Öl verschmiert, und alle Schüler grinsten. Der Junglehrer nahm eine Kreide und schrieb auf der Wand des Klassenzimmers weiter. Nach der Stunde sagte er: »Tafeldienst bitte«, und ging aus der Tür. Diese Klasse wurde ein Leistungszentrum der Schule, obwohl der Junglehrer so eigenwillige Methoden hatte. Dem Direktor blieb der Lehrer vom Lande lange ein Exot, kam er doch mit dem Fahrrad, redete nie über andere Kollegen, und er schaffte es, in der Schule einen »Raum der Stille« einzurichten. Über die Tür zu diesem Raum hängte er ein Schild in den drei Sprachen, die an der Schule gelehrt wurden: »Wenn du wissen willst, was alles in dir steckt, tritt in diesen Raum ein«.

Völlig unerklärlich war anfangs, warum der Raum der Stille von den Schülern so gut besucht wurde. Der Direktor wurde in der letzten Abi-Zeitung zitiert: »Nun, wir sind eben eine innovative Schule.«

87 Die siebenundachtzigste Perle erinnert an »Rechtes Streben«

Das Prinzip

Aus tiefer Einsicht heraus führt der altruistische Erleuchtungsgeist dieser Ausprägung zum Gelöbnis, alle fühlenden Wesen zu erretten. Diese Geistesqualität bewirkt auf dem Bodhisattva-Weg, dass die angestrebten Resultate erreicht werden wie durch die Kraft eines wunscherfüllenden Juwels. Diese Geistesstufe ist verbunden mit der Vollkommenheit der Zielsetzung, die durch das Wunschgebet erreicht wird. Das einzige Wunschgebet des Bodhisattva ist es, zum Wohle des Ganzen zu wirken und dass alle fühlenden Wesen vom Leid befreit werden. Aus dem Kanon der Gebete wählt er für den individuellen Anlass zur rechten Zeit, am rechten Ort, mit dem dafür wirksamen Ritual das wunscherfüllende Gebet aus und rezitiert es in wohldosierter Form und im rechten Kreise, damit es seine Wirkung entfalten kann.

Die Wirkung

Im Samadhi des rechten Strebens wirkt die Fokussierung des Geistes durch die völlige Versenkung in sich selbst. Dieser Zustand von intensiver, aber müheloser Konzentration ist in allen Körperhaltungen anwesend und zeigt sich durch den ruhigen und stillen Geist im gelebten Alltag.

Wie »Rechtes Streben« durch Frieden im Innen zum Erwachen führt

Frieden im Innen entsteht in der Vertiefung des Strebens durch die Ablösung von sinnlicher Begierde und unheilvollen Motiven und Gedanken. Daraus entsteht ein Glücksgefühl der Sich-selbst-Genügsamkeit in Abgeschiedenheit. Nun ist der innere Frieden getragen von der Überwindung des diskursiven Denkens und mündet in die Einheit des Geistes. Dies geht über das Glücksempfinden hinaus in klar bewusste Gelassenheit und gipfelt in der Überwindung jeglichen Schmerzes aus der Vergangenheit, sei er körperlicher oder seelischer Art. Nun verweilt der Geist in der von Wohl und Wehe freien, reinen Erhabenheit.

Eine Fantasie

Ach, wenn du nur wüsstest, welch weltbeglückende Kraft in dir in Form rechten Strebens angelegt ist. Nie würdest du dich mit weniger zufriedengeben, als die Grenzen der Zufriedenheit zu überschreiten und die Heilung der gesamten Existenz für dich anzustreben und es andere zu lehren.

Es könnte wirklich wahr sein, das du zeitlebens geahnt hast, dass hinter den Grenzen des kollektiven Denkens noch ein weites Feld zu entdecken ist. Es mag sein, dass niemand dir glauben wollte und man dich sogar als Träumer abtat. Du jedoch hast immer gespürt: Da ist noch etwas Großartiges zu entdecken, etwas, das zu entdecken sich lohnt, selbst wenn die Zielverwirklichung gewisse Anstrengungen erfordert.

Eine Geschichte

Einmal, lass es vor langer Zeit gewesen sein, hatte ein Novize zum ersten Mal am achttägigen Rohatsu-Sesshin zu Ehren der Erleuchtung des Buddha teilgenommen, das am 1. Dezember beginnt. Danach sagte er, stolz darauf, dass er diese anspruchsvolle Zen-Übung durchgestanden hatte, zu seinem Lehrer: »Meister, ich habe geträumt, ich wäre eines Tages ein großer Lehrer, so wie du. Was meinst du?« Der Meister fragte ihn: »Was muss einer tun, der träumt?« Der Schüler wusste es nicht, deshalb fuhr der Meister fort: »Der muss aufwachen!« Der Schüler sah den Zen-Lehrer verständnislos an und fragte: »Was ist denn, wenn einer aus seinem Traum aufwacht?« Der Meister sah ihn mit großen Augen an und meinte: »Dann wird aus entspanntem Träumen rechtes Streben.« Der Schüler fragte: »Und wie soll ich das lernen?« Der Meister antwortete: »Geh in die Küche und schäle eine Orange so, als würdest du eine Sinfonie dirigieren.«

88 Die achtundachtzigste Perle erinnert an »Rechte Achtsamkeit«

Das Prinzip

Der altruistische Erleuchtungsgeist schreitet auf dem Weg zur höchsten Vollendung leicht voran, ohne in den Daseinskreislauf oder das rein persönliche Nirwana zu fallen. Das kommt einem Ritt auf einem schmalen Gipfelpfad gleich, auf dem ständig die Gefahr besteht, nach links oder rechts in den Abgrund zu stürzen. Das Reittier muss genügend Kraft und Gleichgewicht haben, zudem ist auch die achtsame Lenkung des Reittiers nötig, damit es an das gewünschte Ziel gelangt. Mit dieser Metapher wird deutlich, welche besondere Funktion die rechte Achtsamkeit auf dem edlen achtfachen Pfad hat, die auch alle anderen Tugenden lenkt.

Die Wirkung

Im Samadhi der Rechten Achtsamkeit werden alle Illusionen über die Welt durchdrungen. Der Arhat erkennt, dass alle Dinge an sich vollkommen leer sind, frei von einem bleibenden Wesenskern. Er erkennt auch, dass die Dinge formlos sind. Und der Arhat hat das Anhaften an Absichten und Wünsche aufgegeben. Das ist die volle Akzeptanz der Dinge, wie sie sind. Es gibt keinen Willen mehr, irgendetwas zu verändern, außer sich selbst.

Wie »Rechte Achtsamkeit« durch Frieden im Innen zum Erwachen führt

Der Weg zum Erwachen bedarf der rechten Achtsamkeit, die den Übenden vor der Gefahr der Isolierung von der Welt schützt und ihn stattdessen in Einklang mit den anderen, der

Gemeinschaft der Übenden (Sangha) bringt. Das Ideal dieser Dynamik ist der Bodhisattva, der sich die Errettung aller Wesen, also ein Leben in unserer Alltagswelt zum erstrebenswerten Ziel nimmt.

Eine Fantasie

Ach, wenn du nur wüsstest, welch verlässliches Reittier dich auf dem schmalen Pfad zwischen den beiden Extremen trägt und wie du es lenken kannst. Sofort könntest du die Zügel in die Hand nehmen und dein Reittier der Tugenden auf dem Weg zum Ziel lenken. Die Zügel dafür sind die Kräfte der Achtsamkeit. Damit kannst du dich allen Unebenheiten des Weges anpassen, ohne jemals abzustürzen.

Es könnte wirklich wahr sein, dass du alle Kräfte in dir vereinst, die nötig sind, um auf dem rechten Weg deiner Bestimmung voranzugehen. Es ist die Macht der durchdringenden Geistessammlung auf die rechte Achtsamkeit, mit der du lenkend darauf Einfluss nehmen kannst.

Eine Geschichte

Einmal, lass es vor langer Zeit gewesen sein, besuchte der reiche Seiden- und Gewürzhändler Rhin Shan zur Kirschblütenzeit Zen-Meister Takisawa in dessen Kloster und fragte: »Ehrwürdiger Takisawa, du hast viele Verdienste erworben und an der kaiserlichen Universität gelehrt, und viele vertrauen deiner Lehre. Was würdest du mich lehren, wenn ich dein Schüler wäre?« Takisawa antwortete ohne Zögern: »Rhin Shan, achte auf deinen Weg, wenn du das nächste mal zu mir kommst.«
Die Jahreszeiten hatten zweimal gewechselt, als Rhin Shan zum Tee bei Meister Takisawa saß. Der Händler fragte wohlgelaunt: »Nun, ehrwürdiger Lehrer, ich bin da, was sollte ich beachten, wenn ich dein Schüler sein wollte?« Takisawa schaute ihn über die zusammengelegten Händen an und sagte: »Rhin Shan, du hast mit deinem Gewand die Tür berührt, als du herein kamst, an welcher Seite war das?« Er wusste es nicht, aber er hätte es wissen können. »Rhin Shan, wo stand die Tasse, aus der du getrunken hast, bevor ich sie dir gab?« Er wusste es nicht, aber er hätte es wissen können. »Rhin Shan, du sitzt auf einer Matte, die ich gewebt habe, erzähle von dem Muster!« Er sah nach unten, aber er saß sich selbst im Weg. »Rhin Shan, der Weg von der Tür zu dieser Matte misst acht Schritte. Sei achtsam. Deine Schuhe stehen ungeordnet vor der Tür. Ich gab dir einen Keks mit deinen

Initialen darauf, du hättest es sehen können. Rhin Shan, sei achtsam. Wenn du eingeatmet hast, bevor dein Atem wieder aufsteigt, achte die Wohltat. Rhin Shan, lass dich fallen in den Klang deines Namens. Rhin Shan, komme wieder, wenn du Schüler sein möchtest, ich helfe dir dann, diese Geisteskraft zu verwirklichen. Rhin Shan, wenn du diesen Raum verlässt, gehe acht Schritte lang achtsam. Komme wieder, wenn du ohne Ablenkung des Geistes bis acht zählen kannst, dann ist es soweit.«
Ein Jahr später wurde Rhin Shan ein Zen-Schüler bei Takisawa Roshi.

89 Die neunundachtzigste Perle erinnert an »Rechtes Sichversenken«

Das Prinzip

Der altruistische Erleuchtungsgeist ist in der meditativen Versenkung zur höchsten Stufe der Vervollkommnung fähig. Wie eine Wolke den Regen für Wachstum und Ernte über das Land bringt, so gedeihen die Menschen dadurch gut, dass der Buddha die Heilsaktivitäten durch Körper, Rede und Geist des Bodhisattva wirken lässt, der zu jeder Zeit mit der Erkenntnis und der Kraft des Wahrheitskörpers dem Wohle aller Wesen dient. In zwölf Werken wird dies vollbracht:

1. Er nimmt Geburt an im freudvollen Land. 2. Er wechselt vom freudvollen Land auf die Erde. 3. Er geht in den Mutterleib ein. 4. Er wird geboren. 5. Er erlangt Meisterschaft in den bildenden Künsten. 6. Er erfreut sich am königlichen Hof. 7. Er entsagt endgültig dem weltlichen Leben. 8. Er übt Askese. 9. Er schreitet zur Essenz der Erleuchtung. 10. Er besiegt die Heere des Bösen. 11. Er verwirklicht die vollendete Erleuchtung. 12. Er setzt das Rad der Lehre in Bewegung und geht ein ins Nirwana.

Von Mönchen und Laien wird dieser Weg in ehrwürdiger Wertschätzung »eine Wolke, die als Wahrheitskörper das Land fruchtbar macht« genannt.

Die Wirkung

Als letzte Stufe des edlen achtfachen Pfades wird rechte Sammlung auch der Samma-Samadhi genannt. Aus ihm entstehen die sieben Erleuchtungsglieder, die der Buddha benannt hat als: Achtsamkeit, Gesetzesergründung, Willenskraft, Verzückung, Gestilltheit, Sammlung und Gleichmut.

Wie »Rechtes Sichversenken« durch Frieden im Innen zum Erwachen führt

Die meditative Versenkung ist auch eine der fünf geistigen Fähigkeiten, die der Entwicklung auf dem spirituellen Weg dienen: Vertrauen, Willenskraft, Achtsamkeit, Sichversenken (Samadhi) und Weisheit. Wer nur eine einzige dieser Fähigkeiten erreicht, dem lösen sich alle Hemmungen auf dem Weg zur Befreiung (Nivaranas) auf, als da sind: Begierde, Ärger, Mattheit, Gewissensunruhe und Zweifel.

Eine Fantasie

Ach, wenn du nur wüsstest, welch edlen Zielen du in dieser Inkarnation zustrebst. Die Überwindung der Werdewelt (Samsara) führt in die vier göttlichen Verweilungen höherer Bewusstseinsbereiche: Metta (Liebe und Güte), Karuna (Mitgefühl), Mudita (Mitfreude), Upekkha (Gleichmut). Was fehlt da noch, wenn doch alle Juwelen im Geiste geboren sind? Sie zu entdecken und in dir selbst ans Licht zu bringen.

Es könnte wirklich wahr sein, dass du zu den vier Vertiefungen in der rechten Sammlung fähig bist: der Wahrnehmung der Unendlichkeit des Raumes ohne Ablenkung durch Vorstellungen von Gestalten und Dingen, das Erreichen der Unendlichkeit des Bewusstseins, die Fähigkeit, sich das Nichts vorzustellen, die Weder-Wahrnehmung-noch-Nicht-Wahrnehmung als Überschreitung des Vorstellbaren.

Eine Geschichte

Einmal, lass es vor langer Zeit gewesen sein, unterhielten sich zwei Mönche. Einer meinte: »Sieh mal, wie der Wind die Fahne bewegt.« Der andere korrigierte ihn: »Nicht der Wind bewegt die Fahne, sondern die Natur bewegt den Wind.« Da kam ihr Zen-Lehrer Ichisan daher und hörte das Gespräch. Im Vorbeigehen sagte er zu den beiden Mönchen: »Weder Wind noch Natur bewegen die Fahne. Der Eine Geist bewegt alles.« Ein Mönch fragte neugierig: »Meister, was ist denn der eine Geist?« Meister Ichisan zeigte auf seinen Marktkorb und sagte im Weitergehen: »Ein Pfund Rettich ist kein Rettich, aber es ist auch nichts anderes.«

90 Die neunzigste Perle erinnert an »Machtvolle Ausdruckskraft von geistigen Kräften«

Das Prinzip

Der machtvolle Erleuchtungsgeist, der die inneren Feinde besiegen kann, wird in dir gespeist durch ein inneres Feuer. Diese Geisteskraft kann, wenn sie entzündet wird, alle Hindernisse zur vollkommenen Erkenntnis der Wirklichkeit wie Brennholz in dir verbrennen. Diese Hindernisse sind als zu überwindende Leidenschaften und zu überwindende Herzenstrübungen in deinem Charakter angelegt, und du bist fähig, den Kampf mit ihnen aufzunehmen und alle Befleckungen in dir selbst zu verbrennen, dadurch wirst du zu einem Feindbesieger (Arhat). Das passiert allerdings so selten, dass dieser Geist einem großen Schatz entspricht, der heilsame Wirkungen auch für andere Wesen entfaltet. Ausgestattet mit den höchsten Möglichkeiten der spirituellen Verwirklichung ist dein altruistischer Erleuchtungsgeist auch ein Gewinn für andere fühlende Wesen, weil er mit der Vollkommenheit des Gebens verbunden ist.

Die Wirkung

Die hohen Möglichkeiten zur Verwirklichung, die in der Geisteskraft des machtvollen Ausdrucks liegen, machen ihn selbst zu einem großen Schatz, weil man aus ihm so viel schöpfen kann, wie man möchte, ohne dass er sich erschöpft. Mit diesem Geistesschatz beginnt der Zustand des heilsamen Wirkens (pali: kusala), denn er stellt mit geeigneten Möglichkeiten alle Wesen zufrieden, ohne dass die Kraft des Gebens dadurch zur Neige ginge.

Wie »Machtvolle Ausdruckskraft von geistigen Kräften« zum Erwachen führt

Dieser heilsame Geist hat die Fähigkeit, Güter zu manifestieren, und er erlangt freie Verfügung über geeignete Mittel und Wege in Rede und Tat. Die Ausdruckskraft steht in angemessener Form auch anderen fühlenden Wesen zur Verfügung, die dadurch auf ihrem Stufenweg zum Erwachen unterstützt werden.

Eine Fantasie

Ach, wenn du nur wüsstest, welch heilsames Wirken in deinem altruistischen Erleuchtungsgeist angelegt ist. Dazu wäre deine Geistesqualität zur Bekämpfung der inneren Feinde eine außerordentlich wirksame Kraft auf deinem Erleuchtungsweg. In Folge davon stehst du als Lehrer auch anderen Wesen durch heilsames Wirken zur Verfügung. Du bist eine heilsame Quelle, die niemals versiegt, egal wie oft man ihr Heilwasser entnimmt.

Es könnte wirklich wahr sein, dass ein reinigendes Feuer in dir ausbricht, das dich von den 27 Leidenschaften und den 27 Herzenstrübungen befreit und stattdessen die 27 Geistesqualitäten und die 27 Eigenschaften in dir wie 54 Edelsteine zum Strahlen bringt.

Eine Geschichte

Einmal, lass es vor langer Zeit gewesen sein, kamen neun Mönche auf Pilgerreise an der Gebirgshöhle eines weisen Eremiten vorbei. Der Eremit empfahl ihnen, ihre Roben in den Wind neben seinen verschlissenen Mantel zu hängen. Dann lud er sie ein, mit ihm Tee aus selbstgesammelten Pflanzen zu trinken. Nachdem jeder Mönch von dem köstlichen Tee aus Rubus-Blättern, Carlina-Wurzeln, Primula-Blüten, Artemisia-Blüten und Achillea-Blättern in seiner Schale hatte, tranken sie gemeinsam einen ersten Schluck.
Der Eremit lächelte die Mönche an, als der erste von ihnen sagte: »Der grüne Tee im Kloster schmeckt besser«, da fiel dessen Robe aus dem Wind zu Boden. Der zweite Mönch sagte: »Warte, ich hebe deine Robe wieder auf«, da fiel auch dessen Robe aus dem Wind. Der dritte Mönch sagte: »Meine Robe hängt noch im Wind«, da fiel sie zu Boden. Der vierte Mönch sagte: »Ich vertraue dem Wind nicht, deshalb hängt meine Robe am Baum«, und im selben Moment brach der Ast im Wind, und die Robe wehte zu Boden. Der fünfte Mönch sagte: »Hört doch auf, über eure Roben zu sprechen, erzählt dem Eremiten lieber

vom Kloster«, und augenblicklich fiel seine Robe in sich zusammen und auf den Boden. Der sechste Mönch sagte: »Wir hätten nicht auf den Eremiten hören sollen«, und seine Robe wehte auf den felsigen Boden. Der siebte Mönch sagte: »Brüder, genießt lieber, wie angenehm der Eremit es hier hat«, da wurde auch seine Robe vom Wind zu Boden geweht. Der achte Mönch sagte: »Eremit, ich glaube, du hast unsere Roben verflucht«, und schon fiel auch seine Robe auf die Erde. Der neunte Mönch sagte: »Wie köstlich der Tee schmeckt«, und seine Robe stürzte aus dem Wind.

Der Eremit lächelte die Mönche immer noch an und freute sich: »Ach, alles soll wohl so sein, der Wind, der Tee, die Mönche, die Roben, hm.« Die Mönche schauten alle auf einmal zu seinem Mantel, wie der da wehte im Wind.

91 Die einundneunzigste Perle erinnert an »Große Heilkraft zur Leidauflösung«

Das Prinzip

Ein großer König mit höheren Wahrnehmungskräften entspricht diesem Prinzip, der über sich selbst hinaus auch für das Wohl anderer tätig wird. Inkarniert mit der Begabung, den altruistischen Erleuchtungsgeist zum Wohle aller fühlenden Wesen hervorzubringen, hat er alle Sinneskräfte zur Gänze ausgebildet. Im Zusammenklang mit den Wahrnehmungskanälen ergänzen sich die Sinne bis in den ultrafeinen Bereich der wissenden Felder hinein. Der Erleuchtungsgeist ist mit den höheren Wahrnehmungskräften verbunden. Damit erzielt er das Wohl der anderen, weil diese Kräfte ungehindert als Heilkraft wirken können. Wie ein großer König sorgt dieser Geist für das Wohlergehen im ganzen Volk, weil diese großen Heilkräfte ungehindert in Resonanz mit den Selbstheilungskräften der anderen wirken können. Wer diese Geisteskraft entwickelt hat, der erkennt dank seiner außerordentlichen Beurteilungsfähigkeiten in jeder Situation zweifelsfrei, was zu bewirken ist. Daraus entsteht die Kraft zur Leidauflösung.

Die Wirkung

Die Wahrnehmungen desjenigen, der den Erleuchtungsgeist bis zu dieser Stufe entwickelt hat, überschreiten die Sinne vom Sehen zum Schauen, vom Hören zum Lauschen, vom Tasten zum Spüren, vom Riechen zum Inspirieren und vom Schmecken zum Kosten. Diese höheren Wahrnehmungskräfte führen zu der Fähigkeit, von der Wahrnehmung zur Wahrgebung zu gelangen. Dank dieser außerordentlichen Empathie erkennt dieser Geist in jeder Begegnung, was als Heilungsimpuls zur Leidauflösung zu bewirken ist. Wie ein großer König erkennt er, was zum Besten des Ganzen zu tun oder zu lassen ist.

Wie »Große Heilkraft zur Leidauflösung« zum Erwachen führt

Wie ein großer König beim Amtsantritt den Schwur leistet, zum Wohle des Landes und des Volkes zu regieren, wirkt im altruistischen Erleuchtungsgeist das Gelübde, alle fühlenden Wesen zu erretten. Diese geistige Verpflichtung geht also über die eigene Vervollkommnung hinaus und hat die Befreiung aller Wesen zum Ziel. Auf diese Art leistet er seinen Beitrag zu dieser hohen Aufgabe für alle.

Eine Fantasie

Ach, wenn du nur wüsstest, welch große Heilkraft in deinem altruistischen Erleuchtungsgeist zur Verfügung steht. Dazu ist deine Fähigkeit, deine Wahrnehmungskräfte weiter zu verfeinern, das geeignete Mittel. Durch sie kannst du für dein eigenes Wohlergehen sorgen und darüber hinaus auch für die Leidbefreiung anderer eintreten. Kultiviere deine Sinne für die ultrafeine Wahrnehmung bis hin zur Fähigkeit der Wahrgebung für andere.

Es könnte wirklich wahr sein, dass die Kräfte eines Heilers in dir angelegt sind. Diese weiter zu verwirklichen, wäre dann die hohe Berufung auf deinem Weg. Schaust du – wie ein Heiler – tiefer in die Zusammenhänge der Existenz, so erkennst du hinter den Erscheinungen, dass Leiden und Unvollkommenheit bedingt sind. Die Ursachen dessen, was wir allgemein Schicksal nennen, liegen in uns selbst. Dass wir nie ans Ziel kommen, immer wieder enttäuscht werden und uns mit endlosen Unannehmlichkeiten konfrontiert sehen, liegt an unserem dreifachen Verlangen danach, Erfüllung von außen zu erhalten.
Erstens: das Haben-Wollen, also das Verlangen nach den Sinnesobjekten. Andere Namen dafür sind Genusssucht, Besitzgier, Abwechslungsstreben, Sensationslust, Unterhaltungswunsch.
Zweitens: das Sein-Wollen, also das Bedürfnis, etwas darzustellen. Zu diesen vergänglichen Ansprüchen gehören Dynamiken wie die, mehr, besser, anders oder größer zu sein als andere, der Wunsch, nicht unterzugehen, ewiges Leben zu besitzen oder überhaupt ein »Ich« zu sein. Es geht also um unser Ego, dem wir große Bedeutung beimessen.

Drittens: das Bestreben, das Gegenteil des Wünschenswerten zu zerstören. Diese Spielart des Verlangens entsteht zwangsläufig aus den beiden ersten. Der Vernichtungswunsch richtet sich gegen alles, was unseren Wünschen in die Quere kommt. Daraus entstehen Wut, Aggression, Widerwille und alle destruktiven Neigungen.

Wer die Ursachen für etwas kennt, der kann handeln. Das gilt auch für unser Dasein. Wir sind von Natur aus mit Gestaltungsmöglichkeiten ausgestattet. Wir können erkennen, üben, handeln, Einfluss nehmen und ändern. Im konkreten einzelnen Schicksalsfall heißt das, die Fesseln von »Sein-Wollen« und »Haben-Wollen« abzustreifen, um frei zu werden. Das Ende dieses Verlangens ist das Ende vom Leiden und die Gesundung von der Krankheit der Existenz.

92 Die zweiundneunzigste Perle erinnert an »Reinheit des Körpers«

Das Prinzip

Von den fünf Faktoren der Reinheit in der Lebensführung symbolisiert diese Perle die Reinheit des Körpers. Der Erleuchtungsgeist schreitet mit Leichtigkeit voran, da er die gehörten und ungehörten Lehren (Dharma) speichert. Das erfordert ein bewahrendes Gedächtnis in einem geeigneten Körper, um alle Worte und Inhalte des Dharma erinnern zu können, und den Mut, andere ohne Beschränkung zu lehren, gleich einer sprudelnden, sauberen Quelle. Diese Quelle kann unerschöpflich sprudeln, da sie auch die noch nicht gehörten Lehren aufbewahrt und mit dem aufsteigenden Wasser freigibt. Diese Quelle ist jetzt und in kommenden Zeiten dynamisch stabil, weil der Bodhisattva selbst durch seinen Lebenswandel seinen Körper rein hält und als Vorbild wirkt. Dafür rezitiert der Adept das »OM MANI PADME HUM« (pali: Juwel im Lotos geboren = Geist im Körper geboren) aus tiefstem Bewusstsein. An solcher reinen, frischen Quelle kann der Wanderer sich heute und durch viele Zeiten hindurch laben, ohne dass die Quelle dadurch versiegen würde.

Die Wirkung

Die Quelle der Reinheit des Körpers braucht nicht nach ihrem Weg zu suchen, sie findet ihn, indem sie den vorgegebenen Grund ausfüllt, bis sie darüber hinausfließen kann. Dabei ist es unerheblich, wie lange sie in einer Vertiefung ausharren muss oder welcher Verunreinigung sie begegnet, sie wird überlaufen und weiterfließen, dem großen Ozean der Vollendung entgegen, bis sie in der Verbindung mit anderen sprudelnden Quellen das Ziel erreicht. Der Weg selbst ist ein Prozess der Reinigung von jeglicher Verschmutzung durch eine Vielfalt von Strudeln und Mäandern bis zur Vereinigung mit dem erstrebenswerten Ozean der Reinheit.

Wie »Reinheit des Körpers« durch Reinheitswandel zum Erwachen führt

Das Niedere wird zum Höheren durch den alchemistischen Prozess des Trennens, Reinigens und Zusammenfügens. Durch Berührung mit dem »Stein der Weisen« (Prima materia) wird daraus Gold. Trennen ist geistige Überwindung der Illusionen, Reinigen ist Kultur im Umgang mit sich selbst, Zusammenfügen ist Zen-Samadhi (das reine Wirken jenseits von Aktion und Ruhe). So begründet auch die Reinheit des Körpers den Weg des Adepten durch den Entwicklungsprozess zum hohen Ziel des Erwachens.

Eine Fantasie

Ach, wenn du nur wüsstest, wie wirksam das alchemistische Prinzip tief in dir angelegt ist. Du kannst es: dich fallen lassen in die Quelle der Körperreinheit, den Körper stufenweise reinigen, um dich anschließend mit dem Stein der Weisen in Berührung zu bringen und alle gereinigten Körperteile zusammenzufügen. Und wenn Befleckungen dich aufhalten bei Gesundheit, Beziehung, Karriere, Geld? Na und, poliere dein goldenes Herz noch mehr als bisher, du kannst es!

Es könnte wirklich wahr sein, dass du die Reinheit des Körpers als eine der vier wichtigen Verwirklichungen von »Trennen, Reinigen, Berühren und Zusammenfügen« erkennst und im Lebenswandel pflegst. Nun denkst du vielleicht, »das tue ich doch«, dann bitte, schau genau hin, wo du den Tempel deiner Seele noch mehr würdigen kannst – du könntest es, wenn du es wolltest.

Eine Geschichte

Einmal, lass es vor langer Zeit gewesen sein, saß ein Philosoph bei einer Tasse Grünem Tee und Gebäck mit einer Zen-Nonne zusammen. Der Philosoph referierte engagiert über die Epistemologie in der Entwicklung der Philosophie der Vorsokratiker über Epikur bis Nietzsche und Popper. Irgendwann fragte er die Nonne: »Was denken Sie denn über die Philosophie?« Die Nonne sagte: »Philosophen krümeln.« – »Was?«, fragte der Gast. Die

Nonne sagte: »Verehrter Philosoph, wenn Sie Sokrates und Epikur und Nietzsche beachten, warum dann weniger sich selbst? Sie haben Kekskrümel auf Ihrer Jacke und Gartenerde unter den Nägeln.« – »Oh!«, staunte der Gast, »das habe ich gar nicht bemerkt. Aber was soll's ...?«

Die Nonne sagte: »Die Philosophie, als Königin der Wissenschaften, hat uns Menschen eindeutig viele Errungenschaften gebracht. Was ihr bleibt, sind Zweifel durch unterschiedliche Auffassungen von Leben und Tod. Was ihr fehlt, sind saubere Erkenntnisse, und das beginnt im Umgang mit einem selbst. Seien Sie darin ein Vorbild für Ihre Studenten, als Vorbild lade ich Sie dann gerne wieder auf eine Tasse Tee ein.«

93 Die dreiundneunzigste Perle erinnert an »Reinheit der Empfindungen«

Das Prinzip

Von den fünf Faktoren der Reinheit in der Lebensführung symbolisiert diese Perle die Reinheit der Empfindungen. Der Erleuchtungsgeist schreitet mit Leichtigkeit voran, da er den Wert der gehörten und ungehörten Lehren (Dharma) speichert. Das erfordert eine bewahrende Funktion der Sinne, um alle Worte und Inhalte des Dharma erinnern zu können und den Mut, andere ohne Beschränkung zu lehren, gleich einer sprudelnden, sauberen Quelle. Diese Quelle kann unerschöpflich sprudeln, da sie auch die noch nicht gehörten Lehren empfindet und mit dem aufsteigenden Wasser freigibt. Diese Quelle ist jetzt und in kommenden Zeiten dynamisch stabil, weil der Bodhisattva selbst durch seinen Lebenswandel als Vorbild wirkt. An dieser reinen, frischen Quelle kann der Wanderer sich heute und durch viele Zeiten hindurch laben, ohne dass die Quelle dadurch versiegen würde.

Die Wirkung

Die Quelle der reinen Empfindungen braucht nicht nach ihrem Weg zu suchen, sie findet ihn, indem sie den vorgegebenen Untergrund ausfüllt, bis sie darüber hinausfließen kann. Dabei ist es unerheblich, wie lange sie in einer Vertiefung ausharren muss oder welchem Unrat sie begegnet, sie wird überlaufen und weiterfließen, dem großen Ozean der Vollendung entgegen, bis sie in der Verbindung mit anderen sprudelnden Quellen das Ziel erreicht. Der Weg selbst ist ein Prozess der Reinigung von allen Empfindungen durch eine Vielfalt von Strudeln und Mäandern des Lebens bis zur Vereinigung mit dem erstrebenswerten Ozean der Erkenntnis und Tugend.

Wie »Reinheit der Empfindungen« durch Reinheitswandel zum Erwachen führt

Das Niedere wird zum Höheren durch den alchemistischen Prozess des Trennens, Reinigens und Zusammenfügens. Durch Berührung mit dem »Stein der Weisen« (Prima materia) wird daraus Gold. Trennen ist geistige Überwindung der Illusionen, Reinigen ist Kultur im Umgang mit sich selbst, Zusammenfügen ist Zen-Samadhi (das reine Wirken jenseits von Aktion und Ruhe). So begründet auch die Reinheit der Empfindungen den Weg des Adepten durch den Entwicklungsprozess zum hohen Ziel des Erwachens.

Eine Fantasie

Ach, wenn du nur wüsstest, wie wirksam das alchemistische Prinzip tief in deiner Seele angelegt ist. Du kannst es: einzelne Empfindungen über alle Deine Sinne bewusst getrennt erleben, sie einzeln reinigen, um dich so mit deiner Prima materia in Berührung zu bringen und die gereinigten Empfindungen wieder zusammenzufügen. Und wenn Hindernisse dich aufhalten in der Psyche, in den Nerven, in Gefühlen oder Sehnsüchten? Na und, mach es noch mal!

Es könnte wirklich wahr sein, dass du die Reinheit der Empfindungen als eine der vier wichtigen Verwirklichungen von »Trennen, Reinigen, Berühren und Zusammenfügen« erkennst und im Lebenswandel pflegst. Nun denkst du vielleicht, »das tue ich doch«, dann bitte, schau genau hin, wo du den Tempel deiner Psyche noch mehr würdigen kannst – du könntest es, wenn du es wolltest.

Eine Geschichte

Einmal, lass es vor langer Zeit gewesen sein, fragte ein Unternehmer einen Mönch: »Welche Frage würdest du mir stellen, wenn ich dir von mir erzählen sollte?« Der Mönch antwortete: »Welche drei Ratschläge würdest du einem Nachfolger an deinem jetzigen Arbeitsplatz mit auf den Weg geben? Erzähle!« Der Firmenchef überlegte kurz und meinte: »Erstens, folge im Zweifelsfalle deiner Intuition. Zweitens, vernachlässige niemals deine Weiterentwicklung. Drittens, entwickle deine Fähigkeiten, mit Menschen umzugehen!«

Der Mönch fragte: »Wem hast du diese drei Ratschläge wohl gegeben? Ich wünsche dir viel Erfolg bei der Umsetzung. Wenn du soweit bist, kannst du mir wieder von dir erzählen.«

94 Die vierundneunzigste Perle erinnert an »Reinheit der Wahrnehmungen«

Das Prinzip

Von den fünf Faktoren der Reinheit in der Lebensführung symbolisiert diese Perle die Reinheit der Wahrnehmungen. Der Erleuchtungsgeist schreitet mit Leichtigkeit voran, da er den Wert der gehörten und ungehörten Lehren (Dharma) aufnimmt. Das erfordert eine bewahrende Funktion der Wahrnehmungskanäle, um alle Facetten und Tiefen des Dharma erinnern zu können und den Mut, andere ohne Beschränkung zu lehren, gleich einer sprudelnden Quelle. Diese Quelle kann unerschöpflich sprudeln, da sie auch die noch nicht gehörten Lehren wahrnimmt und mit dem aufsteigenden Wasser freigibt. Diese Quelle ist heute und in kommenden Zeiten lebendig, weil der Bodhisattva selbst durch seinen Lebenswandel als Vorbild wirkt. An dieser reinen, frischen Quelle kann der Wanderer sich heute und durch viele Zeiten hindurch laben, ohne dass die Quelle dadurch versiegen würde. Wir können es eine Quelle der Wahrnehmung nennen, die aus der Erinnerung und voller Mut sprudelt.

Die Wirkung

Die Quelle der reinen Wahrnehmungen braucht nicht nach ihrem Weg zu suchen, sie findet ihn, indem sie den vorgegebenen Untergrund richtig einschätzt, bis sie darüber hinausfließen kann. Dabei ist es unerheblich, wie lange sie in einer Vertiefung ausharren muss oder welchen Irritationen sie begegnet, sie wird überlaufen und weiterfließen, dem großen Ozean der Vollendung entgegen, bis sie in der Verbindung mit anderen sprudelnden Quellen das Ziel erreicht. Der Weg selbst ist ein Prozess der Reinigung von allen

Wahrnehmungen durch eine Vielfalt von Strudeln und Mäandern des Lebens bis zur Vereinigung mit dem erstrebenswerten Ozean der reinen Wahrnehmungen.

Wie »Reinheit der Wahrnehmungen« durch Reinheitswandel zum Erwachen führt

Das Niedere wird zum Höheren durch den alchemistischen Prozess des Trennens, Reinigens und Zusammenfügens. Durch Berührung mit dem »Stein der Weisen« (Prima materia) wird daraus Gold. Trennen ist geistige Überwindung der Illusionen, Reinigen ist Kultur im Umgang mit sich selbst, Zusammenfügen ist Zen-Samadhi (das reine Wirken jenseits von Aktion und Ruhe). So begründet auch die Reinheit der Wahrnehmungen den Weg des Adepten durch den Entwicklungsprozess zum hohen Ziel des Erwachens.

Eine Fantasie

Ach, wenn du nur wüsstest, wie wirksam das alchemistische Prinzip in dir angelegt ist. Du kannst es: einzelne Wahrnehmungen bewusst getrennt erleben, sie einzeln reinigen, um sie so vom Niederen zum Höheren zu verwandeln und die gereinigten Wahrnehmungen wieder zusammenzufügen. Und wenn Irritationen dich aufhalten durch Täuschung oder Unsichtbarkeit? Na und, gehe erneut in Meditation in dein inneres Alchemielabor.

Es könnte wirklich wahr sein, dass du die Reinheit der Wahrnehmungen als eine der vier wichtigen Verwirklichungen von »Trennen, Reinigen, Berühren und Zusammenfügen« erkennst und im reinen Lebenswandel pflegst. Nun denkst du vielleicht, »das tue ich doch«, dann bitte, schau genau hin, wo du den Tempel deiner Imagination noch mehr würdigen kannst, du könntest es, wenn du es wolltest.

Eine Geschichte

Einmal, lass es vor langer Zeit gewesen sein, stand ein Gast während einer Meditationswoche im Vollmondlicht am Brunnen im Klostergarten. Als ein Mönch zum Wasserschöpfen an den Brunnen kam, meinte der Gast: »Schau, der Mond im Brunnen.« Der Mönch antwortete: »Da ist kein Mond im Brunnen, er spiegelt sich nur im Wasser.« Der Gast reagierte pikiert: »Das weiß ich auch, du bist überhaupt nicht romantisch.« Der

Mönch schaute zum Mond in den Himmel und sagte: »Du siehst im Brunnen, wie in mir, nur, was du sehen willst.«
In dem Moment hüpfte eine dicke Kröte in den Brunnen, platsch und weg! Brunnen da, Wasser drin, Mond weg. Der Gast sagte spontan: »Ach, wie schade, musste die Kröte denn ausgerechnet jetzt …?« Der Mönch schöpfte mit dem alten Bambuseimer Wasser aus dem Brunnen und zog ihn über den Rand. Dabei riss der Henkel vom Eimer ab, und das Wasser ergoss sich über die Beine des Gastes. Der sprang zurück und rief: »Das gibt's doch gar nicht!« Der Mönch lächelte und sagte: »Die Kröte ist zu Hause, der Mond scheint hell, der Eimer ist kaputt und du bist nass. Gut, dass du romantisch bist.«

95 Die fünfundneunzigste Perle erinnert an »Reinheit der Geistesregungen«

Das Prinzip

Von den fünf Faktoren der Reinheit in der Lebensführung symbolisiert diese Perle die Reinheit der Geistesregungen. Der Erleuchtungsgeist schreitet mit Leichtigkeit voran, da er den Wert der gehörten und ungehörten Lehren (Dharma) aufnimmt. Das erfordert eine bewahrende Funktion des Geistes, um alle Inhalte des Dharma erinnern zu können und den Mut, andere ohne Beschränkung zu lehren, gleich einer sprudelnden Quelle. Diese Quelle kann unerschöpflich sprudeln, da sie auch von den noch nicht gehörten Lehren angeregt wird und sie mit dem aufsteigenden Wasser freigibt. Diese Quelle ist heute und in kommenden Zeiten rege, weil der Bodhisattva selbst durch seinen Lebenswandel als Vorbild wirkt. An dieser reinen, frischen Quelle kann der Wanderer sich heute und durch viele Zeiten hindurch laben, ohne dass die Quelle dadurch versiegen würde.

Die Wirkung

Die Quelle der reinen Geistesregungen braucht nicht nach ihrem Weg zu suchen, sie findet ihn, indem sie den vorgegebenen Weg richtig durchdenkt, bis sie darüber hinausfließen kann. Dabei ist es unerheblich, wie lange sie in einer Vertiefung ausharren muss oder welchen Ablenkungen sie begegnet, sie wird überlaufen und weiterfließen, dem großen Ozean der Vollendung entgegen, bis sie in der Verbindung mit anderen sprudelnden Quellen das Ziel erreicht. Der Weg selbst ist ein Prozess der Reinigung von allen Geistesregungen durch eine Vielfalt von Strudeln und Mäandern des Lebens bis zur Vereinigung mit dem erstrebenswerten Ozean der reinen Erkenntnis und Tugend.

Wie »Reinheit der Geistesregungen« durch Reinheitswandel zum Erwachen führt

Das Niedere wird zum Höheren durch den alchemistischen Prozess des Trennens, Reinigens und Zusammenfügens. Durch Berührung mit dem »Stein der Weisen« (Prima materia) wird daraus Gold. Trennen ist geistige Überwindung der Illusionen, Reinigen ist Kultur im Umgang mit sich selbst, Zusammenfügen ist Zen-Samadhi (das reine Wirken jenseits von Aktion und Ruhe). So begründet auch die Reinheit der Geistesregungen den Weg des Adepten zum hohen Ziel des vollkommenen Erwachens.

Eine Fantasie

Ach, wenn du nur wüsstest, wie wirksam das Prinzip der Spagyrik in dir angelegt ist. Du kannst es: einzelne Geistesregungen bewusst als getrennt erleben, sie dabei in der Meditation einzeln reinigen, um dich so mit deinem Erleuchtungsgeist in Berührung zu bringen und die gereinigten Geistesregungen wieder zu einem Geist in dir zu vereinen. Und wenn Irritationen dich aufhalten durch Täuschung oder Ablenkung? Na und, sitze ein weiteres Räucherstäbchen lang in absichtsloser Versunkenheit und Stille.

Es könnte wirklich wahr sein, dass du die Reinheit der Geistesregungen als eine der vier wichtigen Verwirklichungen von »Trennen, Reinigen, Berühren und Zusammenfügen« erkennst und im reinen Lebenswandel pflegst. Nun denkst du vielleicht, »das tue ich doch«, dann bitte, schau genau hin, wo du den Tempel deines Erleuchtungsgeistes noch mehr würdigen kannst – du könntest es, wenn du es wolltest.

Eine Geschichte

Einmal, lass es vor langer Zeit gewesen sein, hatte der Direktor des Gold- und Silberbergwerkes »Grube Lautenthals Glück«, Wolfgang Borges, das Bergwerk im Harz übernommen, als es jeglichen Goldes und Silbers beraubt war und die Maschinen im Berg schon lange stillstanden. Über Jahrhunderte hinweg hatten die Bergleute untertage die Schätze der Erde abgebaut und damit den europäischen Reichtum der Königshäuser begründet. Hier in den Teufen des Berges hatten sie nicht nur Hunderte Kilometer von Gängen mit ihren Händen und Maschinen durch das Granitgestein getrieben, hier hatten sie auch das Drahtseil und die Eisenbahnschiene erfunden. Die harte Arbeit ließ keinen von ihnen älter als vierzig Jahre werden, und doch prägten sie durch Sprache, Wissen und Mut die Kultur des Landes weit über die Grenzen hinaus.

Als Borges kam, war das Gold abgebaut, der Reichtum verschwunden und die Zeit der Steiger und Hauer vorüber. Doch übernahm dieser Borges die Grube mit ehrwürdigem Blick zurück nach vorn. Jetzt sollte es in der historischen Grube geistiges Gold zu entdecken geben. Deshalb gründete er gemeinsam mit einem Freund das Zentrum für Geistige Entwicklung in Business und Führung.

In vierhundertzwanzig Metern Tiefe wurden Teams und Führungskader mit der archetypischen Wirklichkeit der Innenerde konfrontiert und von Gaia, Mutter Erde, belehrt.

Einmal stiegen zwei verfeindete Vorstandsmitglieder einer großen Firma mit Borges die Leiter in die Dunkelheit der Goldgrube hinab. Als sie dabei ihre Phobien überwunden hatten, wurden sie unten in einen alten Erztransportkahn gesetzt und zur Sicherheit mit einem Seil aneinandergebunden. So zogen sie sich gemeinsam am Firstseil, im Lichtschein ihrer Helmleuchten, den »Großen Ernst-August-Stollen« entlang, bis sie nach elf Kilometern endlich am Mundloch des Berges ans Tageslicht kamen. Dabei fluchten sie wie die Kesselflicker über diesen Borges und seine Methoden. Als der sie nach diesem bestandenen Abenteuer zu einem Sherpa-Mahl mit Brot und Wurst aus der Hand einlud, da war aus Blei Gold geworden. Die Vorstände sprachen wieder miteinander, machten gemeinsame Pläne und waren auf ihre Art Freunde geworden.

Borges erzählt dieses Erlebnis gerne, und wenn es gewünscht ist, hundert weitere von der Wandlung vom Niederen ins Höhere.

96 Die sechsundneunzigste Perle erinnert an »Reinheit des Bewusstseins«

Das Prinzip

Von den fünf Faktoren der Reinheit in der Lebensführung symbolisiert diese Perle die Reinheit des Bewusstseins. Der Erleuchtungsgeist schreitet mit Leichtigkeit voran, da er den Wert der gehörten und ungehörten Lehren (Dharma) aufnimmt. Das erfordert eine bewahrende Funktion des Bewusstseins, um alle Hintergründe des Dharma erinnern zu können und den Mut, andere ohne Beschränkung zu lehren, gleich einer sprudelnden Quelle. Diese Quelle kann unerschöpflich sprudeln, da sie auch von den noch nicht gehörten Lehren durchdrungen wird und sie mit dem aufsteigenden Wasser freigibt. Diese Quelle ist heute und in kommenden Zeiten aktiv, weil der Bodhisattva selbst durch seinen Lebenswandel als Vorbild wirkt. An dieser reinen, frischen Quelle kann der Wanderer sich heute und durch viele Zeiten hindurch laben, ohne dass die Quelle dadurch vertrocknen würde.

Die Wirkung

Die Quelle des reinen Bewusstseins braucht nicht nach ihrem Weg zu suchen, sie findet ihn, indem sie den vorgegebenen Untergrund objektiv erfasst, bis sie darüber hinausfließen kann. Dabei ist es unerheblich, wie lange sie in einer Vertiefung ausharren muss oder welchen falschen Lehren sie begegnet, sie wird überlaufen und weiterfließen, dem großen Ozean der Vollendung entgegen, bis sie in der Verbindung mit anderen sprudelnden Quellen das Ziel erreicht. Der Weg selbst ist ein Prozess der Reinigung von allem Bewusstsein durch eine Vielfalt von Strudeln und Mäandern des Lebens, bis zur Vereinigung mit dem erstrebenswerten Ozean des reinen Bewusstseins.

Wie »Reinheit des Bewusstseins« durch Reinheitswandel zum Erwachen führt

Das Niedere wird zum Höheren durch den alchemistischen Prozess des Trennens, Reinigens und Zusammenfügens. Durch Berührung mit dem »Stein der Weisen« (Prima materia) wird daraus Gold. Trennen ist geistige Überwindung aller Illusionen, Reinigen ist Kultur im Umgang mit sich selbst, Zusammenfügen ist Zen-Samadhi (das reine Wirken jenseits von Aktion und Ruhe). So begründet auch die Reinheit des Bewusstseins den Weg des Adepten zum hohen Ziel des vollkommenen Erwachens.

Eine Fantasie

Ach, wenn du nur wüsstest, wie wirksam das alchemistische Prinzip in dir angelegt ist. Du kannst es: dein Bewusstsein in Fraktale einzelner Aspekte zerlegen, sie einzeln reinigen, um dich mit dem Stein der Weisen in Berührung zu bringen und das gereinigte Bewusstsein wieder zusammenzufügen. Und wenn falsche Lehren dich aufhalten durch Täuschung oder Ablenkung? Na und, fülle sie aus durch höheres Bewusstsein bis zum Überlaufen, du kannst es!

Es könnte wirklich wahr sein, dass du die Reinheit des Bewusstseins als eine der vier wichtigen Verwirklichungen von »Trennen, Reinigen, Berühren und Zusammenfügen« erkennst und im reinen Lebenswandel pflegst. Nun denkst du vielleicht, »das tue ich doch«, dann bitte, schau genau hin, wo du das Juwel deines Erleuchtungsgeistes noch mehr würdigen könntest, wenn du es wolltest.

Eine Geschichte

Einmal, lass es vor langer Zeit gewesen sein, unterhielten sich zwei Mönche im Klostergarten. Der eine, Koshi, fragte den anderen, Mitsu: »Was war der schlimmste Satz, den du jemals gesagt hast?« Mitsu überlegte kurz und antwortete: »Verdammte Scheiße – ja, das war das Schlimmste, und du?« Koshi hatte es sich wohl schon vorher überlegt und sagte ganz im Vertrauen: »Leck mich am Arsch – so war es bei mir.«
In dem Moment ging der ältere Zen-Bruder Genzan vorüber, der die Unterhaltung der beiden gehört hatte, und sagte: »Erinnert ihr euch nicht? Habt ihr denn alles vergessen? Ihr seid jetzt zwei Jahre hier und habt allein mir in der Zeit neun schlimmere Sätze gesagt!« Koshi und Mitsu riefen wie im Chor: »Was?« Genzan sagte: »Gut, nehmt eure Mala

in die Hand und zählt die ersten neun Perlen ab, dazu habt ihr neun leidbringende Sätze gesagt.«

Beide wollten wissen, welche Sätze das wohl gewesen sind, und baten Genzan, ihnen Beispiele zu geben. Genzan zitierte neun Sätze aus ihrem Sprachschatz, passend zu den ersten neun Perlen an der Mala, den zu überwindenden Leidenschaften: »Mein Koan ergibt irgendwie keinen Sinn« – Verblendung. »Mein Vater ist gefühlskalt« – Hass. »Ich will das Koan heute noch lösen« – Gier. »Der Roshi hat's gut, der muss nicht am Rohatsu teilnehmen« – Neid. »Der wird noch merken, was ich von ihm halte« – Übelwollen. »Verdammte Fliege, patsch!« – Töten. »Ich sag einfach, das ist meine Serviette« – Stehlen. »Hast du gehört, was man über den Soundso sagt?« – Nutzlose Rede. »Ich war heute Nacht allein in meiner Kammer.« – Lüge.

Koshi sagte kleinlaut: »Ach du Scheiße«, und Mitsu flüsterte: »Leck mich am Arsch.«

97 Die siebenundneunzigste Perle erinnert an »Spiegelgleiche Weisheit«

Das Prinzip

In der Weisheit des großen spiegelgleichen Bewusstseins erkennt der altruistische Erleuchtungsgeist jedes Phänomen und jede Erscheinung als Spiegel der Wirklichkeit. Wie könnte das Auge die Sonne sehen, wäre es nicht sonnenhaft? Wie könnte das Ohr den Fluss hören, wäre es nicht wassergleich? Wie könnte das Gefühl den Wind erspüren, wäre es nicht selbst von wehender Natur? Auf dieser Stufe der Wesensschau ist alles Abbild des einen Geistes, der alles bewegt. Das normale Alltagsbewusstsein steigt vom Unterbewusstsein auf in die spiegelgleiche Weisheit der Wahrnehmung. Alles ist bedeutsam, jede Erscheinung hat ihren Platz im Ganzen. Auch das Kleine, das Geringe wird als wichtig erkannt. Nichts ist überflüssig. Mücken, die tanzen oder stechen, Pflanzen, die duften oder stinken, Wälder, die blühen oder brennen, alles ist Abbild eines höheren Ganzen und wird als solches in Gelassenheit erkannt. Symbol für diese Stufe der Weisheit des vollkommenen Spiegels ist der Bodhisattva Manjushri.

Die Wirkung

Die Naturgesetze spiegeln sich in jedem Gänseblümchen. Wer diese Bewusstseinsstufe erreicht, dem lösen sich alle Fragen angesichts des Blümchens auf. Für den wird auch die Sprache der eigenen Symptome klar und verständlich. Solange es noch eine Medizin zur Heilung gibt, kann sie gefunden werden. Es mag vielleicht sein, dass es hilfreich ist, die Lösungen mithilfe der Gemeinschaft (Sangha) zu finden, aber die Kraft der spiegelgleichen Weisheit ist wie ein Meer, das alle Täler ausfüllt, bis der Horizont weit und klar ist.

Wie »Spiegelgleiche Weisheit« durch Weisheitsbewusstsein zum Erwachen führt

Diese Welt gibt es, weil wir sie wahrnehmen. Wir sehen, hören, fühlen, riechen, schmecken und bedenken diese Welt. Daraus die richtigen Schlüsse für das Leben zu ziehen, das ist höchste Lebenskunst. Auf der Stufe der spiegelgleichen Weisheit kommt der Adept von der Wahrnehmung zur Wahrgebung, sodass jegliche seiner Reaktionen auf die Welt und deren zahllose Wesen angemessen geschieht. Die Welt offenbart sich uns durch unsere Wahrnehmung, dieselbe Welt kann Himmel oder Hölle sein. Ohne Wahrnehmung keine Welt, ohne Wahrgebung keine Einheit, mit Wahrgebung ein Paradies.

Eine Fantasie

Ach, wenn du nur wüsstest, wie du von der Wahrnehmung zur Wahrgebung kommen kannst. Durch angemessenes Entscheiden und Verhalten aus spiegelgleicher Weisheit lassen sich alle selbst gemachten Alltagsprobleme lösen. Es müsste keine Beziehungskrisen, keine Existenzsorgen, keinen Streit geben. Wäre das langweilig? Niemals, neue Tore gingen auf, es gibt unendlich viel zu tun, bis alle Wesen und du selbst erwacht sind.

Es könnte wirklich wahr sein, dass du die Erscheinungen auf deinem Weg wie einzelne Juwelen siehst, in denen sich auch alle anderen spiegeln. Dann wäre es egal, welche Perle du betrachtest, immer hättest du den Spiegel des Ganzen vor dir und könntest angemessen weitergehen.

Eine Geschichte

Einmal, lass es vor langer Zeit gewesen sein, lenkte ein Hotelier seinen Planwagen mit zwei Pferden über den Strand der Insel Juist. Er tat das öfters, wenn er mit Touristen in das Naturschutzgebiet des Wattenmeeres hinausfuhr. Diesmal lenkte er sein Gespann um eine Gruppe Wanderer herum, und die Pferde versanken in einem unscheinbaren Priel. Der Wagen stand auf festem Sand, und die Touristen konnten unverletzt aussteigen, während die beiden Pferde schon bis zum Hals im wässrigen Sand steckten. Ein eilig herbeigerufener Bauer konnte mit Gurten und der Hydraulikgabel seines Traktors eines der beiden Pferde herausziehen und retten. Das andere Pferd starb einen traurigen Tod, als die spiegelglatte Wasserfläche sich über ihm schloss. Einige Touristen und Wanderer sahen weg, andere weinten, und Einzelne versuchten zu agieren.

Der Wagenlenker sagte: »Normalerweise läuft unser Hund vorweg, nur heute saß der auf dem Wagen, weil die Touristen ihn streicheln wollten. Unser Anthony hätte gebellt und uns vor dem Priel gewarnt, das tat er schon öfters, der merkt so was. Hunde sind eins mit der Natur, ich wünschte, ich hätte das auch gekonnt.«

98 Die achtundneunzigste Perle erinnert an »Wesensgleiche Weisheit«

Das Prinzip

In der wesensgleichen Weisheit des universalen Naturbewusstseins durchschaut der Erleuchtungsgeist jedes Phänomen und jede Erscheinung als wesensgleiches Naturphänomen. Auch wenn der Tropfen einer Meereswelle momentan herrlich in der Sonne glitzert, ist er gleich darauf wieder Meer. Auch wenn einer in seiner Stadt viele Grundstücke kennt, ist die Erde doch nur ein einziges Grundstück. Und wenn einer von Umweltschutz spricht, meint er immer nur den Schutz der einen Welt, mit sich selbst darin. Und wenn einer sagt: »Ich habe einen Körper«, wo ist dann dieses »Ich«, das einen Körper hat, zu finden?
Aus dem All betrachtet ist da ein wunderbarer blauer Planet mitten im unendlich großen Firmament. Alles scheint friedlich, glücklich, im Einklang mit dem Kosmos. Das normale Alltagsbewusstsein steigt mit dem Erwachen vom Ich-Bewusstsein auf in die wesensgleiche Weisheit der Natur. Subjekt und Objekt werden ohne Trennung erkannt. Was immer es zu verstehen gilt, kann aus sich selbst heraus verstanden werden. Vom Wesen her sind wir mit Intuition, mit Inspiration und mit Visualisation ausgestattet. Das geht weit über Intellekt und Denken hinaus. Allein der Versuch, es zu nutzen, kann schon Wunder wirken. Symbol für diese Weisheit der Erscheinung und der Versöhnung ist der Bodhisattva Samantabhadra.

Die Wirkung

Wir finden wesensgleiche Weisheit im Verständnis auf grobstofflicher Ebene durch die Naturwissenschaften wie Physik, Chemie oder Medizin. Wir gehen darüber hinaus in die feinstofflichen Bereiche durch die Geisteswissenschaften wie Philosophie, Psychologie oder Mathematik. Erst danach gelangen wir zu Verständnis auf ultrafeinen informationellen Ebenen durch Disziplinen wie Radionik, Divinatorik, Orakel oder Gebet. Mit jeder feineren Ebene wird Verstehen schwieriger, und doch sind es wesensgleiche Ebenen der einen allumfassenden Natur, die zum Besten des Ganzen genutzt werden könnten.

Wie »Wesensgleiche Weisheit« durch Weisheitsbewusstsein zum Erwachen führt

In welche geistigen Dimensionen führt uns der Weg zur wesensgleichen Weisheit? Wir sind über das Raum-Verständnis von Länge, Breite und Höhe hinausgewachsen und erkennen als vierte Dimension die Zeit. Dann aber gilt es, eine Mauer zu durchbrechen, es ist die Mauer des Denkens. Dahinter sind Worte ungeeignet, nur noch pure Erfahrung, Einssein mit dem Wesen der Natur bringt Erwachen.

Eine Fantasie

Ach, wenn du nur wüsstest, was du tun könntest, wenn deine Haare brennen! Löschen, was denn sonst? Nicht nach der Art des Feuers oder der Ursache fragen, nur Löschen! Warte, bis die Frage nach der »Wesensgleichen Weisheit« in dir brennt, dann handle, tritt in eine Zendo ein und erlebe den Schrei der Stille!

Es könnte wirklich wahr sein, dass du entdeckt hast, wie viele tausend Stimmen das donnernde Schweigen der Meditation hat. Wenn du das vergleichst mit der einen Stimme, die wir als Menschen haben ... Was sollte einer mit so einer Entdeckung ohne Zögern und sogleich am besten tun? Geh in den Bambuswald.

Eine Geschichte

Einmal, lass es vor langer Zeit gewesen sein, ging der alte Brückenbauer Koji Takisawa zum Bambuswald, um die Schnitte zu markieren. Es wehte ein leichter, lauer Wind. Die Luft war angenehm warm, und der junge Bambus bog sich, als würde er sich vor dem Wind verneigen, um ihm nicht im Wege zu stehen.
Koji Takisawa setzte sich an einer geschützten Stelle in das buschige, hohe Gras und nahm seine Reisschale aus dem Beutel. Da sah er, wie der Wind an einer Stelle in leichten, blauen Pastelltönen um einen Bambus herumstrudelte.

Es sah genau so aus, als ob er eben seine Schale in den Fluss getaucht hatte, um daraus zu schöpfen, und sich ein Strudel gebildet hatte. Hier aber, beim Wind, war der Strudel nicht nur an der Oberfläche zu sehen, sondern in allen Dimensionen, wie ein langes Blatt Reispapier, das sich um einen Halm winden wollte. Der Wind nahm Form an, er bekam Farbe und wurde zur Skulptur.
Weit und ausladen schwang sein windiges Gewand aus zartem Blau, löste sich, als ob er um den Bambus herumgetanzt war, gleich wieder vollständig auf und war frei. Jetzt öffnete er einladend sein Gewand und wehte um Koji Takisawa herum. Ganz leicht nur, lau und schwach wie eine Blüte duftend. Es war ihm in diesem Moment gerade so, als würde ein Hauch, ein Fetzen, ihm zurufen: »Koji, du kannst alles erfahren!«
Dies ist die Geschichte von Koji Takisawa, der alles erfahren hat. Aber, was gibt es zu erfahren? Jeder sieht doch, wie die Welt ist. Zuerst konnte er nicht mehr sehen – und war nicht mehr blind! Dann konnte er nicht mehr sprechen – und hörte auf zu schweigen! Er konnte nicht mehr hören – und war endlich nicht mehr taub!
Fühlen und verstehen, Emotio gegen Ratio, Psycho gegen Logo. Lösen, auflösen, loslassen, Wind sein, wehen. Gestalt annehmen, Form sein, wehen. Windskulpturen, pastellblau und verspielt, wie eine Blüte duftend. Grüner Bambus, Wind, einfach loslassen. Zulassen, dass dieses angenehme Gefühl um die eigenen Gedanken spielt – und nie mehr vergessen: Du hast den Wind gesehen!

99 Die neunundneunzigste Perle erinnert an »Unterscheidende Weisheit«

Das Prinzip

In der unterscheidenden Weisheit des exzellenten Denk-Bewusstseins durchschaut der altruistische Erleuchtungsgeist jedes gesellschaftliche Phänomen und jede Erscheinung der Natur im systemischen Zusammenhang. Diese Weisheitsstufe steht höher als die rein kontemplative Versenkung zur eigenen Errettung, weil sie mittels sozialer Aktivität die eigene Vervollkommnung in den Dienst fremder Rettung stellt. Die unterscheidende Weisheit durchschaut die sich gegenseitig bedingenden Zusammenhänge des Entstehens und Vergehens durch Ursache und Wirkung über alle Stufen des Leidens und des Glücks. Die hier erreichte absolute Freiheit kann verschiedene sichtbare Formen annehmen. Dieses kann in der Gestalt des Narren ebenso wirken wie in derjenigen des Bauern, des Händlers, des Kriegers oder des Herrschers. Alle denkbaren Archetypen des Daseins können diese hohe Stufe der Weisheit leben, ob als Mutter, Vater, Mönch, Arzt, Künstler oder Handwerker. Symbol für diese Stufe der Vereinigung von Versenkung und Aktivität ist der Bodhisattva Avalokiteshvara.

Die Wirkung

Wir finden die Weisheit des wunderbaren Durchschauens in der Vereinigung der beiden vorherigen Weisheitsstufen mit sozialer Wirksamkeit. Sie zeigt ihre Wirkung durch das Zusammenspiel von Meditation und aktivem Handeln für andere. Der Bodhisattva wirkt durch sein eigenes Vorbild und durch angemessene Weitergabe der Weisheit und hält so das Rad der Lehre in Gang. Die Art der Aktivität kann jede Form im Außen annehmen, von unmerklich und bescheiden bis spektakulär und inszeniert. Was zählt, ist allein die authentische Weitergabe der Lehre zur Errettung aller fühlenden Wesen.

Wie »Unterscheidende Weisheit« durch Weisheitsbewusstsein zum Erwachen führt

Wahrheiten ändern sich ständig, Wirklichkeiten sind ewig. Wer diesen Unterschied erkennt, dem verhilft der Erleuchtungsgeist der unterscheidenden Weisheit dazu, zwischen den kurzfristigen Zielen der weltlichen Wissenschaften und den langfristigen Zielen der spirituellen Lehren zu unterscheiden.

Eine Fantasie

Ach, wenn du nur wüsstest, was du weißt und was du wissen könntest. Unsere menschliche Existenz bedarf der Heilung durch uns selbst, da unser Dasein grundsätzlich mit Leid behaftet ist. Leiden hat Ursachen – sind die Ursachen beseitigt, ist auch das Leid überwunden. Dies ist die unabänderliche Wirklichkeit, und daher ist der Weg zur vollkommenen Leidbefreiung zu durchschauen.

Es könnte wirklich wahr sein, dass dir der volle Mond der vierfachen Weisheit leuchtet, und du dein Leben an ihm ausrichtest. Dann benötigst du keine Retter mehr, seien es Lehrer, Priester oder Prediger, außer dich selbst.

Eine Geschichte

Einmal, lass es vor langer Zeit gewesen sein, wurde ein junger Prinz nach seiner militärischen Ausbildung auf Zeit in ein Kloster abkommandiert. Dort sprach er mit einem älteren Mönch über sein Leben: »Ehrwürdiger Mönch, ich bin im Glück geboren, habe Macht, Geld, Bedienstete und werde eines Tages der Thronfolger sein. Was redet ihr hier davon, das Leben sei Leiden?«
Der Mönch sagte zu ihm: »Ehrwürdiger Prinz, du siehst jeden Morgen die Sonne aufgehen, aber das täuscht, die Sonne steht vollkommen still, die Erde ist es, die sich dreht. Du wurdest im Luxus geboren, aber das täuscht, in deinem Leben wird es Alter, Krankheit, Schwäche und letztendlich Tod und Wiedergeburt geben.« Der Prinz war begeistert und rief: »Das ist doch wunderbar, dann kann ich im nächsten Leben noch einmal das Hofle-

ben als Prinz genießen!« Der Mönch sagte: »Verehrter Prinz, erkenne, warum du hier im Kloster bist! Mach dir bewusst, dass du hierher abkommandiert wurdest, es war keineswegs deine Entscheidung. Du wirst gelebt, dein Lohn dafür ist Luxus, der Preis, den du dafür bezahlst, ist das Königsspiel. Nur einmal hat ein Prinz namens Siddartha Gautama das Spiel verlassen und den Weg zur absoluten Leidbefreiung gefunden.«
Nun trumpfte der Prinz auf: »Mönch, wenn ich König bin, mache ich dich zum Hofzeremonienmeister, damit schaffe ich gutes Karma durch meinen Beitrag zu deiner Biografie.«
Der Mönch bedankte sich mit einer Verneigung, und, bevor er ging, sagte er: »Ich habe keine Biografie, ich habe nur Tee getrunken und Reis gegessen. Das ist das Mönchspiel. Du aber solltest das Prinzenspiel zu Ende spielen, sonst muss es ein anderer tun. Durchschaue diese Spiele, dann wirst du ein weiser König.«

100 Die hundertste Perle erinnert an »Alles vollendende Weisheit«

Das Prinzip

Auf der Stufe der Weisheit des perfekten Handlungs-Bewusstseins sind die drei vorherigen Weisheitsstufen durchschritten und aufgehoben. Es ist die Weisheit des höchsten Nirwana. Es ist die Erwachung zum Buddha. In dieser Weisheit leuchtet der volle Mond der vierfachen Weisheit strahlend hell im Dunkel der Umgebung. Diese vierte Weisheit steht so hoch, dass der Weise, nachdem er vollkommenes Nirwana erreicht hat, auf jedes äußere Anzeichen seiner Vollkommenheit verzichten kann. Hier verbindet sich seine vollkommene Demut mit vollendeter Hoheit.

Er kann nicht anders, als sich selber achten, denn seine Buddha-Natur ist die höchste Wahrheit. Er kann nur noch demütig sein, denn diese Buddha-Natur findet er unmittelbar in allen Kreaturen, ohne sie suchen zu müssen. Symbol für diese Stufe der Weisheit des höchsten Nirwana ist Buddha.

Die Wirkung

In alles vollendender Weisheit tritt der vollkommen Weise äußerlich auf wie ein Narr, als ob er niemals Nirwana erreicht hätte. Gerade darin zeigt sich, dass vollkommene Weisheit sein tiefes Inneres erfüllt und ein unverrückbarer Bestandteil seiner Seele ist. Gerade dadurch gewinnt er die Fähigkeit, die Rettung zahlreicher, zahlloser Menschen und fühlender Wesen zu bewirken.

Wie »Alles vollendende Weisheit« durch Weisheitsbewusstsein zum Erwachen führt

Ohne eigenes Erleben kann man auch den Sinn heiliger Schriften nicht erfassen, sie bleiben tote Sätze auf Papier. Wer aber das vollkommene Erlebnis gehabt hat, für den werden auch die scheinbar toten Dinge wie der Staub der Straße oder ein Stein zu lebendigen und erhabenen Verkündern der Wirklichkeit. Ebenso sprechen auch die Gestirne, die Bäume und schließlich Buddha selbst zu uns, allerdings durch die Kraft der Stille. Für den, der hören kann, ist es die Predigt des Schweigens.

Eine Fantasie

Ach, wenn du nur wüsstest, dass die wahre Buddha-Natur in dir angelegt ist, und es lediglich eine Frage von Zeiträumen ist, sie vollkommen zu entfalten. Ob diese Anlage zur Vollkommenheit der alles vollendenden Weisheit werden kann, ist keine Frage, höchstens, wie viele Inkarnationen es dauern wird. Es mag vielleicht sogar sein, dass du bereit wärest, dich dafür anzustrengen.

Es könnte wirklich wahr sein, dass die uranfängliche Buddha-Natur in unserem Herzen wohnt, doch gelten für den Weg und den Entwicklungscharakter die Worte von Zenmeister Dogen-Zenji:
»Auch wenn man ursprünglich Buddha ist,
ohne Übung [des Zazen] erkennt man es nicht,
ohne Erleuchtung erscheint es nicht.«
Waga shin kore dojo! – Dein eigenes Herz, das ist die Übungshalle! Also dient die Übung des Zazen als ein Stufenweg hin zum eigenen Herzen.

Eine Geschichte

Einmal, lass es vor langer Zeit gewesen sein, nannte Bodhidharma, als er in den Westen kam, den Weg des Zazen »große offene Weite – nichts von heilig.«
So kommt denn der Weise auf den ersten Blick nicht als solcher erkennbar daher. Das Gesicht mit Erde beschmiert, den Kopf mit Asche bestreut, auf den Wangen ein mächtiges Lachen, so wirft er sich in das wogende Meer des täglichen Lebens auf dem Markt, um selbstverwandelt anderen bei deren Verwandlung zu helfen. Ein solcher zum wahren Selbst erwachter Mensch erscheint ganz gewöhnlich und unauffällig, offen für alles und alle.

Offenen und schenkenden Herzens vermischt er sich mit Licht und Staub. Wie kann man ihn nennen? Einen unabhängigen, offenherzigen und wahren Menschen? Oder einen Narren? Oder einen Heiligen? Nennen wir ihn den »Heiligen Narren« und meinen damit ein Sinnbild für das unerschöpfliche, schöpferische Spiel des Lebens. Dort kann man ihm dann vielleicht begegnen, plötzlich und unerwartet, in Gestalt des Bodhisattva als Postbote, als Bahnschaffner oder Brotverkäufer, als Manager und Roshi in Nadelstreifen oder ganz einfach als Zen-Lebemann. Heute braucht er dazu keine Asche mehr auf dem Haupt, es kann auch die Golfkappe sein.
Nur, wie schon erwähnt, sagte Meister Dogen nach seiner Erleuchtung: »Auch wenn man ursprünglich Buddha ist – ohne Übung erkennt man es nicht, ohne Erleuchtung erscheint es nicht.«

101 Die hunderterste Perle erinnert an »Transzendente allumfassende Weisheit«

Das Prinzip

Weisheit der allumfassenden Transzendenz, nur Mu.

Die Wirkung

Leerheit/Ursprung

Wie »Transzendente allumfassende Weisheit« durch Weisheitsbewusstsein zum Erwachen führt

Hat ein Hund die Buddha-Natur?

Mu.

Eine Fantasie

Ach, wenn du nur wüsstest ...

Es könnte wirklich und wahr sein.

Eine Geschichte

Wo mit Zen beginnen?

Kennst du das Geräusch einer platzenden Seifenblase auf dem Badewasser?

Wenn ja, fang da an!

102 Die hundertzweite Perle erinnert an »Wertschätzung der Rituale«

Das Prinzip

In Ritualen zelebrieren wir die Unzerstörbarkeit des Glaubens an den edlen Weg. Der Erleuchtungsgeist dieser Stufe ist untrennbar vom festen Glauben an den höchsten Gipfel der Vervollkommnung. Dafür ist er mit der Vollkommenheit der Anstrengung verbunden. Ein Symbol für solche Unzerstörbarkeit ist der Donnerkeil (pali: Vajra). Nichts kann diese Geistesqualität mehr vom Weg des großen Fahrzeugs abbringen. Erst wenn die oberste Stufe der Kultivierung des altruistischen Erleuchtungsgeistes erreicht ist, ist der Glaube an den Weg erfüllt. Dafür verbindet sich der Übende in den traditionellen Ritualen und mit den dazugehörenden Ritualgegenständen wie Vajra (Donnerkeil/Diamantzepter), Ghanta (Glocke), Pustaka (Heiliges Buch), Patra (Almosenschale), Kasaya (Mönchskutte), Akshamala (Gebetskette).
Der Weg wird solange verfolgt, bis alle fühlenden Wesen auf diesem Planeten diese Erleuchtungsstufe erreicht haben. Erst dann haben die traditionellen Rituale und die Symbolgegenstände ihre Bestimmung erfüllt.

Die Wirkung

Durch die Rituale und Symbole ist der Erleuchtungsgeist vollkommen gesammelt und frei von Ablenkungen von der wahren Existenz. Er ist dadurch mit der Vollkommenheit der meditativen Sammlung verbunden und lässt sich von der falschen Vorstellung einer eigenständigen Existenz der Objekte nicht aus der Konzentration bringen.

Wie »Wertschätzung der Rituale« zum Aufstieg zur Erwachung beiträgt

Kyudo (Bogenschießen): Pfeile reinen Geistes (arrows of pure spirit) – Wenn alles stimmt, dann triffst du blind.
Cha-do (Der Teeweg): Die ganze Welt in einer Tasse Tee. »Cha Zen ichi nyo« (jap.: Tee und Zen sind vom gleichen Geschmack).
Shodo (Der Weg des Schreibens): »Der Pinsel tanzt, die Tusche singt und lacht, das Heben des Pinsels entscheidet die Schlacht!«
Zazen (Sitzen in Stille): Seijaku (jap.: Die Kraft der Stille) – Zazen ist wie eine Lawine aufwärts!
Haiku (Dichtkunst): Welt und ich in siebzehn Silben: »Abendglockenklang ertönt leise durch die Nacht, keiner ist mehr da.«

Eine Fantasie

Ach, wenn du nur wüsstest, welchen Unterschied es gibt zwischen Gewohnheit und Ritual. Der Unterschied ist die Richtung. Das Gewohnte ist Abwendung vom Verstehen, das Rituelle ist Hinwendung zur Erkenntnis. Lies die Morgenzeitung bei einer Tasse Tee, und du erfährst nur Vergangenes. Trink Tee, nur Tee, und du erlebst Reinheit, Ehrfurcht, Harmonie und Stille im Augenblick.

Es könnte wirklich wahr sein, dass du bewusst die Rituale des Alltags beobachtest. Dazu gehören Höflichkeits-Rituale, soziale Rituale, Gesprächs-Rituale, Psychospiele der Erwachsenen und Beziehungs-Rituale.

Eine Geschichte

Dies ist das Ritual auf dem Weg des Bogenschießens (Kyudo):
Deine Hand hält den Bogen, der fest ist. Der Pfeil ruht auf deiner Hand und ist der ganzen Spannung der Sehne ausgesetzt, ohne dass diese Spannung im Pfeil wäre. Die Kraft der Anspannung ist in dir, so lange, bis der Pfeil diese Kraft übernimmt wie ein Regentropfen, der vom Blatt fällt und beim Aufschlagen eine Krone zaubert. Wer schießt da eigentlich was? Der Schütze hat sich selbst aufgelegt, er ist der Pfeil. Sich selbst wegschießen! Darum geht es. Eins sein mit dem Ziel (Mato), mit dem Tun, mit dem Moment.

Dein Schuss trifft immer! Die Frage mag vielleicht sein, wen oder was der Schuss trifft. Eines ist jedoch sicher – treffen wird er in jedem Fall!
Wenn also jeder deiner Schüsse trifft, wäre es nicht sinnvoll, sich ganz dafür einzusetzen, dass er gut trifft? Es gibt keinen Schuss ohne Ziel. Sicher, es gibt Schüsse, die nicht da landen, wo du es wolltest – aber landen wird jeder Schuss.
Das ist der Grund, aus dem du Geist und Haltung in diesem einen Moment ganz in Übereinstimmung bringen musst. Dennoch wird es dir immer wieder passieren, dass ein Pfeil nicht das gewünschte Ziel trifft. Das ist ein sicherer Hinweis darauf, dass in deiner harmonischen Entwicklung etwas noch nicht ganz stimmt. Denn wenn alles stimmt – dann triffst du blind!
Dann stimmt dein Stand, die Atmung, die Haltung, die Fußstellung, der Blick, der Winkel des Handgelenkes, die Schulterposition, das Gleichgewicht, der Zug der Sehne, der Winkel des Bogens, die Arretierung des Pfeils, die Kopfdrehung, der Mittelpunkt, der Schwerpunkt, die Entfernung zum Ziel, das Gerät, die Pfeillänge, die Schrittbreite, der Führungsdaumen, die Hüftstellung, das Loslassen, das Nichtdenken, ... das alles stimmt.
Nicht auszudenken, welche Ergebnisse möglich wären, wenn wir uns ganz hingeben würden. Wenn wir gesammelten Geistes und hellwach eins würden mit dem, was wir tun. Und wenn dann ein Schuss daneben geht? Na und? Dann waren Denken und Handeln noch nicht eins. Denn wenn sie eins sind, dann triffst du blind!

103 Die hundertdritte Perle erinnert an »Erkenntnis der Kette von Tod und Wiedergeburt aller Wesen«

Das Prinzip

Der Erleuchtungsgeist erkennt das große Geheimnis des Zwischenzustandes (Bardo) allen Erscheinens und Vergehens. Alles ist im Wandel, nichts steht still, auch wenn manche Alltagsbeobachtungen den Eindruck des Festen machen. Wir strengen uns an, Dinge zu erhalten, und doch kommt unweigerlich der Wandel zwischen dem Ende einer Phase und dem Beginn einer neuen. Dies ist der einzig wirkliche Zustand, den wir Bardo nennen. Er ist der Moment zwischen zwei Momenten, der uns kurz vorkommen kann wie zwischen Ein- und Ausatmen oder lang wie zwischen Geburt und Tod, kurz wie der Augenblick zwischen zwei Gedanken oder lang wie der Augenblick zwischen Übungsbeginn und Übungsende. Dies ist der Moment des großen Potenzials, der die Macht der Weichenstellung für das weitere Leben beinhaltet, es ist der Moment der großen Chancen, wenn wir ihn wahrnehmen. Wer den Zwischenzustand zu nutzen weiß, der hält sein Schicksal in eigenen Händen und wird Yogi genannt. Er braucht keinen Priester, der ihn zum Licht der Wahrheit führt, denn er sieht selbst das Licht zwischen allen Zuständen des Daseins in den jeweiligen Bardos.

Die Wirkung

Der Yogi schreitet ruhig und gelassen durchs Leben und weiß, dass er kein Sklave mehr, sondern Herr des Wandels zwischen Geburt und Tod ist. Wer das erkennt und ins Dasein bringt, der empfindet die Probleme und die Ungewissheit des Lebens nicht anstrengender als das Bardo des Ankleidens zwischen dem morgendlichen Aufstehen und dem Frühstück.

So liegt zwischen jedem Ereignis und unserer Reaktion darauf ein Zwischenzustand, der uns eine Wahl lässt, wenn wir ihn bemerken. Die größten Bardos, die wir nutzen können, sind die zwischen Geburt und Tod und zwischen Tod und Wiedergeburt. Wir haben die Wahl.

Wie »Erkenntnis der Kette von Tod und Wiedergeburt aller Wesen« zum Aufstieg zur Erwachung beiträgt

Wir sind keineswegs dazu verdammt, aus Gewohnheit oder Voreingenommenheit zu handeln. Wenn wir gelernt haben, das jeweilige Bardo wahrzunehmen, können wir uns jedes Mal neu entscheiden. Wenn wir das üben, können wir immer mehr von diesem klaren Licht sehen. Dieser klare, stille Raum zwischen den Momenten der Sorge erfüllt uns mit Freude und Frieden. Er erfrischt uns mit Energie, die wir selber lenken können, ohne in eine bestimmte Richtung gedrängt zu werden. Erkenne in allem den Bardomoment und sei frei als Meister des eigenen Lebens.

Eine Fantasie

Ach, wenn du nur wüsstest, welch großen Wert das Erkennen des Bardo für dich hat und haben wird. Es wird uns mit unabwendbarer Sicherheit die Todesstunde hinüberleiten ins Bardo. Es ist schön, wenn dann ein Freund für den Sterbenden da ist und ihm erklärt, was passiert. Es ist noch schöner, wenn einer es zu Lebzeiten selbst erforscht hat und beim Übergang ins Bardo versteht.

Es könnte wirklich wahr sein, dass du in der Reihenfolge der Farben der tibetischen Gebetsfahnen die Auflösung der fünf Elemente erkennst, die mit dem Sterben einhergehen und im Tode zum Bardo führen.

Eine Geschichte

Einmal, lass es vor langer Zeit gewesen sein, hingen über dem Eingang zu einem tibetischen Meditationsraum fünf verschiedenfarbige tibetische Gebetsfähnchen und ein Schild mit der Aufschrift: »Wenn du wissen willst, was nach dem Tode kommt, tritt in diesen Raum ein.«

Ein Novize betrat den Raum und fragte den alten Mönch, der gerade eine Lotosblüte in die Wasserschale vor der Buddhastatue legte: »Ehrwürdiger Mönch, was kommt denn nach dem Tod?« Der alte Mönch wies ihn mit der Hand auf ein Meditationskissen und legte ihm fünf verschiedenfarbige Gebetsfähnchen vor. Dann sagte er: »Der Sterbende sieht nacheinander das klare Licht der fünf Arten des Bewusstseins als die fünf Buddhas und ihre Gefährtinnen. Zusammen scheinen sie wie ein Band aus Lichtstrahlen in sein Herz.

Weiß ist das Licht des Wissens um die Wirklichkeit, und es dringt in dein Herz. In diesem Lichtstrahl siehst du weiße Perlen aus Licht, hell und ehrfurchtgebietend. Jede dieser Perlen ist wieder von fünf weißen Lichtperlen umgeben, bis ins Unendliche.

Blau ist das Licht des Wissens um die spiegelgleiche Weisheit, und es dringt in dein Herz. In diesem Lichtstrahl siehst du azurblaue Perlen aus Licht, die dich anleuchten. Diese sind alle von fünf türkisfarbenen Perlen umgeben, und jede dieser Perlen ebenfalls, bis ins Unendliche.

Gelb ist das Licht des Wissens um die Einheit aller Dinge, und es dringt in dein Herz. Darin siehst du gelbe Perlen aus Licht, wie goldene Schalen, die dich anschauen. Auch diese sind jede mit fünf hellen Lichtperlen geschmückt, bis ins Unendliche.

Rot ist das Licht des kritischen Wissens, und es dringt in dein Herz. Darin siehst du rote Lichtperlen, wie korallenrote Schalen, die dich anstrahlen. Diese sind alle jeweils mit fünf Lichtperlen geschmückt, bis ins Unendliche.

Diese vier Lichtnetze werden sich auflösen, wenn du sie als Energie deines reinen Geistes erkennst und gelassen bleibst und ohne Urteil.

Grün ist das Licht des aktiven Bewusstseins, und du musst verstehen, dass dieses grüne Lichtband dir erst erscheint, wenn du erleuchtet sein wirst.

104 Die hundertvierte Perle erinnert an »Sprache aus Klarsicht und Befreiung«

Das Prinzip

Aus altruistischem Erleuchtungsgeist heraus spricht ein geistiger Lehrer zum angemessenen Wohle der fühlenden Wesen. Er ist im Umgang mit seinen Schülern mit der Vollkommenheit der Geschicktheit der Mittel verbunden. Man spricht von den zehn Vollkommenheiten des Bodhisattvas, weil er jede Situation korrekt erfasst, geschickte und angemessene Handlungen durchführt, falsche Handlungen unterlässt und das Wohl des Schülers durch außerordentliche Fähigkeiten verwirklicht. Dabei ist die Sprache ein hochwirksames Mittel. Sie wird aktiv und passiv genutzt. Passiv bedeutet, mit allen Sinnen der Wahrnehmung das herauszuhören, was hinter dem Gesagten schwingt. Das kann ein Hilferuf sein, eine Botschaft, eine Erklärung oder eine Offenbarung. Daraus ergibt sich die aktive Seite der Sprache, die Wahrgebung. So dient der geistige Lehrer mit seiner Sprache unaufhörlich der Entwicklung der gesamten Existenz der Schüler in Resonanz zu seinem eigenen Fortschreiten auf dem Weg. Er schweigt, wo Schweigen besser ist als Reden. Er spricht, wie es der Schüler, die Situation, die Dramaturgie erfordern.

Die Wirkung

Seine Sprache ist ein wohlklingendes Dharmalied, das die ursprüngliche Weisheit beschwört. Jede seiner Belehrungen klingt für die Hörer wie eine wunderschöne Musik, die zum entzückten Lauschen anregt, und berührt deren Herzen. Sein Erleuchtungsgeist ist mit der Vollkommenheit der ursprünglichen Weisheit verbunden und lehrt die Schüler das Dharma, das in ihnen das Streben nach Vervollkommnung entfacht.

Wie »Sprache aus Klarsicht und Befreiung« zum Aufstieg zur Erwachung beiträgt

Gewöhnliche, weltliche Musik weckt in uns Menschen Geisteszustände, die mit Begierden verbunden sind. Bei diesem Dharmalied handelt es sich um einen Wohlklang, der die unbefleckte, ursprüngliche Weisheit vermehrt. Diese Weisheit erkennt alle Phänomene in ihrer letzten Wirklichkeit.

Eine Fantasie

Ach, wenn du nur wüsstest, welch großer Schatz in deinem altruistischen Erleuchtungsgeist noch zu heben wäre. Dazu ist deine Sprache ein wunderbares Mittel, das du weiter veredeln kannst. Sprich nur noch so, als würdest du mit einem Buddha sprechen.

Es könnte wirklich wahr sein, dass deine Sprache alle Anforderungen einer wunderbaren Dharmamelodie erfüllt. Hinterfrage deine Sprache, als wäre sie eine Kunst. Ist deine Rede förderlich für das Fortschreiten auf dem Weg? Entspricht das Gesagte der Wirklichkeit? Sprichst du über jemanden oder mit jemandem? Sind die Worte freundlich? Wäre deine Rede wert, gedruckt zu werden? Weißt du noch, was du gestern gesagt hast?

Eine Geschichte

Einmal, lass es vor langer Zeit gewesen sein, kam ein Schüler zu Sokrates und sagte: »Meister, lass dir berichten, was ich Unglaubliches gehört habe.« Sokrates erwiderte: »Bevor du redest, lass deine Rede durch vier Filter gehen: Ist es Wirklichkeit? Ist es wahr? Ist es freundlich? Ist es unserem Weg förderlich?«
Der Schüler wurde sehr ruhig und sagte: »Ich gehe jetzt besser an die Arbeit. Danke.«

105 Die hundertfünfte Perle erinnert an »Beherrschung der eigenen Fähigkeiten, der Kräfte und des Wissens«

Das Prinzip

Du kamst in diese Inkarnation mit einer Geisteshaltung, die niemals ihr hohes Streben nach Erleuchtung aufgibt. Dieser Erleuchtungsgeist bleibt bis zu deiner vollkommenen Erleuchtung, über Inkarnationen hinweg, ohne Wandlung bestehen. Er ist eine zum Besten des Ganzen mit dem Wohle der anderen fühlenden Wesen und deren Erleuchtung verbundene Geistesanlage und wird bis zu deiner Vervollkommnung nicht degenerieren. Dadurch ist er wie gutes Gold, das seinem Wesen nach immer Gold bleibt. Auch wenn man Erze bei über tausend Grad schmelzt und schmiedet, verliert das Gold darin niemals seinen Glanz.

Auf dem Humus dieser außergewöhnlichen angeborenen Geistesqualität lässt die gute Natur in dir alle tugendhaften Eigenschaften weiter anwachsen. Sie ist mit der Vollkommenheit der außergewöhnlichen Geisteshaltung verbunden. Wie ein Baum ständig weiter gen Sonne wächst, verfällt dieser Erleuchtungsgeist nicht mehr ins Niedere. Und so, wie der Baum natürliche Zyklen durchläuft, anwächst und erstrahlt, genau so ist in dir ein Zyklus angelegt, der dich anwachsen und bis zur vollen Reife erstrahlen lassen kann. Du magst vielleicht fragen, in welchem Zeitraum das geschehen kann, aber dass es geschehen kann, das sollte keine Frage sein.

Die Wirkung

Dieser Erleuchtungsgeist ist das Gold deiner Entwicklung, weil die Beherrschung der eigenen Fähigkeiten, der Kräfte und des Wissens dafür Ausdruck ist, dass der Weg des

Bodhisattva unwandelbar auf dieser Stufe bleibt, ohne noch einmal in einen niederen Pfad abzusteigen.

Wie »Beherrschung der eigenen Fähigkeiten, der Kräfte und des Wissens« zum Aufstieg zur Erwachung beiträgt

Es ist auf dieser Stufe angemessen, den Aufstieg zum Erwachen als den eigenen Weg der Bestimmung zu kennen. Es ist einem solch außergewöhnlichen Geist natürlich völlig unangemessen, diese Tatsache mit irgendwelchen – in diesem Falle grundsätzlich deplatzierten – Worten beweisen zu wollen. Diese Weisheit geht Schritt für Schritt, auch durch alle Alltagsleiden, den altruistischen Weg zum Wohle aller Wesen.

Eine Fantasie

Ach, wenn du nur wüsstest, welch große Fähigkeiten in deinem altruistischen Erleuchtungsgeist noch zum Vorschein kommen könnten. Dazu ist dein hohes Streben nach Vervollkommnung das kraftvollste Potenzial, weil es niemals mehr in niedere Stufen abfallen wird, wenn dir das bewusst geworden ist.

Es könnte wirklich wahr sein, dass du auch leidvolle Erfahrungen wie Verlust, Enttäuschung, Krankheit oder Wandel zu durchlaufen hast. Dann wirst du auf deine besonderen Eigenschaften zugreifen können. Besonders dann, aus den Wirren des Erlebens, kannst du deine Fähigkeiten weiter kultivieren, die für andere Vorbild sein können. Dann kannst du Kräfte aus dem Geiste entwickeln, die jede Medizin in ihrer Wirkung verdoppeln. Dann kannst du neues Wissen entdecken, das dich in weitere Zusammenhänge der Wirklichkeit einweiht.

Eine Geschichte

Einmal, lass es vor langer Zeit gewesen sein, ging ein Arzt, der selbst erkrankt war, zu seinem Zen-Lehrer Mi Shu und sagte: »Dieses Jahr ist es Zeit zum Abschied. Meine Medizin kann mir nichts mehr nützen.« Mi Shu antwortete: »Doktor, wir kennen uns seit vielen Jahren, du denkst, dass du alleine gekommen bist und alleine gehen wirst.« Der

Arzt bestätigte das: »Natürlich. So ist es für jeden. Wieso erwähnst du das?« Mi Shu sagte: »Bleibe heute Nacht hier im Tempel. Nach der Meditation zeige ich dir einen Weg, auf dem es kein Kommen und Gehen mehr gibt.«

106 Die hundertsechste Perle erinnert an »Respekt und Achtung gegenüber Älteren«

Das Prinzip

Der Erleuchtungsgeist macht keine Unterschiede bei dem, was zum Wohl eines anderen Wesens zu tun ist. Wie ein gleichmäßig dahinfließender Strom aus Weisheit und Mitgefühl ist er ununterbrochen für alle anderen angemessen tätig. In den unendlichen Bereichen der Welt, in jeder der zehn Himmelsrichtungen, möchte der Buddha alle fühlenden Wesen, ob blind, ob taub, ob geisteskrank, die Jungen und die Alten hilfreich aus ihrem Leiden führen. Dieser Bodhisattva kann nun schon zu einem Buddha werden, der keinen Unterschied mehr macht zwischen den Wesen und deren Leidensausprägungen. Er erkennt das geistige Befreiungspotenzial der anderen, unabhängig von der Anzahl ihrer gelebten Jahre, und kann sich situativ und individuell auf die angemessene Hilfe einstellen. Der Wanderer, der an diesen Strom kommt, fühlt sich wohlwollend angenommen und spürt die heilende Kraft schon an dessen Ufern in Form von Respekt und Achtung in seinem Herzgeist.

Die Wirkung

Respekt ist die Würdigung in der Retrospektive eines gegangenen Lebensweges, mit all seinen durchlittenen Fallen und erfahrenen Glücksmomenten. Diesen Respekt merken besonders die Älteren, denen gewohntermaßen wenig Anerkennung von Jüngeren entgegenkommt. Achtung ist die Würdigung im Hier und Jetzt durch die Annahme der Persönlichkeit, so wie sie ist, so als solle sie anders gar nicht sein, mit all ihren individuellen Potenzialen. Diese Achtung merken die Älteren an dem angemessenen Vertrauen, das ihnen entgegengebracht wird, mit dem sie jetzt sofort zu einer besseren Weltentwicklung beitragen können. Das macht Mut und führt zur Freude am Handeln aus Weisheit.

Wie »Respekt und Achtung gegenüber Älteren« zum Aufstieg zur Erwachung beiträgt

Es gibt zwei Quellen der sinnvollen Umsetzung förderlicher Kräfte gegenüber Älteren: gegenseitigen Respekt und Achtung gemeinsamer Ziele. Respekt geht von Jung zu Alt, während Achtung der hohen Ziele von Alt zu Jung geht. Das hohe Ziel ist, auf den Weg zum Erwachen zu kommen und die Jüngeren jetzt schon darin zu fördern. So profitieren Jung und Alt zum Besten des Ganzen.

Eine Fantasie

Ach, wenn du nur wüsstest, welch kraftvolles Potenzial in dir angelegt ist, um in den Jüngeren erstrebenswerte Ziele zu aktivieren. Und welch dynamische Fähigkeiten dir zur Verfügung stehen, um den Älteren weise Erkenntnisse zu entlocken zum Nutzen der Sippe, der Gesellschaft, der Nation, der Menschheit, des Friedens.

Es könnte wirklich wahr sein, dass du achtsam und respektvoll ins Weltgeschehen eingreifst, indem du an dir selber arbeitest, damit du die Älteren um dich herum ermutigst und, wenn nötig, begeisterst, ihre Weisheit aktiv zu leben. So kommt das Ganze auch durch dich wieder ein Stück weiter voran.

Eine Geschichte

Einmal, lass es vor langer Zeit gewesen sein, bat ein Bauer einen Mönch, seinen beiden Söhnen Respekt und Achtung beizubringen, bevor er ihnen den Hof vererben würde. Der Mönch war einverstanden, hatte er doch schon häufig auf seinem Bettelgang von diesem Bauern reichliche Gaben bekommen. So bat der Bauer seine Zwillingssöhne Rinshan und Suki, sich morgen zu einer Belehrung mit dem Mönch zu treffen.
Der Mönch erklärte ihnen das Lehrstück und die Regeln. »Ehrwürdige Söhne, hier bekommt ihr jeder 10 frische Kartoffeln und 10 faule Eier. Ihr sitzt damit in getrennten Räumen und tauscht über mich mit eurem Bruder 10 Mal einen der Gegenstände aus. Jeder Tausch wird bewertet: Wenn jeder dem anderen eine Kartoffel gibt, bekommt jeder

von euch 7 Punkte. Wenn jedoch einer eine Kartoffel schickt und der andere ein Ei, dann bekommt der, der das Ei erhält, 10 Minuspunkte und der, der die Kartoffel erhält, 10 Pluspunkte. Schicken beide ein Ei, dann bekommen beide 7 Minuspunkte. Jeder versucht bitte, in dem Spiel so viele Pluspunkte wie möglich zu erzielen!

Das Spiel verlief anfänglich gleich, beide schickten sich viermal eine Kartoffel, und es stand schon 28 zu 28. Dann schickte Rinshan ein Ei gegen eine Kartoffel, und es stand 38 zu 18 für ihn. Das ließ sich Suki nicht gefallen und zog auch ein Ei gegen das nächste Ei. So stürzten sie im Laufe des Spieles beide unter die Nullmarke, und das Spiel endete mit minus 24 zu minus 58 Punkten.

Nach dem Spiel erklärte ihnen der Mönch, dass es nicht ums Gewinnen gegangen war, sondern um die bestmögliche Punktzahl. Da hatten beide eine große Erkenntnis. Suki sagte: »Hätten wir nur Kartoffeln getauscht, dann hätten wir zusammen 140 Pluspunkte. Jedes faule Ei aus Missgunst am anderen brachte uns tiefer in die Katastrophe.« Rinshan sagte: »Es tut mir leid, ab jetzt werde ich keine faulen Eier mehr schicken.«

Der Bauer sagte: »Ich danke dem Mönch, dass er euch über den Abgrund geführt hat. Wenn ihr jetzt mit euch, dem Hof, den Kunden und den Mitarbeitern ohne faule Eier spielt, dann sei der Hof in euren Händen.«

107 Die hundertsiebte Perle erinnert an »Beweglichkeit des Geistes«

Das Prinzip

Der Erleuchtungsgeist auf dieser Ebene gleicht einer Hauptstraße, die zu siebenunddreißig Eigenschaften führt, die das Erwachen fördern. Das sind Eigenschaften, die alle Buddhas aller Zeiten besaßen, und die von jedem Bodhisattva bis zur Vollkommenheit geübt werden, damit er die Lehre in dieser Linie authentisch lehren kann. Diese siebenunddreißig Wegmarken sind:

1–4: Die vier Ausrichtungen der Vergegenwärtigung. 5–8: Die vier Arten des rechten Aufgebens. 9–12: Die vier Stützen für Wunderkräfte. 13–17: Die fünf Kräfte. 18–22: Die fünf Stärken. 23–29: Die sieben Erleuchtungsglieder. 30–37: Der achtfache edle Pfad der Heiligen.

Die Wirkung

Die vier Ausrichtungen der Vergegenwärtigung wirken auf den Körper, die Empfindungen, den Geist und auf andere Phänomene.

Die vier Arten des rechten Aufgebens bewirken die Aufgabe von schon entstandenen Leidenschaften, das Nicht-entstehen-Lassen von noch nicht entstandenen Leidenschaften, die Stärkung von schon hervorgebrachten reinen Eigenschaften, die Hervorbringung von noch unentwickelten reinen Eigenschaften.

Die vier Stützen für Wunderkräfte sind das Streben nach Wunderkräften, die Anstrengung für Wunderkräfte, das Denken zur methodischen Hervorbringung von Wunderkräften, die Konzentration zur Hervorbringung von Wunderkräften.

Die fünf Kräfte entfalten ihre Wirkung durch Vertrauen in die Ansammlung auf dem Dharmaweg, Tatkraft zur Ansammlung, Vergegenwärtigung der Ansammlung, Konzentration auf die Ansammlung, Weisheit zur Ansammlung für den Weg.
Die fünf Stärken werden wirksam durch Vertrauen auf dem Pfad der Vorbereitung, Tatkraft, Vergegenwärtigung, Konzentration und Weisheit auf dem Pfad der Vorbereitung.
Die sieben Erleuchtungsglieder sind Vergegenwärtigung, Unterscheidung der Phänomene (Weisheit), Tatkraft, Freude, Beweglichkeit, Konzentration, Gleichmut.
Der achtfache edle Pfad verwirklicht sich durch rechte Ansichten, rechtes Denken, rechte Rede, rechtes Handeln, rechten Lebenserwerb, rechte Anstrengung, rechte Vergegenwärtigung, rechte Konzentration.

Wie »Beweglichkeit des Geistes« zum Aufstieg zur Erwachung beiträgt

Es ist möglich, mit zunehmendem Alter den Horizont des Geistes zu weiten, um Natur und Wirklichkeit ohne Täuschung zu erfassen. Aus dieser grenzenlosen Erkenntnis erwächst eine Tugend, die dem Ganzen dadurch dient, dass der so Erwachte ein geeigneter Lehrer für seine Schüler und Nachfolger wird.

Eine Fantasie

Ach, wenn du nur wüsstest, auf welch großer Hauptstraße du dich befindest. Du könntest an allen siebenunddreißig Wegmarken verweilen, um deren Resonanz zu deinem Erleuchtungsgeist zu spüren. Die Reise hat längst begonnen, die erste Wegmarke ist die Ausrichtung der Vergegenwärtigung auf den Körper. Mach da Halt und verweile, bis du bereit bist, zur nächsten Wegmarke voranzuschreiten.

Es könnte wirklich wahr sein, dass du die siebenunddreißig Eigenschaften eines Bodhisattvas zur Hochkultur in dir verfeinern willst. Dieser Wille ist der Antrieb für deine Entscheidung zur Vervollkommnung des altruistischen Erleuchtungsgeistes.

Eine Geschichte

Einmal, lass es vor langer Zeit gewesen sein, schrieb der Vater einer Tochter auf einen Zettel sieben Prüfungen, die derjenige zu bestehen hätte, der um die Hand seiner kleinen Prinzessin anhalten wollte. Dadurch könnte sich der Bräutigam seinen Segen für eine glückliche Ehe bei ihm verdienen. Die Prüfungen:

1. Bist du bereit zu sterben, oder was hättest du vorher noch zu erledigen?
2. Kennst du Glück und Leiden aus eigener Erfahrung? Wenn ja, hast du diese Prüfung bestanden, wenn nein, bist du noch zu unerfahren.
3. Warst du schon mal zwei Tage lang vollkommen alleine – ohne Fernseher, Radio, Buch oder Gespräche, nur du? Nur dann bist du reif für das Glück.
4. Hilft dir deine Glaubenshaltung, wenn du einmal krank bist, wenn du mehr über dich erfahren willst, wenn du besser mit deinen Sinnen umgehen willst oder wenn du deinen Ursprung ergründen willst? Du solltest mindestens dreimal Ja sagen können. Sonst ist deine Glaubenshaltung ungesund.
5. Ihr bekommt ein mongoloides Kind oder kein Kind oder ihr verliert ein Kind oder ihr bekommt ein gesundes Kind. Was denkst du, sollte bei euch ein Kind inkarnieren? Begründe deine Antwort kraftvoll.
6. Erkennst du deinen Platz in deiner Sippe? Welchen Platz wird darin deine Frau haben? Und erkennst du deinen Platz in ihrer Sippe? Begründe das deutlich und ohne Zweifel.
7. Stelle du mir eine Geistes-Aufgabe, von der du annimmst, dass ich sie nicht gleich lösen kann. Wenn du es schaffst, dann ..., wenn du es nicht schaffst, dann ... (meine Erklärung dazu erst nach deiner Aufgabe an mich).

So, lieber Bräutigam, nun bist du dran. Der Segen für euch in meinem Herzen ist neun Kalpas[1] groß, bitte bediene dich!

1 Ein Kalpa ist die Zeit, die es braucht, bis ein Schmetterling durch die Berührung mit seinem Flügel den Berg Kailash ganz dem Boden gleichgemacht hat.

108 Die hundertachte Perle erinnert an »Erkennen der Bedeutung aller Erscheinungen«

Das Prinzip

Der erwachte Mensch auf dieser altruistischen Stufe des Erleuchtungsgeistes hat die zehn Kräfte eines Buddha zur Verfügung, die ihn von allen Täuschungen befreien und gleichzeitig zum begnadeten Weltenlehrer erheben. Er erkennt, was die Wirklichkeit und was Täuschung ist. Er hat Erkenntnis über die karmischen Früchte von Taten. Er hat Erkenntnis der individuellen, vielfältigen Neigungen eines jeden Wesens. Er erkennt, wo höchste oder nicht-höchste Begabungen eines Wesens bestehen. Er besitzt Erkenntnis der geistigen Pfade zu möglichen Zielen der persönlichen Befreiung. Er hat Erkenntnis, wie man sich völlig von den leidenschaftsverbundenen Faktoren läutert. Er besitzt die Kraft der Erinnerung an frühere Ereignisse im karmischen Kreislauf. Er hat die Kraft der Erkenntnis von Geburt und Tod und Bardo. Er hat die Kraft der zur Beendigung der Befleckung nötigen Erkenntnis.
Dieser Aufstieg zur Erwachung befähigt ihn zum Erkennen der Bedeutung aller Erscheinungen.

Die Wirkung

Er erkennt auch das Verborgene. Er achtet auch das Kleinste und Geringste. Er versteht die höheren und niederen Bewusstseinsbereiche, in die eine Wiedergeburt führt. Er achtet alle zwölf Bereiche des abhängigen Entstehens und Vergehens. Er kennt die Folgen der Geistesgifte. Er begegnet jedem Wesen in angemessener Etikette und Manier. Er gibt Kenntnis über geistige Ziele und Pfade individuell zur Befreiung weiter. Er lebt bewusst im Kreislauf von Geburt, Tod und Wiedergeburt. Er stiftet reinigende und befreiende Belehrungen und lebt sie vor.

Wie »Erkennen der Bedeutung aller Erscheinungen« zum Aufstieg zur Erwachung beiträgt

Wer um die Erscheinungen in grobstofflichen Bereichen weiß, der kann sich vor Gefahren daraus in Acht nehmen und die Möglichkeiten nutzen. Wer zudem auch um die Erscheinungen in energetisch-feinstofflichen Bereichen weiß, der kann physikalische und energetische Mechanismen sinnvoll anwenden. Wer alles übersteigt und die Erscheinungen in den höchsten subtilen Bereichen der formgebenden Felder versteht, der ist in Resonanz mit dem Einen Geist, dem Ganzen, dem Reinen Land.

Eine Fantasie

Ach, wenn du nur wüsstest, welch wirksame Kräfte in dir von Geburt an angelegt sind. Allein die Verknüpfungsmöglichkeiten der Neuronen in deinem Großhirn sind zahlreicher als alle Atome unseres Planeten Erde. Daran magst du ermessen, welch unglaubliche Chancen dir offenstehen. Du hast garantiert das größte Erlebnis deines Lebens noch vor dir. Freue dich jetzt schon darüber.

Es könnte wirklich wahr sein, dass sich dein Geist gerade jetzt auf einer Entwicklungsstufe befindet, die dich um einen Quantensprung weiterbringt. Da das eher eine Frage der Resonanz ist als eine Frage des Alters, könnte dieser Tag der letzte deiner Verblendung oder der erste deines Erwachens werden.

Eine Geschichte

Einmal, lass es vor langer Zeit gewesen sein, kam ein Tourist in den öffentlichen Bereich eines großen buddhistischen Tempels in Asien. Dort durfte er an einer Rezitation und einer Meditation teilnehmen. Die Mönche gaben ihm während der würdevollen Zeremonie eine weiße Lotosblüte und ein brennendes Räucherstäbchen in die Hände. Die gesamte Atmosphäre, Licht und Geruch und besonders die meditativen Kräfte von Jahrzehnten berührten den Touristen aus Europa im tiefsten Herzen. Und ohne es jemals

geübt zu haben, verneigte er sich mit zusammengelegten Handflächen zum goldenen Buddha und lächelte glücklich. Am Ende der Zeremonie gab ihm ein junger Mönch einen kleinen Leporello mit einem alten mantrischen Text, dem »Hannya Shingyo«, als Glücksgeschenk mit auf den Weg. Der Tourist bedankte sich und fragte in englischer Sprache: »Was kann ich tun, um eurer Weisheit näherzukommen?«
Der Mönch verneigte sich und sagte: »Gut, übe diese drei Dinge: Lass dich fallen in den Klang deines Namens. Betrachte eine Teetasse, ohne die Ränder oder das Material zu sehen. Und achte die Wohltat, wenn dein Atem abgestiegen ist, bevor er wieder aufsteigt.«
Der Tourist befasste sich ein ganzes Jahr mit diesen Aufgaben und hatte erstaunliche Einsichten, die er sich nie zugetraut hätte. Nur die Sache mit der Teetasse, die verstand er nicht. Deshalb beschloss er, nächsten Sommer wieder zum Tempel zu fahren.

Anhang

Übersetzung der englischen Passagen

S. 17, Z. 4
Bald geht's weiter.

S. 17, Z. 30–S. 18, Z. 5
Woher kommst du?
Ich komme aus Österreich.
Oh, Österreich, schönes Land, Hauptstadt Wien. Schöne Stadt, sehr nette Leute.
Aber ich lebe in Deutschland.
Oh, Deutschland, sehr schönes Land, Hauptstadt Berlin. Sehr schöne Stadt, sehr freundliche Leute.
Aber ich arbeite in Amerika.
Oh, Amerika, sehr schönes Land, Hauptstadt Washington. Schöne Stadt, sehr gute Leute.

S. 18, Z. 10–16
Mein Name ist Pako, ich werde euer Stadtführer sein, bitte.
Nein, nein, Pako, wir brauchen keinen Führer, wir sind bloß Touristen und suchen ein Restaurant zum Essen.
Oh, es ist mir eine Ehre, euch das beste Restaurant zu zeigen. Ihr lebt in Deutschland, und euer König Helmut Kohl hat unsere Stadt Swa Yam Bunath finanziert. Also ist es auch eure Stadt, denn mit eurem Geld von König Helmut Kohl haben wir diese Stadt so wundervoll gestaltet, und ich kann sie euch zeigen.

S. 19, Z. 3–10
Zuerst zeige ich euch noch das Heilige Wasser für euer Glück.
Kennt Ihr das Diamanten-Sutra oder das Herz-Sutra oder das Sutra des langen Lebens? Wenn ja, könnt Ihr ein Bad in diesem heiligen Wasser nehmen und dadurch beschützt sein.

S. 21, Z. 13–S. 22, Z. 1
Schau, das ist mein Onkel Lobsang!
An diesem wurde zwei Wochen lang gemalt!
Dieses ist für dich, ein Medizin-Buddha, gut für deine Gesundheit, gut für deinen Rücken.
Sonderpreis für dich, Pako sagt, du bist ein Freund.
Du zahlst nur 90 Dollar.
Schau dir an, wie sie gemalt werden. Komm bitte.

S. 22, Z. 13–15
Warte, ich gebe dir ein Tanka von mir für dich.
Das ist für dich, um einem Freund zu schreiben, der Glück benötigt.

S. 22, Z. 21–S. 23, Z. 17
Bitte, ich warte hier, du gehst zum weisen Mann.
Zu Geshe da lang, bitte.
Mein Freund, deine Frage, bitte.
Der Sinn meines Lebens, bitte?
Achtung!
Dies!
Wer möchte den Sinn wissen?
Ich will ihn wissen.
Wer fragt?
Ach so, entschuldigung, mein Name ist Korai.
Namaste, Korai, ich gebe dir diese Mala, und du kannst die Antwort auf deine Frage in ihren 108 Perlen finden.
Danke, was kostet die?
Großer Wert, kein Preis, du bist ein Freund von Pako.
Korai, triff Geshe Thubten Ngawang in Hamburg, um die Mala zu studieren

S. 23, Z. 26–S. 24, Z. 3
Aha, du hast die Mala bekommen. Du hast eine Lektion erhalten. Bitte, trag sie nicht um den Hals, bis du die Lektion beendet hast. Trag sie um das Handgelenk, wie es Mönche tun.
Diese Mala, die Geshe dir gegeben hat, stammt vom Bodhi-Baum in Bodh-Gaya, wo Buddha nach 49 Tagen der Meditation erleuchtet wurde. Du kannst Antworten auf alle deine Fragen mit dieser Mala finden.
Pako, kennst du Geshe Thubten Ngawang? Ich soll ihn treffen.
Ja, er ist der Vorsitzende des Buddhistischen Tibetzentrums in Hamburg, Deutschland, ein erleuchteter, guter Mann.